Gerald
Messadié

Ein Mann
namens
Sokrates

Gerald
Messadié

Ein Mann
namens
Sokrates

Roman

Aus dem Französischen von
Antoinette Gittinger

Langen Müller

Besuchen Sie uns im Internet unter
www.langen-mueller-verlag.de

1. Auflage August 2001
2. Auflage November 2001
3. Auflage August 2003 – Sonderproduktion

Titel der Originalausgabe: »Madame Sokrate«
© Edition Lattés, Paris 2000
© 2001 für diese Ausgabe by Langen Müller
in der F. A. Herbig Verlagsbuchhandlung GmbH, München
Alle Rechte vorbehalten
Schutzumschlaggestaltung: Wolfgang Heinzel
Motiv: Archiv für Kunst und Geschichte, Berlin
Satz: MPM, Wasserburg
Gesetzt aus der ITC-Garamond
Drucken: Jos C. Huber, Garching
Binden: Thomas Buchbinderei, Augsburg
Printed in Germany
ISBN 3-7844-2825-8

Inhalt

II. Der Verrat des Sohnes 187

Epilog als Antwort auf gewisse neugierige Fragen des Lesers 381

I.

DER GLANZ DES UNTERGANGS

1.

Das Verbrechen in der Heronstraße

Alle Frauen sind schön. Zumindest in manchen Augenblicken ihres Lebens und sie sind es mehr oder weniger anhaltend. Ob die Schönheit von Dauer ist, hängt von der Aufmerksamkeit ab, welche die Frauen ihr widmen.

Einige behandeln sie so liebevoll, dass sie manchmal sogar weit über die Jahre hin bleibt. Andere dagegen missachten sie. Das Ergebnis ist dann ein wenig anziehendes Äußeres: Die Haut wird welk, die Brüste sind nicht mehr fest und die Hüften werden breit.

Allein die Schminke, so glaubte man und glaubt es immer noch, mache das Geheimnis der dauerhaften Schönheit einer Frau aus. Diese Meinung äußern die neidischen Vertreterinnen des zarten Geschlechts. Wenn diese Missgünstigen jedoch darum bitten, geliebt zu werden, wird auch ihnen der Wunsch erfüllt und sie werden schön.

Nie hat sich Xanthippe über die Schönheit den Kopf zerbrochen. Sie wusste genau, wie sie aussah, auch wenn der einzige Spiegel in ihrem Haus nur ein Handspiegel war. Sie war wenig feminin; mit ihren breiten Schultern, dem kurzen Hals und den kräftigen Beinen glich sie mehr einem Mann. Außerdem besaß sie eine große Nase und ein energisches Kinn.

Ihr blondes Haar, dem sie ihren Namen verdankte[1], trug nicht unbedingt dazu bei, ihre Züge lieblicher erscheinen zu lassen. Äußerlich war sie fast das Ebenbild ihres Vaters, eines ehemaligen freigelassenen Bauern, der sich als Ziegenhirte verdingt hatte.

Doch Xanthippe sehnte sich nach den Armen eines richtigen Mannes, der das ungestüme Temperament des einsamen Mädchens zähmen konnte. Bisher hatte sie nur Männer ihres Standes kennen gelernt, kurze, enttäuschende Begegnungen, Trugbilder ihres Verlangens.

Ohne Reichtum und ohne jeglichen Reiz, wäre sie fast ledig geblieben, wäre nicht im Jahr 438 vor der Geburt des Juden Joshua, der später als Jesus bekannt wurde, nach griechischer Manier um ihre Hand angehalten worden.

Bis an ihr Lebensende würde sie sich an diesen Tag, den letzten der ersten Dekade des Monats Thargelien[2], erinnern.

Der Freier war leicht füllig, mit breiter Nase, wulstigen Lippen und hellen Augen. Ihr Vater, der Ziegenhirte, war vor siebzehn Jahren im Krieg gegen Korinth gefallen. Seine Witwe, Xanthippes Mutter Helas, empfing den Unbekannten. Von seinem spitzbübischen Lächeln angesteckt, zwinkerte sie ihm zu. Seine gutmütige Art unterschied ihn von den anderen jungen Männern des Viertels, Söhnen von Käsefabrikanten oder von Schreibern des Archontats, die sich wunderlich frisierten und affektiert benahmen, um den Anschein von Reichtum zu erwecken – kurzum: Taugenichtse, die gerade von irgendeinem Seekrieg heimgekehrt waren.

»Wie heißt du?«

»Sokrates.«

»Wie alt bist du?«

»Einunddreißig.«

In dem Alter heirateten sie alle. Sie liefen den jungen Mädchen zwischen fünfzehn und dreißig hinterher und zeugten Söhne, damit der Staat Soldaten bekam.

»Was tun deine Eltern?«, wollte Helas wissen.

»Mein Vater Sophroniskos arbeitete als Steinmetz und meine Mutter Phenarete als Hebamme.«

»Wer hat dir von Xanthippe erzählt?«

»Eulos.«

Wenn man die Straße zum Tempel der Athene entlangging und in die dritte Straße rechts einbog, gelangte man zur Schänke von Eulos, einem bärtigen Riesen, der wusste, wann er fordern konnte, was ihm zustand, und wann nicht, ein Zeichen von Weisheit. Eulos kannte Gott und die Welt. Helas fuhr fort:

»Welchen Beruf übst du aus?«

Er hatte gelacht. Ach, und dieses Lachen! Sie überlegte, ob sie ihn nicht selbst zum Mann nehmen sollte. Er lachte wie einer der kleinen Lausejungen, denen man nichts übel nehmen konnte.

»Stammst du wenigstens aus Athen? Ich will keinen Fremden in meinem Haus.«

»Ich bin gebürtiger Athener und besitze ein Haus.«

»Du hast mir immer noch nicht verraten, was du von Beruf bist.«

»Ich bin Philosoph.«

»Philosoph? Was ist das denn?«

Erneut lachte er und erklärte, dass die Philosophie eine Wissenschaft oder eine Kunst sei, die aus zwei Richtungen bestehe. Die eine, der Sophismus, bestehe darin, die anderen zu überzeugen. Die andere, die Weisheit, darin, sich selbst zu überzeugen. Er selbst lehre die Weisheit.

»Ziemlich vertrackt«, bemerkte Helas.

Und mit einem abschätzenden Blick auf die abgenutzte Tunika des Freiers fügte sie hinzu:

»Sehr viele Schüler hast du wohl nicht . . .«

Diesmal lachten sie beide.

»Willst du etwas trinken?«

»Sehr gern.«

Sie hatten angestoßen. Dann ging sie hinaus, um Brot und eingelegte Oliven zu holen.

»Wir sind nicht reich«, erklärte sie ihm herausfordernd. »Falls du auf Mitgift zählst, damit du dich niederlassen kannst, muss ich dich enttäuschen.«

»Ich weiß, aber das tut nichts zur Sache«, erwiderte er und lächelte. »Ich habe nicht das Bedürfnis, mich niederzulassen. Die Mitgift bleibt Eigentum von Xanthippe.«

Dann fuhr er fort: »Die Zeit vergeht. Morgens stehe ich auf. Dann kommen Freunde und holen sich meinen Rat. Dafür spendieren sie mir ein Mittagessen. Dann treffe ich andere, die ebenfalls Rat suchen. Nachmittags muss ich jungen Leuten, die in den Staatsdienst eintreten wollen, die Kunst des logischen Denkens beibringen. Anschließend werde ich zum Abendessen eingeladen. So vergehen die Tage, die Wochen, die Jahre . . .«

Diese Erklärung beruhigte Helas. Sie erinnerte sich, dass sie tatsächlich vage von einem berühmten Mann gehört hatte, der auf der Agora, nicht weit von den Obst- und Gemüsehändlern, Ratschläge erteilte. Sie fragte sich jedoch, ob er mit all den jungen Leuten um sich herum . . .

»Hast du Xanthippe schon gesehen?«, fragte sie anzüglich.

»Ja, habe ich. Heute ist sie hässlich, morgen vielleicht ist sie schön. Wer kann das sagen? Ich bin nicht hier, um die Göttin Aphrodite zu heiraten, sondern eine Frau aus Fleisch und Blut.«

»Warum gerade sie?«

»Weil sie hässlich ist. So macht sich niemand falsche Vorstellungen. Ich bin auch hässlich. Und sie ist arm, genau wie ich. Also passen wir gut zusammen.«

»Du bist wirklich weise.« Helas musterte den Bewerber eindringlich. »Das heißt, du liebst sie nicht wie eine Frau, sondern wie eine Ehefrau.«

Dann rief sie Xanthippe. Diese wirkte recht verdrießlich, fast desinteressiert. Beim Anblick des Fremden begriff sie sofort, dass ihre Mutter sie verkuppelt hatte.

»Was ist los?«, fragte sie mürrisch.

»Dieser Mann hier bittet dich um deine Hand und ich gebe sie ihm. Er heißt Sokrates.«

Später gestand Xanthippe sich ein, dass sie den Entschluss ihrer Mutter sofort für gut befunden hatte, auch wenn sie sich zunächst zierte. Sie fand sein Gesicht auf der Stelle sehr einnehmend, vor allem die großen blauen Augen, mit denen er leicht belustigt die Welt betrachtete. Dieser Mann lachte bestimmt gern! Die Männer, die sie in den letzten Jahren beobachtet hatte, hatten nicht gerade den Eindruck erweckt, amüsante Intimpartner zu sein, vorausgesetzt, es gab überhaupt Intimitäten. Die vollen Lippen des Sokrates erinnerten an reife Himbeeren.

»Und wie steht's mit dem Brautgeld?«, wollte Helas wissen.

»Wie viel soll es sein?«, fragte Sokrates zurück, der nur eine verschwommene Vorstellung hatte.

»Genau gerechnet mindestens drei Stater.«

»Drei Stater!«

»Hör zu, sie braucht ein neues Kleid!«

»Drei Stater!«

Doch er sprach es so aus, als würde er »drei Kieselsteine« sagen. Ganz offensichtlich hatte er von Geld keine Ahnung.

»Man heiratet doch nur einmal.«

»Gut, ich kümmere mich darum. Vielmehr, meine Freunde und meine Schüler tun es.«

»Du hast gesagt, du hättest ein Haus?«

»Ja, in der Heronstraße, im Limnaios-Viertel.«

»Das ist ein gepflegtes Viertel! Auf dem Hügel der Musen, nicht wahr?«, erkundigte sich Helas.

»Ja, genau.«

»Hast du es geerbt?«

»Nein, ich bekam es geschenkt.«

Helas überlegte. Er war wohl doch keine so schlechte Partie, wenn er reiche Freunde hatte, die ihm ein Haus in einem solchen Viertel schenkten. Sie nahm sich vor, Erkundigungen einzuholen. Xanthippe hatte bei der Vorstellung, künftig im Limnaios-Viertel zu leben, leuchtende Augen bekommen und gefragt, ob das Haus groß sei.

»Ja, ist es. Mit drei Frauengemächern.«

»Drei Frauengemächer. Das ist ja ein Palast!«

Xanthippe machte sich auf den Weg, es zu besichtigen. Es nahm auf der Heronstraße zwei Plethron[3] ein, umfasste acht Fenster und ein Stockwerk mit einem Holzbalkon. Das bedeutete, dass der Hausherr Steuern für diesen Luxus zahlte. Das Erdgeschoss maß mindestens fünf Arpente[4]

Es war das so genannte goldene Zeitalter des Perikles. Fünf Jahre später brachte Xanthippe, Sokrates' Gemahlin, zwei prachtvolle Söhne zur Welt. Was sie dafür im Austausch erhielt?

Ein spannendes Leben. Denn Sokrates hatte ihr, als er um ihre Hand.anhielt, nicht alles verraten. Er war einer der Ratgeber von Perikles, des ersten Mannes von Athen, Anführer der demokratischen Partei und eigentlicher Herrscher des Stadtstaates. Deshalb war Xanthippe bei dem Mahl, das am fünften Tag der zweiten Dekade des Hekatombeion[5] die Hochzeitszeremonien beschloss, wie versteinert. Es nahmen mehr als zweihundert Personen teil: Frauen, wie Xanthippe sie nur aus der Ferne zu Gesicht bekam, in Purpurgewändern, geschmückt mit Edelsteinen und kunstvollen Frisuren. Die Männer waren elegant, dufteten nach Essenzen und Ölen und waren von einer Aura der Macht umgeben. Die Geschenke waren üppig: von Perikles persönlich eine kostbar gearbeitete Geldschale, so groß, dass ein Kalbskopf darin Platz gefunden hätte. Dazu das passende Tablett, ebenfalls wertvolle Handarbeit. Die Gäste hatten Weinkrüge mitgebracht, Teile vom Schwein, Geflügel und vieles mehr ... Vierzehn Amphoren Wein wurden getrunken!

Sokrates' Vater hätte die Zeremonien mit einem Opfer eröffnen müssen. Aber er war schon seit langem verschwunden, war tot oder lebte auf irgendeiner Insel. Also vertrat ihn ein Bruder von Helas. Er opferte eine Taube auf dem Altar der Hausgottheit, vor der Mutter und vor Xanthippes jüngerer Schwester. Symbol dafür, dass sich die Braut nun von ihrer Familie löste. Heute trug sie ihr Haar sorgfältig gekämmt, geschmückt mit einem Myrtenkranz. Ganz gegen ihre Gewohnheit war sie auch geschminkt und in dem blütenweißen Kleid fast als schön zu bezeichnen. Nervös starrte sie zur Tür: Würde er kommen oder nicht? Aber er kam und Xanthippe strahlte. Sie reichte Sokrates die Hand und trat über die Schwelle des Hauses, das nicht mehr länger ihres war.

Auf der Straße warteten sechs Männer, darunter zwei Herolde, von denen einer die Hochzeitsfackel trug. Sie sangen religiöse Lieder und begleiteten das Brautpaar zur Heronstraße. Dort angelangt, nahm Sokrates Xanthippe in die Arme und trug sie über die Schwelle. Dabei achtete er darauf, dass sie diese nicht berührte. Drinnen wurden sie von den Hochzeitsgästen begrüßt. Jemand geleitete sie vor den Altar, an dem ein kleines Feuer brannte, und besprengte sie mit gereinigtem Wasser. Dann forderte er sie auf, den Kamin zu berühren. Sie legte die Hand auf den heißen Stein, goss Wein und Milch ins Feuer. Anschließend reichte man Sokrates einen kleinen Brotlaib. Der junge Ehemann brach ihn entzwei und gab die Hälfte Xanthippe. Dabei blickte er ihr tief in die Augen. Schweigend verzehrten beide ihre Hälfte, Hochrufe ertönten. Man überschüttete sie mit Blumen und guten Wünschen. Das Gastmahl konnte beginnen.

Xanthippe war lange allein gewesen und hatte genug Muße zum Nachdenken gehabt. Zwar war sie ungeduldig, wie viele Menschen, die allein waren, besaß aber genug gesunden Menschenverstand, um sich über sexuelle Dinge keine falschen Vorstellungen zu machen.

Der Hochzeitsnacht sah sie eher mit Neugier als mit Begierde entgegen. Doch als sie nackt auf dem Lager ruhte und Sokrates sich seiner Kleider entledigt hatte, erschrak sie über das Ausmaß seines Gliedes. Noch nie hatte sie einen Mann nackt gesehen. Ihre Kenntnisse über die männliche Anatomie stammten von der Betrachtung von Statuen. Und die Athener pflegten in Bezug auf das männliche Geschlechtsteil eine seltsame Konvention: Ein schönes Glied musste klein sein. Also statteten die Bildhauer die Götter mit einem Phallus aus, der in Wirklichkeit dem eines pubertierenden Jünglings entsprach.[6]

Daher Xanthippes Angst. War ihr Gatte in Wirklichkeit ein Satyr? So verschmitzt, wie sein Gesicht war, durchaus keine abwegige Vorstellung.

»O nein«, rief sie abwehrend, als er sich auf das Bett kniete.

Der frisch Vermählte musste seine ganze Redekunst aufwenden, um seine Frau davon zu überzeugen, dass er kein Ungeheuer war und die Marmorstatuen mit einem Mann aus Fleisch und Blut nicht zu vergleichen waren.

Ihre Empfindungen sollten sie für die Schmerzen der Entjungferung entschädigen. Aber letztlich hatte Xanthippe mehr Freude an Zärtlichkeiten als am Sex. Und es fiel ihr nicht einmal besonders schwer, Sokrates das zu vermitteln.

Nach den ersten Tagen fragte Xanthippe sich, was ihr der Ehestand eingebracht hatte. Neben dem Status einer verheirateten Frau, der durchaus erstrebenswert war, hatte sie jetzt alle möglichen Frauen um sich: eine Dienerin, eine Sklavin und die Nachbarinnen. Ihr Tagesablauf unterschied sich von dem vor der Ehe nicht grundlegend: Sie putzte Gemüse, schuppte Fisch, goss Trinkwasser in Tonkrüge, wusch Wäsche. Neu war, dass sie das Bettzeug lüftete und das Bett häufig für sich allein hatte. Sokrates kam meistens spät nach Hause, stand aber trotzdem am Morgen sehr früh auf. Und eines frühen Morgens im vergangenen Jahr erklärte er, dass er in den Krieg ziehen würde.

»In den Krieg?«

»Wir werden Poteideia belagern.«

Genauso gut hätte er behaupten können, auf den Mond zu fliegen, um die Erinnyen zu besiegen.

»Poteideia?«

»Das liegt im Westen der Chalkidike.«

Sie hatte keine Ahnung, wo das war.

»Warum zieht ihr in den Krieg?«

»Weil sich Poteideia gegen uns erhoben hat.«

Sie sah sich bereits als Witwe. Ein scharfer Wind wehte, der Himmel war trüb. Mitten im Winter, zu Beginn des Monats Anthesterion[7].

»Wann kehrst du zurück?«, wollte sie wissen.

»Wenn sich Poteideia ergeben hat.«

Er gab ihr einen kleinen Beutel mit Münzen.

»Das ist viel Geld«, sagte sie. »Rechnest du damit, länger abwesend zu sein?«

»Ich weiß nicht. Aber das Geld dürfte reichen.«

Wofür? Für ihre Zeit als Witwe? Sie weinte. Er nahm sie in die Arme und sie schluchzte herzerweichend. Dann löste er sich aus der Umarmung und zog sich zurück. Als er wiederkam, trug er Gamaschen, eine Lanze und einen Schild sowie einen Beutel, der vermutlich Kleidung enthielt. Er wandte sich um, lächelte und hob die Hand zum Gruß. Sie rannte ihm zur Tür nach, bis auf die Straße, wo ihn ungefähr zehn Männer in ähnlicher Aufmachung erwarteten. Bald war die kleine Gruppe aus ihrem Blickfeld verschwunden.

Drei Tage lang war sie, in der Gesellschaft anderer Frauen, in Tränen aufgelöst. Xanthippe wartete.

Zwei Monate später an einem Vormittag bereitete sie gerade die Suppe, als sie Lärm aus dem Patio vernahm. Sie ging hinunter, um nachzusehen, was los war. Fast hätte sie den struppigen, abgezehrten Mann nicht wiedererkannt. Als er sie sah, setzte er lächelnd seinen Beutel ab. Sie warf sich ihm in die Arme. Wortlos hielten sie sich umschlungen. Xanthippe schluchzte und er tätschelte beruhigend ihren Rücken.

»Habt ihr Poteideia besiegt?«, brachte sie schließlich hervor.

»Nein, die Belagerung hält an. Aber bald müssen sie aufgeben.«

»Erzählst du's mir?«

»Ja, natürlich.«

»Komm mit«, forderte sie ihn auf.

Sie führte ihn zum Frauengemach, wo die Sklavin eine Wiege aus Weiden, mit Schnüren an zwei Holzbalken befestigt, hin- und herschaukelte.

Er beugte sich darüber und rief: »Xanthippe, es ist ja ein Junge!«

Dann nahm er den Kleinen in die Arme.

»Deine Mutter Phenarete war die Hebamme«, erklärte sie ihm. »Es ist das letzte Kind, dem sie ans Licht der Welt geholfen hat.«

Alarmiert vom Ton ihrer Stimme, wandte er sich seiner Frau zu.

»Phenarete ... ist tot«, sagte sie leise.

Sokrates verharrte schweigend. Tränen rollten ihm über die Wangen, denn er schämte sich nicht zu weinen. Er betrachtete das Kind kopfschüttelnd.

»Ich habe deine Rückkehr abgewartet, um ihm einen Namen zu geben«, meinte Xanthippe.

»Nennen wir ihn Sophroniskos«, beschloss er.

Behutsam legte er den Säugling zurück in die Wiege und nahm seine Frau in den Arm.

Es gab Augenblicke, in denen sich Xanthippe bewusst war, eine Frau mit Kind und einem für seine Weisheit berühmten Mann verheiratet zu sein, der zudem ein Herz besaß. Das waren Glücksmomente.

Zwei Jahre später bekamen sie ein zweites Kind, wieder einen

Jungen, Ion. Aber Sokrates war so intensiv mit der Politik Athens beschäftigt, dass sie ihn noch seltener sah als sonst. Er hatte sich als tapferer Soldat erwiesen und das wurde genauso geschätzt wie sein Wissen als Philosoph.

Er zog noch zwei Mal in den Krieg. Erst nach Delion, dann nach Amphipolis. Und jedes Mal lebte Xanthippe in der Angst, er könne sie zur Witwe machen. Aber schließlich musste Athen gegen die Feinde des Stadtstaates verteidigt werden. Zu der Zeit fing sie an, sich vorzustellen, dass die Welt von Männern bevölkert war, die gegen andere Krieg führten. Und sie hatte selbst zwei Männer in die Welt gesetzt.

Ihren Ehemann bekam sie immer seltener zu Gesicht. Vorbei waren die Zeiten, da sie einen Tag an der Bucht von Phaleron, auf der anderen Seite des Hafens verbrachten, einen Korb mit Melonen, Brot, Käse und einem Krug Wein im Gepäck. Sie ließen sich am Strand nieder, entledigten sich ihrer Kleider und stürzten sich in die Fluten. Sokrates bewegte sich mit kräftigen Stößen durch das Wasser. Sie schwamm ihm hinterher und spritzte ihn nass. Und manchmal lagen sie am Strand und umarmten sich. Aber am liebsten war Sokrates in Athen, dieser Stadt mit dem Hügel und dem Meer, die ihn immer mehr vereinnahmte. Letzten Endes hatten die Athener nur eine richtige Ehefrau: die Stadt selbst.

An manchen Tagen fragte sich Xanthippe, ob sie einen Menschen aus Fleisch und Blut oder einen Übermenschen geheiratet hatte. Seine Gleichmut und die Tatsache, dass sie ihn so selten sah, machten es ihr schwer, ihn wirklich zu verstehen. Er war eine Maske, ein Name, eine bekannte Persönlichkeit. Aber wo war dahinter der Mann mit seinen Höhen und Tiefen?

Eines Tages sagte sie zu ihm: »Ich habe dich noch nie wütend erlebt oder in Tränen aufgelöst. Weder habe ich aus deinem Mund je einen Vorwurf noch eine sarkastische Bemerkung gehört. Kennst du denn keine leidenschaftlichen Gefühle?«

»Das würde mich am Denken hindern. Aber dir gestatte ich sehr wohl, deine Gefühle zu zeigen«, bemerkte er lächelnd. Dieses ewige spöttische Lächeln!

»Und der Ehrgeiz?«

»Wonach?«

»Ich weiß nicht. Vielleicht nach Reichtum.«

»Glaubst du, ich würde auf einem Lager aus Perlmutt und Geld besser schlafen?«

»Und was ist mit mir?«

»Du würdest dir zuerst einen Tisch aus Bronze, dann vornehme Stühle und dergleichen wünschen.«

»Und die Macht? Du genießt das Vertrauen von Perikles und vielen anderen ...«

»Die Macht«, erwiderte er ernst, »bedeutet, dass man der Sklave der Menschen ist, die man befehligt, und manchmal sogar ihr Opfer. Mein Ehrgeiz besteht darin, meine Freiheit zu bewahren.«

Sie dachte einen Augenblick nach. Er war noch keine vierzig Jahre alt und doch schon so weise ...

»Und du bist viel zu gut«, fuhr sie fort.

»Zu gut?«, wiederholte er überrascht.

»Ja, zu gut. In der Politik muss man grausam sein können.« Er zuckte mit den Schultern. »Güte ist gefährlich. Zu viele deuten sie als Überheblichkeit. Und jeder weiß, dass Grausamkeit das Eingeständnis von Schwäche ist.«

Xanthippe war entwaffnet. Sie stellte keine weiteren Fragen. Wenn sie in Zukunft Dinge, die die Familie oder den Haushalt betrafen, mit ihm besprechen musste, begab sie sich zu seinem Gemach und rief vor der Tür seinen Namen. Ohne Aufforderung wäre sie nie eingetreten. Manchmal forderte er sie auf hereinzukommen, manchmal kam er selbst heraus.

Xanthippe wusste genau, weshalb Sokrates sie nicht aufforderte, seine Gemächer zu betreten: Er war nicht allein. Häufig kamen Besucher, die seinen Rat in Staatsangelegenheiten suchten und nicht öffentlich darüber reden wollten. Sie entlohnten ihn für seine Dienste und das wertete die dürftige Entlohnung, die er als Berater von Perikles erhielt, auf. Aber manchmal blieben seine Besucher bis spät in die Nacht und es war leicht zu erraten, dass ihre Gespräche eine vertrauliche Wendung genommen hatten. Diese Augenblicke machten ihr klar, dass Sokrates sie nie wegen einer anderen Frau verlassen würde. Auch wenn er der alten Tradition Athens treu war, die besagt, dass die Gesellschaft der Frauen die Männer milder stimme – er bevorzugte die Letzteren. Im Übrigen ohne Leidenschaft, die er sich nicht zugestand. Xanthippe hatte sehr bald begriffen: Lust und Gefühl stehen einander im Weg und ihrer Meinung nach waren Männer ihren männlichen Bettgenossen auch nicht treuer als einer Dirne.

Die Konvention verlangte, dass ein Mann erst dann einen Geschlechtsgenossen als Liebhaber wählen durfte, wenn diesem ein Bart spross. Zwei freie Männer durften sich nicht lieben, denn einer der beiden musste den passiven Part übernehmen. Alles Unsinn! Freie Männer fanden sehr wohl Gefallen aneinander, man brauchte nur das Gymnasium, die Übungshallen, zu besuchen, um sich davon zu überzeugen.

Xanthippe fragte sich, was Männer miteinander anstellten, da sie doch ähnlich gebaut waren. In ihrer Arglosigkeit vertraute sie sich der Mutter an. Die Antwort war so einfach und treffend, dass sie sowohl verblüfft als auch entsetzt war.

»Aber«, stammelte sie, »das ist ja wirklich nicht angenehm.«

»Glaubst du?« Ihre Mutter lächelte. »Die Kehrseite des Mannes und die Öffnung der Frau entsprechen sich. Männer sind hinten genauso empfindsam wie wir vorne. Und man wird davon nicht schwanger. So vermeiden sie eine zu starke Aufsplitterung des Erbes.«

»Aber nicht mit mir, niemals!«, rief Xanthippe aus.

Nachdem der physische Aspekt der Angelegenheit geklärt war, fragte sie sich zum hundertsten Mal, was für Liebhaber Sokrates hatte. Also legte sie sich auf die Lauer. Frühmorgens erspähte sie dann einen großen blonden Kerl von etwa siebzehn Jahren, als er, von einem Rassehund begleitet, das Haus verließ. Sie sah ihn kurz, aber deutlich. Munter schwänzelte der Windhund hinter seinem Herrn her. Xanthippe verstand nichts von edlen Hunderassen, aber sie wusste genug, um zu erkennen, dass das kein einfacher Hirtenhund war. Sie erkundigte sich bei den Nachbarinnen, einer Näherin und einer Haarlegerin, die in den Häusern der Reichen verkehrten. Die Haarlegerin erklärte ihr, so ein Hund koste ungefähr fünf Stater. Xanthippe blieb die Luft weg. Die Nachbarin berichtete ferner, ein reicher und berühmter junger Mann namens Alkibiades besitze einen solchen Hund. Er war ein Alkmäonide, ein Angehöriger des attischen Adelsgeschlechts, und damit eine Art Vetter des großen Perikles, des Staatsoberhauptes. Xanthippe überlegte, ob der hübsche Jüngling dieser Alkibiades war. Sokrates war Ratgeber von Perikles und diese Tätigkeit seine Haupteinkommensquelle. Ihr Verdacht verwandelte sich in Gewissheit.

Im Laufe der Tage und Monate entwickelte sie eine Abneigung gegen diesen Alkibiades, umso mehr, als sie nachts ein oder zwei Mal Hundegebell aus den Gemächern ihres Gemahls vernahm. Schließlich hatte sie sich mit Jünglingen und Liebhabern abgefunden, hatte sich gewünscht, Sokrates möge einen netten, liebevollen Jungen finden. Aber für die Tochter eines Ziegenhirten war jemand, der Geld zum Fenster hinauswarf, um sich einen Hund zu leisten, ein lächerlicher Typ.

Eines Morgens vertraute sie sich ihrer Mutter, die gerade eine alte Tunika flickte, an.

»Man blickt nie durch bei den Männern, am wenigsten bei den Ehemännern. Worte, Geschlechtsteile und Degen, das sind ihre Wahrzeichen.« Sie war um die Augen faltig wie eine Schildkröte, steckte die Nadel in den Stoff, damit sie nicht verloren ging, und betrachtete ihre Tochter mit glasigem Blick.

»Du solltest aufpassen, was man über diesen Alkibiades redet. Dieser junge Mann, von dem man sagt, er sei schön wie der strahlende Tag, hat mit deinem Gatten im Streit gelegen.«

Xanthippe erstarrte. Das also war das Geheimnis. Sie ließ sich Zeit, um die Worte in sich aufzunehmen. Dann beschloss sie, im Unterschied zu ihrem weisen Mann, dass das Glück in der Ignoranz liegt. Ihr Vater, der Ziegenhirte, pflegte manchmal zu sagen: »Ignoriere, was du nicht ändern kannst.« Aber leider traut man einem Ziegenhirten keine Philosophie zu.

Eines Morgens schreckte sie von den Schreien ihrer Söhne auf und eilte hinaus, um nachzusehen. Die Jungen spielten in der Gasse Ball, rannten auf sie zu, und der Ältere sagte:

»Mutter, auf der Straße liegt ein Toter.«

Woran erkennt ein vierjähriger Junge einen Toten?

Sie ließ die Wäsche, die sie gerade erledigen wollte, liegen, um sich mit eigenen Augen zu überzeugen. Ja, es handelte sich tatsächlich um eine Leiche. Der Mann saß auf seinem Umhang, gegen die Hauswand gelehnt, den Blick starr geradeaus. Sie betrachtete ihn aus sicherer Entfernung – denn nichts ist unreiner als ein Toter, abgesehen von einer Frau an bestimmten Tagen des monatlichen Zyklus. Der Tote war um die dreißig, ein schöner Mann. Seine goldblonden lockigen Haare waren gepflegt und wurden vom Morgenwind zerzaust. Sie hob seinen Arm, ließ ihn los, und er fiel schlaff herab. Der Mann war also noch nicht lange tot, der Blick aus weit geöffneten Augen kaum getrübt. Sie schloss ihm behutsam die Lider. Ihr Herz war von Hoffnung und gleichzeitig Furcht erfüllt. War es möglich, dass der Tote Alkibiades war? Seine Tunika war mit dunklem Blut befleckt. Sie sah näher hin. In der Herzgegend ragte ein Dolch hervor. Nein, sie kannte den Toten nicht. Sie hatte nur so ein unbestimmtes Gefühl, dass sie ihn schon mal gesehen hatte. Aber sie konnte sich täuschen.

Er hätte auch im Krieg umkommen können, statt auf der Straße ermordet zu werden. Worin bestand der Unterschied?

Sokrates war bereits auf dem Weg zu Perikles. Sie schickte die Sklavin zu ihm und benachrichtigte die Nachbarn. Einer nach dem anderen riefen sie aus:

»Wie schön er ist! Aber wer ist es?« Xanthippe, in trüber Stimmung, deutete ihre Entdeckung als schlechtes Omen. Ein toter Vogel war bereits ein schlechtes Zeichen, und erst ein toter Mann . . .

Zwei Stunden später trugen Mitglieder der Phalanx die Leiche auf einer Bahre fort und stellten sie auf einem Vorplatz der Stoa in der Nähe des Dipylon-Tores ab. So war es bei unbekannten Toten Sitte, damit die Familie den Leichnam identifizieren konnte. Und tatsächlich wurde er eine Stunde später von seinem

Vater und der engsten Familie als Philippidos erkannt, ältester Sohn des Xeniados, eines Mitglieds des Rats der Fünfhundert[8], der wie Perikles aus Kolargos stammte.

Xanthippe kam gerade von ihren Besorgungen zurück. Man erkannte sie als diejenige, die das Opfer entdeckt hatte, alle umringten und trösteten sie. Sofort war sie von dreißig weinenden Frauen umgeben. Die Leute machen aus allem ein Drama. Sie war erbost. Ein schmächtiger blonder Junge, der sie eine Zeit lang beobachtet hatte, ergriff ihre Hand und fragte: »Warum?«

»Das ist Philippos, der Sohn des Philippidos«, erklärte eine Frau. »Seine Mutter ist bei der Geburt gestorben. Jetzt ist er Vollwaise, hat nur noch eine Tante und seine Großmutter.«

Xanthippe blickte in die blauen Augen des Kindes, die von Tränen gerötet waren. Tränen, die echten Kummer verrieten. Sie las in diesen Augen den Schmerz angesichts der Ungerechtigkeit des Lebens und war erschüttert.

»Ich weiß es nicht, Philippos«, erwiderte sie leise.

Sie änderte ihre Meinung schnell: Auch durch Nichtwissen wurde man zum Opfer. War es diese Art Ungerechtigkeit, die Sokrates empörte? Aber ihn empörte so vieles.

Zur selben Zeit erwachten im ersten Stock einer Villa im luxuriösen Viertel Museion zwei Schläfer. Der eine von ihnen, ein hochgewachsener junger Mann mit goldblondem Haar und energischem Kinn, warf einen verstörten Blick zur mit Arabesken verzierten Decke, dann auf das Lager, auf dem zwei Menschen ruhten, ein junger Mann und eine junge Frau, noch schlafend. Er betrachtete die Frau und runzelte die Stirn. Im Laufe der Nacht war ihre Schminke verschmiert, er erkannte sie kaum. Der junge Mann schnarchte.

Der mit dem goldblonden Haar bückte sich, zog einen Nacht-topf unter der Bettstatt hervor und hielt das Gefäß vor sich, um zu urinieren. Dabei fiel sein Blick auf den Dolch, der auf dem Boden lag. Er ergriff die Waffe und legte sie auf einen kleinen runden Tisch, trat ans Fenster, zog den schweren Behang beisei-te, um einen Blick hinaus zu werfen. Der Garten war von Sonnenlicht durchflutet.

Er kehrte zum Bett zurück und betrachtete den Boden auf der Seite des Schläfers. Ein umgekipptes Trinkgefäß, Gold- und Silberstücke, die aus einer Geldbörse gefallen waren. Und ein Dolch. Er hob ihn hoch, untersuchte ihn gründlich, kratzte mit dem Nagel daran. Dann befeuchtete er die Klinge. Nachdenk-lich schob er die Waffe in die Hülle, griff nach seiner Tunika und schlich barfuß hinaus. Ein großer Hund, der vor der Tür gewacht hatte, hob ihm die feuchte Schnauze entgegen und wedelte freudig mit dem Schwanz. Der junge Mann streichelte ihn. Zwei Sklaven im Treppenaufgang grüßten. Er hob den Kopf, gab Befehl, ein Bad zu bereiten und ihm ein Glas frische Mandel-milch zu bringen.

2.

Frühmorgendliche Unterhaltung über die Gerechtigkeit

Am nächsten Tag erhob sich Xanthippe früh und behielt die Gemächer ihres Gatten im Auge.

Fliegen schwirrten durch den Patio, als die Tür knarzte. Xanthippe wusch ihren Jüngsten samt seiner Tunika im Bottich. Vor sich sah sie nun einen der berühmtesten Philosophen der mächtigsten Stadt Griechenlands. Er war fast nackt, trug nur Beinkleider, die unter den Nabel gerutscht waren und seinen prallen, mit blondem Flaum bedeckten Unterleib enthüllten.

»Guten Morgen!«, rief er.

Der Kleine im Bottich zappelte, aufgeschreckt durch die Stimme seines Erzeugers. Xanthippe begnügte sich mit einem Kopfnicken.

»Ich möchte gern mit dir reden«, sagte sie.

Er machte einen Schritt in ihre Richtung.

»Gibt es noch Trauben?«, wollte er wissen.

»In der Küche.«

Sokrates durchquerte den Patio, tätschelte im Vorbeigehen den Kopf seines kleinen Sohnes und pickte ein paar Trauben aus dem Früchtekorb. Als er zurückkam, trocknete Xanthippe gerade den Kleinen ab.

»Der Tote ...«, fing sie an.

Er setzte sich auf einen wackeligen Stuhl, schob sich eine Traube in den Mund und tat, als verstünde er nicht.

»Hat der Tote«, wiederholte sie angriffslustig, »zu deinem Freundeskreis gehört?«

»Nun, ich habe ihn gekannt. Warum fragst du?«

»Weil man behaupten könnte, dass er bei uns Zuflucht suchen wollte.«

Er nahm sich eine zweite Traube und wartete.

»Das ist die einzig mögliche Erklärung dafür, dass er in der Gasse hinter unserem Haus ermordet wurde«, fuhr sie fort.

»Das ist deine Hypothese«, erwiderte Sokrates lakonisch und betrachtete angelegentlich seine Traube.

Doch Xanthippes Miene verriet ihm deutlich, dass er sich nicht so leicht aus der Affäre ziehen konnte. Gleich würde sie einen Streit vom Zaun brechen. Und nichts fürchtete er so sehr wie das Gezeter seines Weibes. In diesem Augenblick tauchte sein ältester Sohn auf. Sokrates nahm ihn in die Arme und erkundigte sich, ob er gut geschlafen habe. Der Kleine, splitternackt, spielte mit einem Holzpferd auf Rädern. Doch Xanthippe verscheuchte die Jungen. Sie wollte sich ungestört mit ihrem Mann unterhalten.

»Sokrates«, sagte sie entschlossen, »man erzählt sich, dass Philippidos wenige Stunden vor seinem Tod mit Alkibiades, deinem Freund, gespeist hat. Und dann wird Philippidos ausgerechnet hinter unserem Haus ermordet. Ich denke, meine Überlegungen gründen nicht auf einer bloßen Hypothese.«

Verdammtes Frauenzimmer! Heute war einer der Tage, an denen sie die Logik genauso gut beherrschte wie er. Als sie den Namen Alkibiades nannte, wurde er sofort hellhörig. Sie erwähnte das berühmte Mündel des Perikles, den jungen Mann, der ihm besonders am Herzen lag, nicht ohne Grund.

»Hast du auch an dem Mahl teilgenommen?«, wollte sie wissen.

»Ja, das habe ich.«

»Dann hast du dir wohl über die anschließenden Ereignisse ebenfalls Gedanken gemacht?«

Er rieb sich erst das eine, dann das andere Auge, um Zeit zu gewinnen.

»Ich weiß nur«, bemerkte er schließlich, »dass das Gastmahl bei Alkyros stattgefunden hat und Alkibiades erst im Morgengrauen aufgebrochen ist. Wir haben uns bis spät in die Nacht mit den Gästen unterhalten. Philippidos hatte sich längst zurückgezogen.«

»Hat er sich mit Alkibiades gestritten?«, fragte Xanthippe.

Dieses Weib war wirklich fürchterlich!

»Ja, woher weißt du das?«

»Ich überlege.« Sie leerte den Bottich in die Rinne, die quer durch den Patio bis zur Straße lief. »Ein Mann verlässt ein Gastmahl kaum ohne Grund vorzeitig. Worüber haben sie gestritten und wer hat damit angefangen?«

»Liebe Xanthippe, dein Spürsinn überrascht mich.« Sokrates bemühte sich, gleichmütig zu wirken. »Noch mehr erstaunt mich, dass du dich für eine Angelegenheit interessierst, die unsere Familie nichts angeht.«

»Sie geht mich persönlich etwas an«, erwiderte sie fest.

Er runzelte die Stirn.

»Ehrlich?«

»Ehrlich. Der Kummer von Philippidos' Sohn geht mir ans Herz. Ich war da, als man den Leichnam brachte. Der Junge kam zu mir, da man ihm erklärt hatte, dass ich die Leiche seines Vaters gefunden habe. Er hat mich lediglich gefragt, warum. Ich weiß, dass ihr, die Männer des Perikles, bei euren Diskursen viel über Gerechtigkeit und Moral sprecht. Aber ich weiß auch, dass es in dieser Stadt jede Menge Ungerechtigkeit gibt. Der Junge könnte den Eindruck gewinnen, dass Ungerechtigkeit einer der Pfeiler von Athen ist. Das würde ihn seiner Würde berauben. Ich hasse diesen Gedanken und ich will wissen, warum Philippidos ermordet wurde und von wem.«

Sokrates betrachtete seine Frau nachdenklich. Ihre Worte hatten ihn überrascht, fast gerührt. Er hielt es einerseits für unpassend, Ausflüchte zu suchen, andrerseits für unklug, zu viel zu verraten.

»Deine Worte ehren dich, Xanthippe. Aber was würdest du tun, wenn du den Namen des Mörders wüsstest?«

Sie musterte ihn entrüstet.

»Ich würde ihn beim Rat melden.«

Sokrates richtete sich in seinem Stuhl auf. Er wirkte besorgt.

»Ich kenne den Mörder nicht. Aber ich möchte nicht, dass du dich in eine Angelegenheit mischst, die, wie du selber sehr richtig bemerkt hast, die Grundfesten der Polis ins Wanken bringen könnte. Du hättest es mit mächtigen Feinden zu tun. Und ich als dein Gatte müsste mich ebenfalls mit ihnen anlegen. Ich sage dir in aller Offenheit, das wäre mir sehr unangenehm.«

»Was soll das heißen?« Xanthippe war erhitzt.

»Wie du weißt, gibt es in Athen zwei gegnerische Parteien. Die der Demokratie, welche die Macht im Namen des Volkes ausübt. Die andere, Vertreterin der Oligarchie, will die Macht in die Hände weniger erfahrener Männer legen. Philippidos war, wie sein Vater Xeniados, Anhänger der Oligarchie. An jenem Abend hat er seinem Freund Alkibiades, bekanntlich ein Anhänger der

Oligarchie, heftige Vorwürfe gemacht, ihn sogar als Heuchler bezichtigt, weil dieser so tat, als sympathisiere er mit der Demokratie. Die Freunde von Alkibiades waren empört und haben Philippidos mit scharfen Worten angegriffen. Alle hatten dem Wein kräftig zugesprochen. Es kam zum Streit, einige sprangen sogar von den Sitzen auf, um Philippidos von Angesicht zu Angesicht zu beschimpfen. Daraufhin stand dieser auf und verließ den Saal. Mehr weiß ich nicht. Es ist möglich, dass einer der Freunde des Alkibiades Philippidos gefolgt ist. Es ist möglich, dass sich die Lage im Saal noch zugespitzt hat ... Glaub mir, ich habe keine Ahnung, was Philippidos hier in unserem Viertel wollte. Als er aufgebrochen ist, saß ich noch an der Tafel des Alkyros. Das ist alles.«

Xanthippe hatte ihrem Gemahl aufmerksam zugehört.

»Und du hast keine Vorstellung, wer Philippidos gefolgt sein könnte?«

»Nein, und ich will es auch nicht wissen. Denn wenn ich es wüsste, müsste ich es melden, und das würde im Rat der Fünfhundert sowie im Rat der Strategen eine Krise heraufbeschwören. Wie du weißt, haben die Lakedämonier gerade einen Angriffskrieg gegen Attika angezettelt. Der Augenblick ist denkbar ungünstig für einen Skandal um Alkibiades. Die Demokratie in Athen würde in höchster Gefahr schweben.«

»Krieg, ich höre immer nur Krieg! Ihr Männer seid immer im Krieg! Wenn ich dich richtig verstehe, muss im Namen der Demokratie ein Mord vertuscht werden.« Unwillkürlich zuckte Sokrates unter ihrem strengen Blick zusammen.

»Weißt du«, erwiderte er, »wenn Frauen Zugang zur Macht hätten, würde ich mich dafür einsetzen, dass du in den Rat der Fünfhundert gewählt würdest. Und das meine ich sehr ernst.«

»Sag, was du willst, aber ich dulde auf keinen Fall, dass im Namen der Gerechtigkeit Ungerechtigkeit geübt und ein Mord verheimlicht wird.«

Aus dem Augenwinkel beobachtete Sokrates den Sklaven, der in der Küche Feuer schürte. Ein scharfer Knoblauchgeruch drang aus dem Raum. Sokrates erhob sich, um eine Unterhaltung zu beenden, die kaum laut gewesen war, aber dafür sehr beunruhigend. Diese Entwicklung war überraschend und er fand durchaus Geschmack an der Ironie: Das Mitgefühl seiner Frau gegenüber einem Waisenknaben stellte seine Rechtschaffenheit als Philosoph auf die Probe. Doch er klopfte sich wegen seiner Klugheit auf die Schulter: Er hatte Xanthippe verschwiegen, dass das Opfer ein Liebhaber des Alkibiades war und der Streit aufgrund des intimen Verhältnisses der beiden jungen Männer sowie aus politischen Gründen entflammt war. Davon verstanden Frauen nämlich nichts.

3.

Rat an die Reisenden

Einer Legende nach soll einst ein riesiger Titan vom Himmel gestürzt worden sein. Als er auf dem Boden aufschlug, wurde er, zerschmettert und zerstückelt, in Stein verwandelt. Doch die Umrisse blieben erkennbar: Sein rechtes Bein bildet Attika und die Inseln, die sich von Kea bis Milos, dem Fußende, erstrecken, sein linkes Bein die Inseln, die von Euböa bis Naxos reichen. Der Peloponnes besteht aus Resten des Brustschilds, die Beuge des linken Arms formt sich zu den Sporaden. Sein Haupt soll auf den Bergen von Thessalien ruhen.

Sicher liegt ein Sinn darin, dass die Füße des Riesen gegenüber von Asien liegen. Das große persische Reich grenzt nämlich gefährlich nahe an Griechenland. Die Perser halten sich mit ihren bunten Gewändern, ihren Panzerhemden und ihren Waffen aus Bronze für die Könige der Welt. Im Glauben, der Kosmos sei ein festes Gefüge, vergaßen sie die Meere und unterschätzten die Überlegenheit der Athener. Zu ihrer großen Schande sollten sie das erst 480 v. Chr. erkennen, als Themistokles unter den Augen ihres Königs, des großen Xerxes, in Salamis ihre Flotte vernichtete.

Der Schenkel des Giganten, sein kostbarster Teil und fast so beeindruckend wie der des Zeus, aus dem die Göttin Athene geboren wurde, stellt Attika mit seiner Hauptstadt Athen dar. Im Norden liegen Böotien mit seinen rauen Bewohnern, Thessalien und Ätolien. Weiter nördlich befinden sich Epirus, Makedonien und Chalkidike. Gegenüber von Asien beziehungsweise Persien erstreckt sich Thrakien. Der Schild des Titanen umfasst die Gebiete Achaia im Norden, Argos, die Hauptstadt von Argolis, und den Peloponnes, wo sich Sparta erhebt, gefährliche Rivalin Athens, die schließlich den Untergang der Stadt herbeiführen sollte.

Die zahlreichen Buchten, welche die Küsten dieses Landes säumen, bedeuten zweierlei. Erstens, dass das Meer den Griechen genauso vertraut ist wie anderen Völkern das Land, und zweitens, dass ihnen das Land unzählige Zufluchtsorte vor Meeresstürmen bietet. Der Charakter der Griechen, geprägt durch kargen Boden und ein stürmisches Meer, ist gleichermaßen herb und furchtlos, scharf wie das Pflugeisen und unbeständig schwankend wie das Schiff, das die Wellen durchschneidet. Die geschmeidige, harmonische Kunst der Rede und Weisheit haben sie nicht mühelos, sondern in hartem Kampf erworben.

Daraus erklärt sich auch ihre Bedürfnislosigkeit: Abgesehen von einigen wohlhabenden Stadtbewohnern, die ein Pferd oder ein Schiff unterhalten, leben sie genügsam von gegrilltem, mariniertem oder getrocknetem Fisch, von Käse, Oliven, Früchten und einem Becher Wein.

Seit Anfang des 5. Jahrhunderts führen all diese Länder Krieg gegeneinander. Im ersten Jahr dieses Jahrhunderts griffen sie die Perser an, um die Ionier zu befreien. Dreißig Jahre später besiegten sie die Perser. Das war das Ende der persischen Kriege. Nun fingen sie an, sich gegenseitig zu zerfleischen. Insbesondere Athen flößte Sparta Furcht ein, da diese Stadt zu reich, zu mächtig war und den Peloponnes zu unterjochen drohte. Umgekehrt machte die Militärmacht Spartas den Athenern Angst. Das war der Beginn des Peloponnesischen Krieges.

Das felsige Griechenland ist von Licht durchflutet und von Blut durchtränkt. Hier ruhen die Überreste Tausender, die nicht erkannt hatten, dass sie alle Griechen, und, was noch wichtiger ist, Menschen waren. Betrauern wir diese tapferen, arglosen Seelen, diese schönen, kräftigen Leiber, die alle dem Ungeheuer unter der Maske des Wohlwollens, der Polis, geopfert wurden. In diesen Kriegen geschahen bereits Abscheulichkeiten, die man erst späteren Epochen zugeschrieben hat.

Was war der Anlass dieser Kriege? Die Rivalität, die der menschlichen Natur eigen ist. Das ist der gefährlichste Rausch: das Hochgefühl. Es lässt den Menschen glauben, dass er noch lange leben wird, stark, schön, jung und intelligent. Die Griechen haben für diese Trunkenheit den höchsten Preis bezahlt – den Verlust der Freiheit. Zuerst von Alexander dem Großen zur Knechtschaft gezwungen, fielen sie anschließend unter das Joch Roms. Und das bedeutete das Ende: Rom wurde schließlich wie ein arroganter Tölpel, der sich sogar anmaßt, den Frühling unterwerfen zu können.

Im 5. Jahrhundert erlebt Athen die Blütezeit seiner Macht. Von allen griechischen Städten ist es die größte, die bevölkerungsreichste, ja die reichste überhaupt. Und vielleicht auch die klügste. In den Jahrzehnten, die man das goldene Zeitalter des Perikles nennt – es dauerte weniger als vierzig Jahre –, schrieben Philosophie, Literatur und Kunst Weltgeschichte. Sokrates, Platon, Aristoteles, Diogenes, Aischylos, Euripides, Sophokles, Aristophanes und Phidias ... Alle Illusionen der menschlichen Seele wurden niedergeschrieben und die Vorstellung von

Schönheit ein für alle Mal festgelegt. Noch auf der bescheidensten Töpferware sind Schauspieler und Schauspielerinnen auf eine Weise abgebildet, welche die Menschen der so genannten modernen Zeit zum Träumen bringt. Und der erste Skeptiker zaubert mit einer Bewegung des Daumens beeindruckende Bilder auf eine Leinwand, die in Platons Höhlengleichnis fortleben.

Bald wird Machtgier Athen ins Unheil stürzen. Aber noch ist die Stadt friedlich in ihre Mauern eingebettet, zwischen den Bergen Kerameikos im Nordwesten, dem von der heiligen Stätte der Akropolis überragten Kolyttos, dem Lykabettos und Hymettos im Osten. Die Akropolis verkörpert das westliche Denken. Hier wurde das Wesen des Menschen bis in alle Ewigkeit definiert: Die Götter sind schwach und unberechenbar, aber sie sind uns sowohl Kinder als auch Eltern; wir können sie nicht verstoßen.

Am Ende eines Armes, der durch zwei Schutzmauern verstärkt wird, die berühmten Langen Mauern, ergreift eine riesige Hand Besitz vom Meer: der Hafen von Piräus, entworfen von dem berühmten Architekten Hippodamos von Milet. Der große Hafen am Fuß der Agora von Piräus, dort, wo die Schiffe vor Anker liegen, die Handel mit Asien und den Inseln des Orients, der Quelle des Reichtums von Athen, treiben, ist Kantharos. Von der anderen Seite stechen die schnellen Trieren, bewegliche Dreidecker der athenischen Flotte, in den Häfen von Zea, Munichia und vor allem von Phalaron in See.

Die untergehende Sonne taucht den Marmor des Parthenon und der Propyläen in warmes Licht, lässt die riesige Statue der Schutzgöttin Athene Funken sprühen. Aber man darf sich nicht täuschen lassen: Athen besteht nicht aus Gold.

Die von Göttern wie Athene und Neptun beschützte Stadt, ihre Intelligenz und Seemacht, ihre Fähigkeit, auf eine überlegene Art die Welt zu verkörpern, die Kunst, auf den Wogen der Zeit dahinzugleiten, all das hätte ihre Unsterblichkeit besiegeln müssen. Doch die Griechen waren nur Menschen.

4.

Zwiebelkopf

Was mir Kummer bereitet«, erklärte ein etwa vierzigjähriger Mann, am Rand eines öffentlichen Brunnens sitzend, »ist, dass wir die reichste Stadt Griechenlands sind, aber trotzdem mit all unseren Armen Sparta neu bevölkern könnten.«

Sein gleichaltriger Gefährte tauchte ab und zu die Hand ins Wasser und benetzte sich den kahlen Schädel. »Wenn wir es erobert haben. Aber im Augenblick ist Sparta im Begriff, Attika anzugreifen.«

»Dennoch werden wir siegen. Nur werden uns in der Zwischenzeit die Armen besiegen.«

»Sie kommen, weil wir reich sind. Der Honig zieht die Fliegen an.«

»Dann werden wir also von Sparta besiegt.«

»Das wird man sehen. Wir sind die Herren der Meere.«

»Wir haben genauso viele Metöken wie Einheimische«, wandte der Erste ein.

»Ja, das sind keine gebürtigen Athener.«

»Was nutzt es mir, gebürtiger Athener zu sein, wenn ich mit Metöken Umgang pflegen muss?«

Der andere zuckte die Achseln.

»Welcher Unterschied besteht letzten Endes? Schließlich sprechen sie die gleiche Sprache wie wir.«

»Und genau das«, rief der Erste, »ist das Ergebnis des Reichtums! Er bringt die moralische Dekadenz mit sich. Demis, du hast nicht mehr das Gefühl, dass es deine Stadt ist.«

»Und du, Taki, regst dich wegen nichts und wieder nichts auf. Die Dinge sind, wie sie sind. Wir sind seit zwanzig Jahren befreundet und werden uns nicht streiten. Komm, ich spendiere dir ein Bier bei Aristides.«

Im Westen der Akropolis auf dem Areshügel erstreckt sich eine weite Fläche, die Agora. Feuersbrünste, Epidemien und Erdbeben konnten ihr nichts anhaben. Seit drei Jahrhunderten kommt man hierher und vernimmt Neuigkeiten, Gerüchte und Klatsch, die Würze der Reden, nach welcher den Athenern gelüstet. Man erzählt sich, wie ein Graubart von seinen Söhnen verdroschen wurde, weil er sein Vermögen mit einem blutjungen Mädchen durchbringt, und ein Politiker seinem schlimmsten Feind Hörner aufgesetzt hat.

Man hat sich eine Meinung gebildet und drängt sie vielleicht den anderen auf. Seit einem Vierteljahrhundert hat die Agora wegen der feierlichen Gebäude an Bedeutung gewonnen: der Tempel des Schmiedegottes Hephaistos, der Tempel von Apollon Patroos, aber auch die öffentlichen Archive, das Metroon, der neue Saal für den Rat der Fünfhundert, das Strategeion oder Haus der Strategen, die gewissermaßen den Sitz der Regierung bilden, das Volksgericht, das lang wie ein Tag ohne Essen ist, der Tholos, wo Tag und Nacht die heilige Flamme der Stadt brennt, das Heldendenkmal sowie die Gebäude für Magistrate und andere Verwaltungsgebäude.

Dieser städtebauliche Wahnsinn hat bissige Kommentare hervorgerufen, die für manche bittere Folgen hatten.

Es gibt ein Gebäude, das fast genauso lang wie das Volksgericht ist, aber viel weniger aufregend. Es besteht aus einer einfachen Säulenhalle und einem Spitzdach. Die Halle führt zu Räumen, die für den Handel bestimmt sind. Das ist die Stoa des Südens (es gibt noch eine im Westen und im Norden). Dort findet man außer Aristides den Schneider Karalambis, den Pergamenthändler Thalassumenos, der gleichzeitig Buchhändler ist (neben einigen Sammlungen von Sinnsprüchen oder Geometriebüchern verkauft er vor allem Dichtkunst: eine alte Ausgabe der Odyssee kostet eine Tetradrachme, eine neue bis zu drei Tetradrachmen). Dann gibt es den Goldschmied Alexios, der auf Bestellung Silber- oder Goldgeschirr fertigt, mit dem Porträt des Kunden in der Mitte; Eugenios, den Töpfer, der einige seiner Waren teurer verkauft, als wenn sie aus Silber wären; Melesias, den öffentlichen Schreiber, der für fantasielose Verehrer Liebesbriefe schreibt. Für einen Brief von zwanzig Zeilen verlangt er zehn Drachmen, für ein Epigramm zwanzig. Dann wäre da Tsimon, der berühmteste Sandalenhersteller in ganz Griechenland. Seinen Ruhm hat er erlangt, als er mit Silber und blauen Edelsteinen verzierte Sandalen gefertigt hat. Solon, der Ölhändler, bietet Essig, Salz und Kräuter an; und Myronides, der Anwalt, ist in dieser Stadt der Kaufleute und Politiker, wo es viel Streitigkeiten gibt, ein viel beschäftigter Mann. Er besitzt im luftigsten Teil der Stoa, zur Straße hin, vier Räume.

Der Friseur Aixonis bedient hier nur Kunden bescheidener Herkunft. Die anderen bestellen ihn nach Hause, Hetären zum Beispiel, die für jedes Gastmahl ihre Haartracht wechseln. Für die gealterten Schönlinge fertigt er kunstvolle Perücken. Man trifft dort außerdem den berühmten Demis, Händler für Pökelfleisch, getrocknete Sardinen und Dörrobst. Beim Apotheker Orthoxos riecht es nach Erdöl, das er teuer aus Palästina einführt. Unter Zusatz von Öl und Gewürznelken stellt er eine Rheumasalbe her. Ganz diskret verkauft er auch empfängnisverhütende Schwämme. Klesios vermittelt bei Beerdigungen Klageweiber. Sein Laden grenzt an den des Apothekers. Er ist schäbig gekleidet, aber es geht ihm gut in diesen Kriegszeiten. Anasis ist Honighändler, und Aristides der Weinhändler passt seine Empfehlungen dem Wesen und den Umständen des Kunden an: Samos für galante Treffen Dickleibiger; ein leichter Chios für fröhliche Mahlzeiten. Er verkauft den Wein preisgünstig im Becher. Außerdem gibt es zwei Bäcker, drei Fleischer und zwei Obsthändler.

Nikolaos und Zopyris haben ihre Läden genau an den entgegengesetzten Enden der Hallen. Sie wünschen sich gegenseitig die Pest an den Hals, weil sie beide das gleiche Gewerbe ausüben: Sie stellen Flöten und Leiern her, die bei der Jugend sehr beliebt sind. Jeder Schüler hat ein solches Instrument, denn die Musik ist eine grundlegende Disziplin der Erziehung. Nikolaos behauptet, die Instrumente seines Rivalen taugen nur für Ziegen, und Zopyris meint, die des anderen seien für Böcke gemacht.

In der Stoa trifft man auch Spezialisten für Kleingewerbe: Wachsenthaarer, Masseure, Girlandenflechter, Verleiher von Tänzern und Akrobaten und sogar Seher. Gegen Abend treiben sich Dirnen herum, in der Hoffnung, sich eine Mahlzeit und ein paar Münzen zu verdienen. Auf dem Vorplatz werden an kleinen Ständen Salate und Kurzgebratenes verkauft. Diese Stände sind sehr begehrt. Die genügsamen Griechen brüsteten sich nämlich damit, anders zu sein als diese Meder, die dreimal am Tag die üppigsten Mahlzeiten bereiten. Ein Athener, der etwas auf sich hält, hat einen flachen Bauch, eine breite Brust, stramme Waden und ein flottes Mundwerk. Trotzdem gibt es viele Fettwänste mit schlaffen Brüsten wie die der Ammen. Die Athleten halten diese Menschen für eine Stadtplage.

Im Sommer wie auch im Winter trifft sich auf der Agora alles, was Rang und Namen hat. Weniger die Honoratioren, die sich in den Verwaltungen oder in ihren Privathäusern treffen, als das Volk und vor allem die Männer von Geist, die auch in Zeiten der Tyrannei innerhalb einer Woche jedem zu Ansehen verhelfen oder ihn völlig demontieren. Die Väter der heutigen Stoabesucher können es bestätigen: Hipparch[9] fürchtete die Gerüchte der Stoa mehr als ein ängstlicher Mensch einen Bienenschwarm. Und während der Demokratie des Perikles wurde der Sophist Anaxagoras auf Befehl des Volksgerichts aus Athen vertrieben, weil seine auf der Agora über die Republik und die Gesetze gehaltenen Reden die Gemüter erhitzt hatten.

Inzwischen sind unsere beiden Gefährten bei der Stoa, ein paar Schritte vom Laden von Aristides entfernt, eingetroffen. Eine kleine Gruppe, die auf einer Rundbank sitzt und Kuchen und Feigen kostet und dabei Bier trinkt, ruft ihnen von weitem zu. Sie gesellen sich zu ihnen.

»Nun, ihr zwei«, grüßt spöttisch ein magerer junger Mann um die dreißig. Es ist Kleanthis, Schreiber beim Rat der Magistrate. »Habt ihr euch etwa gefunden? Man sieht euch immer zusammen.«

Die anderen lachen und grinsen, aber die beiden Männer stoßen sich nicht daran.

»He, Kleanthis«, sagt Taki, »du wärst froh, wenn du in unserem Alter noch so aufrecht wärst wie wir. Bei so viel täglichem Katzenbuckeln vor den Vorgesetzten wirst du nämlich bald den Hintern höher tragen als den Kopf.«

Die beiden Gefährten nehmen Platz. Der Junge, der bei Aristides als Kellner arbeitet, bringt zwei große Becher Bier und einen Teller mit Honigkuchen.

»Übrigens, was unternimmt dein Gericht in dem Fall der Ermordung von Xeniados' Sohn?«, fragte Taki.

»Mein Gericht behandelt nur Fälle des Zivilrechts. Für solche Verbrechen ist der Areopag zuständig. Im Übrigen urteilt ein Gericht nicht über Konflikte zwischen Gegenparteien.«

»Xeniados sagt, er kennt den Schuldigen.«

»Xeniados redet viel, aber wissen tut er nichts. Mit seinen leidenschaftlichen Reden muss er mit einer Anklage wegen Verleumdung rechnen und er wird den Prozess verlieren.«

»Philippidos hat angeblich wenige Stunden vor seiner Ermordung mit Alkibiades zu Abend gegessen«, mischte sich ein gewisser Sosthenes ein.

»Mag sein. Ich war nicht dabei. Und selbst wenn, würde ich mir keine Meinung erlauben. Xeniados hasst Alkibiades seit Jahren, er behandelt ihn wie einen Schurken und Bordellbruder. Eine politische Angelegenheit, mit der ich nichts zu tun haben will.«

»Das alles ist eindeutig.« Taki stellte sein Bier auf dem Knie ab. »Durch den Größenwahn, der sich unserer Führer bemächtigt hat, ist diese Stadt zum Schauplatz der wahnwitzigsten Leidenschaften und Eitelkeiten geworden. Sie wurde wie ein Theater angelegt und überall wird wie verrückt gebaut. Auf der Akropolis ist alles zugebaut: Dionysos-Theater, Parthenon, Propyläen, Vorplatz und Statue der Athene.«

»Nichts gegen den Parthenon«, wandte Sosthenes ein. »Er ist allemal hübscher als ein kahler Hügel.«

»Aber das alles dient nur dem Ruhm des Zwiebelkopfs! Fünftausend Talente für einen Tempel, gestohlen aus der Kasse des Attischen Seebundes! Und lässt sich auf dem Schild der Athene abbilden, schon zu Lebzeiten! Ich würde gern wissen, wem diese fünftausend Talente zugute gekommen sind und woher Zwiebelkopf sein Vermögen hat . . .«

»Was soll das alberne Geschwätz«, erwiderte Kleanthis ungeduldig. »Perikles hat lediglich den Parthenon und die von den Persern abgebrannten Tempel wieder aufbauen lassen. Das war ja wohl das Mindeste! Und wenn du denkst, er hat sich irgendwie bereichert, irrst du dich. Perikles ist von Haus aus reich. Er stammt aus der Familie der Alkmäoniden, die seit nahezu zwei Jahrhunderten Reichtümer ansammeln und durch Heirat noch vermehren. Dank seiner Gattin Thuria ist sein Vermögen noch größer geworden. Sie war in erster Ehe mit Hipponikos verheiratet, der so reich war wie alle Alkmäoniden zusammen. Und mit dem Parthenon hat das nichts zu tun, der wurde schon vor fünfundzwanzig Jahren errichtet.«

»Du bist immer auf der Seite der Stärkeren«, brummte Taki.

»Und du immer gegen jene, die Macht und Geld besitzen«, erwiderte Kleanthis.

Das war zu viel für Taki.

»Kannst du mir sagen, aus welchem Grund und mit welchem Recht Zwiebelkopf in unsere Kriegskasse greift? Sie besteht aus Tributen unserer Verbündeten und war für unsere militärische Verteidigung gedacht. Und weshalb plündert er unsere Schatzkasse? Um Tempel und Statuen zu errichten, die wir gar nicht brauchen? Wenn es nur der Parthenon wäre! Aber alle Gebäude um uns herum wurden mit dem Geld gebaut, das für unsere Verteidigung bestimmt war. Für den Sold unserer Armeen, für Waffen, Festungen und Galeeren. Was nutzen uns die Marmortempel, wenn wir von den Lakedämoniern oder anderen Völkern belagert werden? Die Lakedämonier sind im Begriff, in Attika einzufallen. Glaubst du, der Parthenon oder der Tempel der Athene können uns als Schutzwall dienen?«

Kleanthis hatte diese Klagen schon hundertmal gehört. Er war um eine Antwort verlegen.

»Perikles hat uns die Demokratie gebracht und ihr behandelt ihn, als wäre er ein Tyrann«, hielt er schließlich dagegen.

»Taki hat wirklich Recht«, sagte Sosthenes nachgiebig. »Da wir uns jetzt im Krieg befinden, wird uns dieses Geld fehlen.«

»Wir befinden uns nicht im Krieg«, protestierte Kleanthis. »Nur weil eine Stadt am Ende der Welt sich angeblich gegen uns erhebt, sind wir noch nicht im Krieg!«

»Poteideia ist keine Stadt am Ende der Welt. Und wir wissen genau, dass uns Sparta irgendwann angreift. Der Widerstand von Poteideia ist lediglich ein Vorzeichen des Krieges.«

»Eine feine Demokratie!«, meinte Taki. »Die ganze Macht liegt in den Händen eines Einzigen, und wenn jemand wie ich den Mund auftut, gilt er schon als Aufrührer. Und erst das Privatleben dieser Person! Er lebt mit einer Bordellwirtin, einer Metökin, und war sogar so schamlos, ihr ein Kind zu machen.«

»Es hat keinen Sinn, darüber zu streiten«, wandte ein anderer ein. »Aspasia hat bereits einen Prozess angestrengt, man wird uns als Aufwiegler betrachten. Und was es Anaxagoras eingebracht hat, den Mund so weit aufzumachen, haben wir ja erlebt.«

»Man hat ihm nicht vorgeworfen, dass er zu viel geredet hat, sondern dass er behauptet hat, die Götter seien eine Erfindung der Menschen.«

»Man muss jedoch zugestehen«, sagte Sosthenes, »dass Zwiebelkopf tief in unsere Kriegskasse gegriffen hat und dass es sehr selbstgefällig ist, sich noch zu Lebzeiten auf dem Schild der Athene abbilden zu lassen.«

»Aber man weiß nicht einmal, ob das stimmt«, entgegnete Kleanthis. »Der Schild ist zu weit oben, um es prüfen zu können.«

»Mit guten Augen erkennt man es sehr wohl«, widersprach Taki. »Und als das Gerüst noch stand und jeder hinaufsteigen konnte, hat man es gut gesehen.«

»Nun, Phidias, dem Bildhauer, hat es jedenfalls kein Glück gebracht«, bemerkte ein anderer. »Dafür, dass er sich auch auf dem Schild dargestellt hat, hat man ihn verbannt. Ah, dort ist ja Zwiebelkopf!«

Alle richteten ihre Aufmerksamkeit auf ein kleines Gefolge, das eilig dem Strategeion zustrebte. Perikles, Zwiebelkopf, so genannt, weil sein Kopf oben flach war und hinten zwiebelförmig, führte den Zug an. Lange hatte er versucht, diese Missbildung zu verbergen, indem er seine Haartracht aufbauschte. Aber inzwischen war er kahl. Sein Alter und die Sorgen hatten außerdem dazu beigetragen, dass Perikles seine Koketterie ablegte.

Selbst mit dreiundsechzig Jahren besaß er noch immer ein schönes ovales Gesicht. Die Nase kräftig und edel, die Lippen schön geformt und der Mund gerne spöttisch lächelnd, die großen braunen Augen nachdenklich. Im Übrigen war er von gefälligem Wuchs, er hatte breite Schultern, kräftige Beine, schmale Fesseln. Aber die Lästerzungen auf der Agora und die Satiriker sahen in ihm weiterhin nur den Zwiebelkopf.

Ungefähr dreißig Männer bildeten sein Gefolge: Höflinge, Bettler, Vermittler und Schmeichler – die übliche Gefolgschaft der Macht. Der erste Stratege von Athen war nicht nur ein hoch geachteter Politiker, sondern auch ein reicher Bürger: Er besaß Ländereien und Grundbesitz in der Stadt. Ein Großteil der Anbauflächen vor den Toren der Stadt gehörte ihm, und seine Ländereien in Athen und Piräus, manchmal ganze Viertel, machten ihn zu einem der reichsten Männer Attikas.

Perikles ging an der kleinen Menschenmenge vorbei, die sich immer bildete, wenn er auftauchte. Darunter waren auch Spione seiner Feinde, die ihn von Kopf bis Fuß musterten, lauerten, ob Blässe eine Herzschwäche verriet oder auf nächtliche Ausschweifungen schließen ließ. Aber er hatte einen rosigen Teint, schritt leichtfüßig und würdevoll einher. Mit undurchdringlicher Miene ließ Perikles den Blick über das Strategeion schweifen. Das Gebäude war ganz neu. Seit die Perser vor etwa vierzig Jahren die Stadt abgebrannt hatten, hatte man ständig aufgebaut, vom Marathon-Tor bis zur Spitze von Piräus. Hippodamos von Milet hatte die Pläne entworfen. Der Geruch nach Mörtel und Marmorstaub erfüllte die Luft. Der Radau der mit Stein- und Marmorblöcken beladenen Wagen, das Geschrei der Arbeiter beim Aufbau der Gerüste, all das war manchmal ohrenbetäubend, selbst auf der Agora. Aber das Gefolge von Perikles machte sich nichts daraus. Die Männer warteten darauf, ihr Gesuch zu stellen, und nicht einmal der Lärm der himmlischen Schmiede des Hephaistos hätte sie davon abbringen können.

Perikles begab sich zur Audienz, die am ersten Tag jeder Dekade abgehalten wurde, um über die laufenden Angelegenheiten Gericht zu halten. Ein Mann beklagte sich, dass ihm die

Stadt das Gelände, das er ihr verkauft hatte, noch nicht ganz ausbezahlt hatte. Eine Frau, deren Gatte, ein Kriegsheld, seine ehelichen Pflichten vernachlässigte, verlangte die Scheidung. Perikles hörte sich alles an, schüttelte von Zeit zu Zeit den Kopf und runzelte die Stirn. Aber Privatgesuche wurden heute ausnahmslos an den Rat der Fünfhundert weitergereicht. Seine Gedanken kreisten um die Debatten, die gleich beginnen würden: über die Taktik, die sie gegenüber den Lakedämoniern ausüben sollten. Die Lage war gespannt. Athen musste bereits den hartnäckigen Aufstand von Poteideia, einer verbündeten Stadt, die aber in Wahrheit eine Vasallin war und sich gegen ihren Lehnsherrn empört hatte, aushalten. Die Belagerung hielt seit letztem Frühjahr an, sieben Monate, und es hatte nicht den Anschein, als ob die Athener die Oberhand gewinnen würden. Poteideia wurde vom Norden versorgt und die hohen Mauern hielten den Übergriffen der athenischen Truppen mühelos stand. Beunruhigender aber war, dass die Liga von Sparta eine Offensive gestartet hatte. Die Lakedämonier hatten angefangen, in Attika einzufallen, und die Bauern und Bewohner kleiner Städte strömten nach Athen. Perikles wusste, das war nur der Anfang eines Konflikts mit dem mächtigen Sparta.

Ein Anwalt redete ihn barsch an, als sie den Säulengang des Strategeion erreicht hatten.

»Stratege, ich spreche hier für meinen Mandanten Kalomiris von Brea. Er ist ein Mann von hoher Moral und großem Reichtum, aber er leidet darunter, dass er Metöke ist ...«

Perikles hob die Hand, wirkte gereizt.

»Brea ist eine unserer Kolonien«, fuhr der Anwalt fort. »Findest du nicht, dass ein Mann aus unseren Kolonien, der sich in Athen niedergelassen hat, zudem reich ist, mehr Ansehen verdient als ein mittelloser Metöke aus Milet oder Phokaia?«

»Leg dein Gesuch dem Rat der Fünfhundert vor. Wir haben andere Dinge zu regeln.«

»Stratege, Kalomiris wäre bereit, sich an den Kosten für ein Schiff zu beteiligen . . .«

Perikles blieb stehen und wandte sich dem Anwalt zu:

»Ist er so reich?«

Sein Blick verweilte auf einem korpulenten kahlköpfigen Mann, der ein paar Meter entfernt aufmerksam ihrer Unterhaltung lauschte. Vermutlich war das der Metöke.

»Ich habe dir ja gesagt«, fuhr der Anwalt fort, »dass er ein begüterter Mann ist. Eine Empfehlung von dir . . .«

»Wenn er eingebürgert werden will, muss er sein Gesuch dem Rat der Fünfhundert vorlegen.«

Ein anderer näherte sich Perikles. Der Stratege kannte ihn gut: Dieser große hagere, schmale Mann mit dem dunklen Teint war Mykilos, der Anführer seiner Spione, genannt die Schilfratte, weil er alles hörte, alles wiederholte, ihm alles berichtete. Er bedachte ihn mit einem fragenden Blick.

»Stratege, ich muss dich unter vier Augen sprechen«, wandte sich der Informant an ihn.

Perikles nahm ihn zur Seite.

»Xeniados ist rasend vor Wut und Schmerz«, sagte Mykilos leise. »Er will wissen, was du zur Aufklärung des Mordes an seinem Sohn unternehmen wirst. Seine Freunde und er behaupten, der Mörder hätte noch am gleichen Tag festgenommen werden müssen. Und da dies nicht geschah, nehmen sie an, er habe im Rat der Strategen einen hoch gestellten Gönner, und bereiten ein Komplott vor.«

Xeniados, Mitglied des Rats der Fünfhundert, reich und mächtig, war einflussreich genug, um Ränke zu schmieden. Zudem gehörte er zur Partei der Oligarchie.

»Und wer soll ihn ihrer Meinung nach protegieren?«

Mykilos zögerte. Schließlich aber verriet er den Namen von Perikles' Mündel.

»Alkibiades«, wiederholte der Stratege. »Und was hältst du davon?«

»Ich halte es nicht für unmöglich.«

»Hat Philippidos zu den Hetärien des Alkibiades gehört?«

Die Hetärien waren eine Gruppen junger Athener, die ihre eigene Sprache, ihre eigenen Scherze, Feste und so weiter hatten.

»Nein, aber Alkibiades hätte nichts dagegen gehabt.«

Der Blick von Mykilos verriet, dass er mehr wusste.

»Weißt du etwas?«, wollte Perikles wissen.

»Philippidos hat an einem Gastmahl teilgenommen, zu dem auch Alkibiades geladen war. Aber er ist lange vor Alkibiades aufgebrochen. Letzterer ist noch geblieben. Da er betrunken war, haben ihn ein paar Freunde nach Hause gebracht.«

Der Sekretär tauchte an der Tür des Beratungssaals auf und warf Perikles einen Blick zu, um ihn zu informieren, dass die Strategen bereit waren.

»Wir setzen das Gespräch später fort«, sagte Perikles hastig und betrat den Saal.

Als Mykilos die Treppe hinunterging, stieß er auf Sokrates.

»Mykilos, du siehst besorgt aus«, bemerkte der Philosoph.

»Ich bin nur betrübt. Heute Abend gehe ich zur Bestattung von Philippidos. Kommst du auch?«

Sokrates lächelte und erwiderte: »Heute Abend muss ich

Perikles zur Verfügung stehen. Und ich gehöre ja nicht zu den Freunden des Xeniados.«

Mykilos entfernte sich kopfschüttelnd. Sokrates blickte ihm nach.

Perikles hatte bereits in der Mitte des stufenförmig angeordneten Halbkreises, wo die Strategen tagten, Platz genommen. Gewöhnlich machten sie sich bei der Begrüßung Komplimente über ihr gutes Aussehen, sprachen über die Heirat eines Sohnes oder eine günstige Erwerbung. Aber heute Morgen gab es keine Artigkeiten. Sie unterhielten sich mit mürrischer Miene mit Sekretären, warfen einen besorgten Blick auf Vermerke und Unterlagen. Ratgeber und Sekretäre hielten sich im Hintergrund. Sokrates saß fünf Schritte hinter Perikles.

Timarch, der Älteste, ein sechzigjähriger Riese mit grauem, sorgfältig gepflegtem Bart, erklärte die Sitzung für eröffnet.

»Vormittags widmen wir uns gewöhnlich den Angelegenheiten der Stadt«, begann er. »Nachmittags den Privatangelegenheiten, die nicht der Rechtsprechung der Gerichte unterliegen. Heute Morgen sollte die Baumbepflanzung der Agora besprochen werden, die Schaffung neuer Viertel und die Verstärkung der Festungen im Norden, um gegen Überfälle geschützt zu sein. Aber ich schlage vor, diese Themen auf später zu vertagen, denn wir haben etwas viel Dringlicheres zu besprechen. Welche Strategie wählen wir gegenüber der lakedämonischen Offensive in Attika?«

Alle Blicke waren auf Perikles gerichtet.

Man würde also nicht über die Ermordung von Xeniados' Sohn reden. Immerhin war das keine Angelegenheit der Strategen!

Aber er musste sich bei der Bestattung durch seine Söhne Xanthippe[10] und Paralos vertreten lassen.

5.

Ein Abendessen bei Aspasia

D ort wohnt sie.« Der Passant blieb auf dem Hügel der Musen vor einer rosafarbenen Villa stehen, die sich wie ein seltsames Schmuckstück gegen die dunklen Eichen abhob.

Eine Villa? Wohl eher ein Palast. Der Ton in der Stimme des Athleten war halb schwärmerisch, halb ironisch.

»Um so ein Haus zu bekommen, muss sie einen tollen Hintern haben!«, bemerkte sein Begleiter, ebenfalls ein Sportler.

Sie lachten. Der Neid hinter ihrer Ironie war nicht zu verkennen. Sie waren kaum über zwanzig, ein Alter, in dem man sich in Sachen Sex nicht mit dem Erstbesten begnügte, aber noch nicht alt genug, um ein Gefühl für Feinheiten zu besitzen. Sie wären höchst erfreut über eine Einladung in dieses Haus gewesen, aber ohne Empfehlung ging so etwas nicht. Das hier war kein Freudenhaus für Matrosen, die sich kurz vergnügten, bevor sie in die Thermen gingen. Hier residierte eine berühmte Hetäre, die erlesene Abendessen veranstaltete. Die beiden Passanten hatten gehört, ein Abendessen für sechs Personen kostete hier einen Goldstater. Sie hatten für einen ganzen Monat weniger, allerdings wurden sie, wie viele Athleten, gehätschelt und mit Geschenken überschüttet.

»Aber sie empfängt nicht mehr. Sie lebt jetzt schon viele Jahre mit Perikles. Und mit dem Ersten Strategen wird sie wohl keine ausschweifenden Gelage veranstalten.«

»Ich dachte, er ist verheiratet.«

»Das war er, aber er und seine Frau haben sich arrangiert. Von seiner Frau hat er zwei Söhne und auch von dieser Frau hat er einen.«

»Sein Ältester heißt Xanthippe, nicht wahr?«

»Ja. Kennst du ihn?«

»Er ist ein Hansdampf in allen Gassen, wirft das Geld zum Fenster raus und hält sich natürlich als Sohn von Perikles für etwas Besseres . . .«

Sie lachten.

Das zweistöckige Haus auf dem Hügel der Nymphen war ein Meisterwerk der Patrizierkunst: Ein schlichtes Bauwerk mit einer Außentreppe und zwei Säulen, zu der man über sieben Stufen gelangte. Die ausgewogenen Proportionen machten den Reiz dieses Hauses aus; es hatte nichts Protziges, wie es die Neureichen liebten.

»Zwei Frauen haben ihre Nachfolge angetreten. Ich glaube, ich kann einen Bekannten überreden, uns dorthin eine Einladung zu verschaffen.«

»Wer ist das?«

»Ein Freund von Alkibiades.«

»Hör zu, ich brauche Alkibiades nicht, um den Jungen zu überreden.«

In dem Augenblick erschien am Fenster eine Frau und warf den beiden einen bösen Blick zu. Hastig entfernten sie sich.

Eine Stunde später kündigten vereinzelte goldene Streifen am violetten Himmel den Einbruch der Nacht an. Perikles kam in Begleitung zweier Leibwächter vor dem Haus an. Sein Schritt war müde. Die beiden Männer zogen sich am Gartentor zurück, wo der Oleander sich im Abendwind neigte. Allein legte er den kurzen Weg zur Außentreppe zurück.

Aspasia erwartete ihn auf der Schwelle. Er betrachtete das vertraute, ovale Gesicht, in dem die Jahre kaum Spuren hinterlassen hatten, die großen braunen Augen voller Sanftmut, den kleinen Mund, der so gern lächelte und den sie in den achtzehn Jahren ihres gemeinsamen Lebens kaum geschminkt hatte. Er berührte ihre Schulter.

»Aha, war wohl ein harter Tag«, sagte sie.

»Nun ja.«

»Das Bad und der Diener erwarten dich.«

Der einzige Diener des Hauses kümmerte sich um das Bad des Strategen. Er war ein vierschrötiger Mann von vierzig Jahren, mit geschmeidig-kräftigen Händen, der aus den Muskeln die Müdigkeit, das Alter und die Sorgen massierte. Perikles stieg die drei Stufen zum Marmorbecken hinunter. Das Wasser war mit gut riechenden Ölen angereichert. Der Diener begleitete seinen Herrn. Mit dem Daumen strich er ihm den Deltamuskel entlang und lockerte ihm den Nacken. Mit beiden Händen knetete er die Schenkel, bearbeitete seine Füße und streckte seine Zehen, um die Sehnen zu lockern. Perikles stieß einen Seufzer der Erleichterung aus. Anschließend ölte ihn der Diener mit Zypressenöl ein. Perikles schlüpfte in ein trockenes Gewand und leichte Sandalen. Dann überquerte er den Patio, der nach Jasmin duftete, um seiner Liebsten auf der Terrasse Gesellschaft zu leisten. In der Mitte stand eine Sonnenuhr, an einem Fassa-

dengitter rankten sich Glyzinien empor. Inmitten des betören-
den Blumendufts saß die Hausherrin und spielte auf der Leier.
Ein junger Mann hatte sich auf der Balustrade aufgestützt und
hörte ihr aufmerksam zu. Er war genauso schön wie Perikles.
Als er den Strategen entdeckte, wandte er sich nach ihm um; der
Junge hatte die gleichen Augen wie die Lautenspielerin. Freudig
eilte er Perikles entgegen. Sie umarmten sich.

»Was hast du heute gemacht?«, fragte Perikles.

»Das Übliche. Vormittags hatte ich Grammatikunterricht[11]. Ich
habe den Lehrer gebeten, mir das logische Denken beizubringen. Er antwortete, das übersteige sein Wissen.«

»Ich werde mit Sokrates reden«, sagte Perikles. »Und wie war's
im Gymnasium?«

»Wir hatten Wettlauf«, berichtete der junge Mann. »Der Lehrer
hat gesagt, ich sei der Schnellste.«

»Sehr schön«, lobte Perikles.

Dann wandte er sich an die Hausherrin:

»Aspasia, lass uns einen Wein bringen, damit wir die Taten
von Perikles feiern können.« Der junge Mann trug den gleichen
Namen wie der Vater.

Der Komödiendichter Hermippos beschreibt Aspasia folgendermaßen: »Sie ist eine Dirne, die vor zwanzig Jahren von Milet
nach Athen gekommen ist. Wie alle Bewohner Kleinasiens ist sie
gerissen und gewinnt dank ihrer List, was sie durch Kraft nicht
erhalten kann. Sie ließ sich in Athen nieder, weil sie ehrgeizig ist
und in der Heimat nicht genug verdienen konnte. In Athen
eröffnete sie ein Stundenhotel, wo sie erlesene Abendessen gab.
Um ihr Ansehen zu erhöhen, lud sie Männer ein, die ihren Ruhm
verbreiteten: Dichter, Dramatiker, Sophisten, kurzum: Schwätzer. Ganz zu schweigen von den Reichen und Mächtigen. Sie

konnte lesen und besaß ein gutes Gedächtnis. Sie lernte Gedichte auswendig, mit Vorliebe galante, und trug sie ihren Gästen vor, während kleine Tänzerinnen ihre anmutigen Fesseln zeigten. Die Gutgläubigen hielten sie für gebildet. Auf jeden Fall ist sie gerissen: Bald gelang es ihr, Perikles, den Ersten Strategen, in ihren Bann zu ziehen. Sie hätte ihn gern geehelicht, aber er war bereits verheiratet und außerdem durch die Gesetze gebunden, die er selbst vor achtzehn Jahren erlassen hatte. Diese verbieten einem Athener, eine Metökin zu heiraten. Sie bekam dann von Perikles, auf den sie großen Einfluss ausübt, ein Kind. Bestimmt hat sie ihn bewogen, sich auf den Peloponnesischen Krieg einzulassen. Sie hält ihn durch die Sinne gefangen. Da er sehr anspruchsvoll ist, versorgt sie ihn mit Frauen, wenn er, wie die meisten Männer, das Verlangen nach Abwechslung spürt. Aber er ist ihr regelrecht hörig.«

Hermippos brachte Aspasia eine so tiefe Abneigung entgegen, dass er vor dem Volksgericht einen Prozess wegen öffentlicher Unmoral gegen sie angestrengt hat. Perikles höchstpersönlich hat die Verteidigung Aspasias übernommen und mit Tränen in den Augen die Richter um Milde gebeten. Wochenlang gab es auf der Agora kein anderes Gesprächsthema. Hermippos verlor seinen Prozess, war aber in den Augen des Volkes der Gewinner.

Die Athener fanden es unziemlich, dass der Anführer des Stadtstaates die eheliche Untreue vorlebte und noch mehr, dass er mit einer Bordellbesitzerin zusammenlebte, wenn auch mit einer sehr außergewöhnlichen. In der Stadt wurden Denkschriften verbreitet, die man Hermippos zuschrieb. Sie waren für Perikles genauso wenig schmeichelhaft wie für seine Geliebte.

Der Philosoph Protagoras zuckte mit den Schultern: »Wäre Perikles ein Unbekannter, würdet ihr euch diese Frage nicht stellen«, sagte er. »Ihr habt aus ihm einen Helden gemacht und ihr wünscht euch, dass die Helden keine Männer aus Fleisch und Blut sind. Aber wenn sie keine Männer sind, wie können sie dann Helden sein? Eure Gehässigkeit gegenüber Aspasia zeugt von Beschränktheit. Sie ist eine Zierde Athens und ihr Ruhm reicht weit über die Grenzen der Stadt.«

An jenem Abend hatte Perikles Protagoras zum Essen eingeladen. Er wollte, dass sein Sohn den Philosophen hörte; er wünschte, Protagoras werde ihn als Schüler aufnehmen.

Im Vestibül hörte man Stimmen. Alle Gäste waren pünktlich gekommen: zwei Anwälte, Lekrit und Paralos, Ratgeber des Strategen. Es waren etwa vierzig Gäste, mit fülligem Bauch und rosigem Teint; Aretes, ein reicher Reeder, der den Schalk im Nacken hatte, der Architekt Mnesikles, ein schmächtiger Mann mit einem Frettchenkopf, der den großartigen Entwurf für die Propyläen und die Villa der Aspasia gemacht hatte, und sein junger Gehilfe Aristes, ein gepflegter junger Mann von unauffälliger Schönheit; Hippodaios, ein etwa fünfzigjähriger kahler Dichter, der Aspasia gerühmt hatte, und schließlich Protagoras, hochgewachsen, mit grauem sorgfältig gelockten Bart und mit Augen, die manchmal spöttisch und manchmal verträumt blickten.

Auch Sokrates war anwesend. Insgeheim wünschte er sich, die Weisheit des siebzehn Jahre älteren Protagoras in sich aufzunehmen. Alle Gäste hatten ein Duftbad genommen und rochen nach kostbaren Essenzen, Rosen und Narzissen. Die Dienerinnen halfen den Gästen aus den Umhängen und Sandalen und brachten ihnen gekühlten Wein.

Das Essen wurde im Speisesaal serviert, dessen Fenster aufs Meer gingen. Die meisten waren zum ersten Mal hier und blickten sich um. Man konnte erraten, dass sie sich großen Luxus versprachen. Aspasia aber mit ihrem untrüglichen Instinkt wusste, dass Protagoras übermäßigen Luxus nicht schätzte, und hatte diesen Abend schlicht gestaltet. Der weiße Saal war schmucklos, ohne Girlanden. Weiße Tücher verdeckten die Fresken, die einigen vielleicht als gewagt erschienen wären. Der einzige Luxus war ein Räucherfass, in dem Myrtenzweige verbrannt wurden. Die Gäste ließen sich auf hufeisenförmig angeordneten Liegen nieder. Perikles und sein Sohn befanden sich zwischen Protagoras und Leokrit auf der einen und Aretes und Pardalos auf der anderen Seite. Aspasia saß allein an einem kleinen Tisch.

Die Dienerinnen, bescheiden gekleidet, waren sehr jung und gefällig. Die beiden Anwälte hatten ihre Sklaven mitgebracht, die sich eilfertig anschickten, den Mädchen zur Hand zu gehen, insgeheim auf eine Tändelei hoffend. Die Gäste waren begeistert: Über die Tische waren bestickte Decken gebreitet, darauf standen ein Lattichsalat mit wilden Beeren, zur Erfrischung des Gaumens, in Makrelenmilch eingelegte Aalfilets in Knoblauch und Öl, Gebratenes, mit wohlriechenden Kräutern geröstete Wolfsbarschfilets und ein Geflügelragout mit Mangold. Zwischen den Silbertellern waren rote und blaue Blumen arrangiert. Teller aus glasiertem Ton hätten als falsche Bescheidenheit gegolten. Aspasia nannte dieses Geschirr »das kleine Service«. Perikles war wie immer angetan vom Geschmack der Hausherrin. Sie hielt den Kopf wie eine schamhafte junge Frau, eine ihrer Lieblingshaltungen.

»Was sagt unser Philosoph?«, fragte Aretes, an Protagoras gewandt.

»Formulieren wir die Frage anders: Was will der ehrenwerte Reeder hören?«, erwiderte Protagoras.

»In der Zeit, in der man nicht das Vergnügen hat, Protagoras zu sehen, kann man von jeder Bemerkung aus seinem Mund zehren«, fuhr Aretes fort, ohne sich aus dem Konzept bringen zu lassen.

»Solche Komplimente kommen dich teuer zu stehen«, erwiderte Protagoras. »Du weißt ja, dass ich nur von meinen Worten lebe, und da du reich bist und nach meinen Worten gierst, werden wir uns nach dem Essen noch etwas unterhalten.«

Der junge Perikles fing an zu lachen und alle stimmten ein.

»Nun gut«, fuhr Protagoras fort, »vermutlich sollte ich zufrieden sein, nicht wahr? Ich bin zu einem Abendessen bei einer Frau, die für ihre Schönheit und ihren Geist berühmt ist, geladen, sitze an einem Tisch mit dem mächtigsten Mann von Athen und einem begüterten Mann wie du, Aretes. Außerdem bin ich von den talentiertesten Männern unserer Gesellschaft umgeben: Mnesikles, der Stein mit Leben zu erfüllen vermag, Leokrit und Pardalos, die Worte so verdrehen können, dass sie unsere Richter wirr machen, und Hippodaios, ein Dichter, der den Frauen die Sinne verwirrt. Auch Sokrates darf ich nicht vergessen, von dem es heißt, er wendet bei den Staatsgeschäften die Kunst des Denkens mit großem Geschick an. Das ist viel Ehre für einen Mann wie mich, der nur das obskure Talent der Vernunft pflegt. Das Essen ist köstlich, die Weine erlesen, die Dienerinnen anmutig. Außerdem hat man mir die Anwesenheit von Athleten erspart, die mich zu Tode langweilen. Die Luft ist erfüllt von Blütenduft, das Klima milde für einen alten Mann wie mich.«

»Und?«, fragte Perikles amüsiert.

»Und, Perikles, ich habe das Unglück zu denken. Ein Mensch, der denkt, neigt ständig zur Unzufriedenheit, allein aufgrund der Tatsache, dass er denkt. Er stellt sich die Wirklichkeit idealerweise in einem gewissen Licht vor, und was er sieht, entspricht dem leider nicht. Warum? Weil sein Ideal ständig aus Bildern der Vergangenheit gespeist wird. Folglich ist er ständig enttäuscht. Wenn ich dir einen Rat geben darf, Perikles, solltest du sämtliche Denker aus Athen verbannen und Sokrates unter strenger Bewachung halten. Sie sind verdrießliche Leute, ständig unzufrieden und sogar missgünstig.«

Perikles und Sokrates lachten. Der junge Perikles lächelte unsicher. Aspasia, die gerade genussvoll an einem Bissen kaute, lächelte vor sich hin. Nur Protagoras bewahrte seine ernste Miene.

»Ich wäre schlecht beraten, mein guter Protagoras«, erwiderte Perikles lächelnd, »wenn ich den Mann in die Verbannung schicken würde, den ich mit der Verfassung der Stadt Thourioi beauftragt habe. Man könnte denken, er empört sich gegen Zwänge, dabei macht gerade die Freiheit seinen Wert aus.«

Das Kompliment klang etwas feierlich, war aber aufrichtig gemeint. Allgemein war bekannt, dass der Stratege den Philosophen gebeten hatte, gegen Vergütung sein Ratgeber zu sein, und dass dieser das schmeichelhafte Angebot abgelehnt hatte.

»Ich hoffe, du beschützt mich besser als Anaxagoras«, bemerkte Protagoras.

Ein verlegenes Schweigen breitete sich aus. Der junge Perikles fragte zu allem Überfluss, wer Anaxagoras sei.

»Junger Mann«, erwiderte der Philosoph, »Anaxagoras war mir seelenverwandt. Ein Ionier von großer Tugend, der uns Athener gelehrt hat, die Dinge zu beobachten, bevor man sie deutet. Auf diese Weise hat er die eigentliche Ursache der Finsternis herausgefunden, die nicht, wie allgemein angenommen, ein übernatürliches Phänomen darstellt, sondern dadurch entsteht, dass sich der Mond vor die Sonne schiebt. Er hat auch behauptet, die Sonne sei keine Göttin, sondern eine Feuerkugel, die nicht viel größer als der Peloponnes ist. Die schlauen Köpfe unserer Stadt, die im Allgemeinen recht unangenehm und gehässig sind, haben ihn der Gottlosigkeit bezichtigt und einen Prozess angestrengt, um ihn zu verbannen. Er hat deinem Vater die Redekunst beigebracht. Sein Talent kannst du daran ermessen, dass es ihm, nachdem er seine Verteidigung übernommen hat, gelungen ist, die Verfemung abzuwenden.«

»Aber warum hat er dann Athen verlassen?«, wollte der junge Mann wissen.

»Weil die Athener, anders, als man ihnen nachsagt, weder Philosophen noch Freigeister lieben«, sagte Protagoras. »Und die Feinde des Strategen haben ihn gezwungen, die Stadt zu verlassen, weil er ein Freund deines Vaters war. Er hat sich in Milet niedergelassen, wo die Einwohner mehr für Freigeister übrig haben.«

»Du bist ja ganz aufgebracht«, bemerkte der Reeder.

»Daran kannst du meine Aufrichtigkeit sehen«, erwiderte der Philosoph. »Ich habe dich gewarnt, dass ich dir herbe Kräuter in den Salat mischen werde.«

»Auf jeden Fall hast du heute Abend meine Gastfreundschaft fürs Leben erworben. Du bist jederzeit bei mir willkommen. Und wenn du willst, dass ich herbe Kräuter esse, tu ich es, weil ich weiß, es ist ein Freundschaftsbeweis.«

»Auch bei mir bist du jederzeit willkommen«, riefen alle anderen Gäste wie aus einem Mund.

Protagoras wandte sich mit bekümmerter Miene an Aspasia:

»Aspasia, ist das deine Art der Gastfreundschaft? Du lädst mich zum Essen ein und bietest mir köstliche Speisen an. Ich öffne den Mund, um zu reden, und was höre ich da? Worte von Menschen, die vorhaben, mich zu versklaven. Ich soll auf das einzige Gut, das ich besitze, meine Redefreiheit, verzichten. Warum lachst du? Du weißt sehr wohl, dass mir diese Leute, nachdem sie mir Essen und Geld angeboten haben, meine Worte vorschreiben wollen. Ah, welches Los erwartet mich! Lediglich Sophokles könnte mir Gerechtigkeit zuteil werden lassen ...«

Aspasia gelang es jetzt, das Lachen zu unterdrücken.

»Warum sagst du das, Protagoras? Sie laden dich ein, um, genau wie ich, deine offenen Worte zu hören. Wie Perikles zutreffend bemerkt hat, wären sie schlecht beraten, wenn sie dir einen Maulkorb anlegen wollten.«

Protagoras beugte sich über sie und kitzelte sie mit seinem Bart. »Stell dir vor, ich sage ihnen eines Abends wirklich, was ich denke. Dass ihr Essen zu üppig ist und ihre Worte zu nichtssagend. Dass sie verworrene Gedanken haben und entsprechend handeln und dass ihr Geist so träge ist wie ein ans Bett gefesselter Greis. Stell dir die Blicke vor, die sie mir zuwerfen würden! Glaubst du wirklich, ich wäre dann noch willkommen? Wenn ich zu essen haben will, muss ich meine Worte mäßigen, muss sie angenehm verpacken, damit sie Gefallen daran finden. Das ist das Ende meiner Redefreiheit.«

Plötzlich waren alle Gäste ernst geworden. Perikles fragte:

»Protagoras, willst du damit sagen, dass die Philosophen die Feinde Athens sind?«

»Das habe ich nicht gesagt. Nein, Athen ist der Feind der Philosophen.«

»Wie erklärst du das?«

»Weil in Athen die einfachen Bräuche bestimmen, was vom Denken infrage gestellt wird. Deshalb, Stratege, ist der erste Seher mächtiger als du!«

»Was willst du damit sagen?« Mnesikles war fassungslos.

»Hast du etwa vergessen«, fuhr Protagoras stirnrunzelnd fort, »dass ein einfacher Seher namens Diopeithes, einer dieser kleinen Geister, die Athen hunderttausendmal geringeren Dienst erwiesen haben als Perikles, aber der eben ein Seher ist, ein böswilliger Scharlatan, veranlasst hat, dass die beiden Räte ein Dekret erlassen, damit man jene, die nicht an die Götter glauben und Lehren über die Himmelskörper verbreiten, verfolgt? Und dass man im Namen dieses Dekrets Anaxagoras verfolgt hat? Und Athen selbst hat Anaxagoras in die Verbannung geschickt.« Der Philosoph wurde heftiger. »Es ist allgemein bekannt, dass dieses Dekret für Diopeithes ein Mittel war, Perikles höchstpersönlich zu begegnen.«

»Was wünschst du dir?«, fragte Aspasia sanft.

»Dass man Seher als Feinde Athens betrachtet«, erwiderte der Philosoph.

»Wenn man die Götter abschaffen würde«, bemerkte Perikles melancholisch, »wären ja die ganzen Tempel umsonst ...«

»Man kann sich die Tempel auch ohne Seher vorstellen«, schlug Aretes vor.

»Auf jeden Fall muss man sich eines Tages zwischen Sehern und Philosophen entscheiden«, schloss Protagoras. »Stratege, du musst bestimmen, wer größeren Wert für die Stadt hat.«

»Und doch besitzt Athen trotz der Seher anscheinend viele Philosophen«, wandte Perikles ein. »Also bist du gar nicht so schlecht dran.«

»Weil ich klug genug bin, mich nicht um Staatsangelegenheiten zu kümmern. Ich interessiere mich für das Sein.«

»Gibt es denn keine Möglichkeit, die Philosophen in den Dienst der Stadt zu stellen?«, beharrte Perikles.

»Das ist schwierig, denn wenn man denkt, ist man allein, frei. Wenn man dagegen mit dem Volk zu tun hat, kann man nicht mehr frei seine Meinung äußerten. Das Volk erträgt es nämlich schlecht, dass man anders denkt. Die Stimme der Philosophen erscheint ihm so disharmonisch wie das Krächzen eines Raben in einem Konzert von Meisen. Ich wiederhole: Ich werde nur in Athen geduldet, weil ich meinen Mund halte.«

»Was willst du damit sagen?«

Protagoras betrachtete Perikles eindringlich; er schien nachzudenken. »Stratege, wirst du nicht kritisiert, weil du den von den Persern zerstörten Parthenon durch ein Meisterwerk der Architektur ersetzt hast? Das zudem von Phidias ausgestaltet wurde, dem genialen Bildhauer, der Stein zu Leben erweckt und mit den edelsten Gefühlen beseelt? Wirft man dir nicht vor, die Kasse unserer Verbündeten geplündert zu haben, um die Akropolis mit prächtigen Monumenten zu schmücken?«

»Ja, das stimmt«, gab Perikles zu. »Und?«

»Wenn ich deinen Feinden so antworten würde, wie es mir beliebt, wenn ich ihnen sagte, dass es niedere Gemüter sind, die die Schönheit ablehnen, und dass sie dieses Volk, den Demos, den zu vertreten sie sich brüsten, entehren, glaubst du dann, mein Schicksal wäre beneidenswerter als das des Anaxagoras?«

Perikles seufzte. »Nein, zweifellos nicht«, räumte er schließlich ein.

»Jeder«, fuhr Protagoras fort», der die Vorurteile oder Bräuche einer Kollektivität anficht, läuft Gefahr, wegen Gottlosigkeit angeklagt zu werden. Anaxagoras hat die Frage nach dem Begriff ›Götter‹ aufgeworfen. Eine unschuldige Frage im Grunde. Ist es denn für einen vernünftigen Menschen angebracht, etwas anzubeten, das er nicht kennt? Und doch hat man es ihm übel genommen. Also reicht es aus, öffentlich eine Frage zu stellen, auf die niemand eine Antwort hat, um als gottlos zu gelten.«

Perikles atmete tief durch. »Protagoras, das ist die Demokratie. Anaxagoras ist vom Volk abgeurteilt worden. Er war mein Freund und ich habe ihn so gut wie möglich verteidigt.«

»Also ist das Volk der Feind der Redefreiheit«, hielt Protagoras dagegen. »Es erkennt nicht einmal die Autorität an, die es gewählt hat. Was wir als Demokratie bezeichnen, ist die Tyrannei der breiten Masse über eine denkende Minderheit.«

Sokrates hörte aufmerksam zu.

»Das sind recht aufrührerische Worte«, meldete sich Leokrit, einer der Anwälte, spöttisch zu Wort.

»Siehst du«, fuhr Protagoras lächelnd fort. »Obwohl ich nur einige Probleme des städtischen Lebens angeschnitten habe, reichen meine Worte aus, um mich in die Verbannung zu schicken.«

»Philosoph, es wird dir nicht gelingen, deine Verbannung durchzusetzen«, erwiderte Perikles lachend. »Nicht für Worte, die du im kleinen Kreis geäußert hast.«

»Stratege, ich danke dir. Ich sehe, Aspasias Gastfreundschaft rechtfertigt ihren Ruf.«

Er wandte sich dem Anwalt zu. »Leokrit, wenn du die Absicht haben solltest, mir deine Dienste anzubieten, sofern Perikles beschließen sollte, mich zu verbannen, so lehne ich dankend ab! Ich kann mich selbst verteidigen. Vielleicht kannst du im Notfall den Strategen von deinen Fähigkeiten überzeugen.«

»Warum sollte ich seine Dienste benötigen?«, fragte Perikles betont beiläufig.

»Weißt du das denn nicht?«, erwiderte der Anwalt. »Du bist das Unterpfand der Demokratie. Du bist kein Tyrann.«

Aspasia lachte, aber es klang etwas gekünstelt. Der junge Perikles auf seiner Liege wurde unruhig. Offensichtlich war er über alle angeschnittenen Probleme im Bilde. Liebend gern hätte er Fragen gestellt, aber das verbot ihm die Höflichkeit.

»Du bist stets für das, was in der Stadt geschieht, verantwortlich, selbst wenn du nichts damit zu tun hast.«

»Was soll das heißen?«, rief Perikles mit einer Heftigkeit, die er sofort bedauerte.

»Perikles«, setzte Protagoras nach kurzem Überlegen an, »vor sieben Jahren war Phidias nach dir der berühmteste Mann in Athen. Er hat diese wunderbaren Bauten, die die Stadt zieren, geschaffen, hat ihre Fertigstellung beaufsichtigt, vor allem die Vollendung der Statue der Athena Parthenos. Er war dein Freund, er hat mit dir den Traum geteilt, Athen mit erhabenen Bauwerken zu schmücken, die seine Macht, seinen Reichtum und seine Talente unter Beweis stellen. Ihr wart euch näher als Brüder. Aber böse Zungen haben behauptet, er hätte einen Teil des Goldes, das für die Fertigstellung dieser Statue bestimmt war, für sich behalten. Diese Goldstücke konnte man abnehmen. Auf seinen Befehl wurden sie abgenommen und gewogen und er konnte beweisen, sich nicht bereichert zu haben. Also war er unschuldig, nicht wahr?«

»Ja, das stimmt.«

»Daraufhin hat man einen neuen Grund zur Anklage erfunden: Er hätte dich und gleichzeitig sich selbst auf dem Schild der Göttin abgebildet. Das war ein Akt der Verhöhnung der Götter. Aber wir wissen genau, dass die Anschuldigung nicht nachgeprüft werden kann. Man kann dich in verschiedenen auf dem Schild abgebildeten Personen erkennen oder auch nicht. Trotzdem musste der große Phidias ins Exil gehen, weil Neider und Schwätzer ihn mit ihrer Bösartigkeit verfolgten, bis selbst du ihn nicht mehr schützen konntest. Und du hast darunter gelitten, nicht wahr?«

Perikles nickte.

»Ja, das stimmt. Aber ich hoffe, du hältst hier keine Lobrede auf die Tyrannei«, mischte sich Aspasia ein.

»Nein, schöne Aspasia. Selbst wenn ich Lust dazu verspürte, unter deinem Dach würde ich es nicht tun. Ich will nur darauf hinweisen, dass man die Demokratie nicht idealisieren darf. Sie ist voller Ungerechtigkeiten, die umso schwerwiegender sind, als sie sich den Anschein der Gerechtigkeit geben.«

Mnesikles machte eine finstere Miene. Perikles hörte nachdenklich zu. An Protagoras gewandt, sagte er:

»Und du meinst, ich sei für alle Ungerechtigkeiten verantwortlich, nicht wahr?«

Protagoras schüttelte den Kopf und leerte seinen Becher, den eine Dienerin eilfertig wieder nachfüllte.

»Sicherlich«, erklärte der Anwalt Pardalos, »erwähnt ein so kluger Kopf wie du, Protagoras, dies nicht ohne Grund. Du spielst auf einen bestimmten Fall von Ungerechtigkeit an.«

»Sprich, Protagoras«, befahl Perikles.

»Ich möchte über den Mord an Philippidos, Sohn des Xeniados, reden«, sagte der Philosoph. »Inzwischen liegt er vermutlich bereits unter der Erde. Aber die Gerüchte erheben sich wie böse

Geister über das Grab hinaus und sind überall in der ganzen Stadt. Da sie nicht tagen können, um einen Schuldigen zu benennen, summen sie wie ein Wespenschwarm um diejenigen, welche die Macht innehaben.«

»Was kann ich dagegen tun?«, fragte Perikles niedergeschlagen. »Man wird meinen Vater kaum für die Ermordung von Philippidos verantwortlich machen«, rief der junge Perikles mit hochrotem Kopf.

»Nein, junger Mann«, erwiderte Protagoras. »Aber man wird ihm vorwerfen, einen Verwandten und ein Mitglied der Alkmäoniden zu protegieren. Wie du weißt, sind die erste Frau seines Vaters und die Mutter von Alkibiades Schwestern und Töchter von Megakles, dem großen Alkmäoniden. Und Agariste, die Mutter deines Vaters, ist die Schwester des Megakles.«

Die Dienerinnen boten jetzt den Gästen Tücher und Fingerschalen mit lauwarmem Wasser, vermischt mit Essig, an. Dann trugen sie die Tische fort und den Nachtisch auf: Feigenkuchen mit Bröseln, eingemachte Feigen aus Ägypten, köstliche Honigkuchen, so zart, dass sie beinahe durchsichtig waren.

»Warum willst du meinen Sohn nicht als Schüler aufnehmen?«, fragte Aspasia im Bestreben, das Thema zu wechseln.

Der junge Mann wollte gerade in einen Honigkuchen beißen, hielt aber inne, um zuzuhören.

»Das wäre eine große Ehre, schöne Aspasia«, erwiderte der Philosoph, »aber nur jene, die mir auf eigene Gefahr folgen, um mich zu hören, sind meine Schüler. Ich glaube, ich wäre nicht der Richtige, um deinen Sohn darauf vorzubereiten, eines Tages die Staatsgeschäfte zu übernehmen. Du willst mich für seine Unterweisung bezahlen, weil du hoffst, dass diese ihm von Nutzen ist.«

»Aber in Theodor hast du einen berühmten, treuen Schüler«, bemerkte Perikles. »Willst du behaupten, deine Unterweisung sei nicht dazu angetan, der Stadt eines Tages von Nutzen zu sein?«

Protagoras lächelte. »Theodor ist kein Schüler, sondern ein Gefährte. Er bezahlt mich nicht, er nimmt mir die Einsamkeit. Wenn ihn Athen irgendwann um seinen Rat bitten sollte, würde er diesen mit der ihm gewohnten Weisheit erteilen. Aber was Athen eines Tages von deinem Sohn verlangen wird, sind keine Ratschläge: Es sind Befehle. Und ich befürchte, die Philosophie lehrt gerade, keine Befehle zu erteilen, denn sie werden, wenn sie von Weisheit geleitet sind, vom Volk nicht gehört. Das Volk ist wie ein Raubtier, es gehorcht nur dem Schwert und der Redekunst. Deshalb muss ich mit großem Bedauern auf die zehntausend Sesterzen, die deine Eltern mir für die Vervoll-kommnung deiner Erziehung angeboten haben, verzichten.«

»Dann lehre mich doch die Redekunst«, rief der junge Mann.

»Die Redekunst? Auf diesem Gebiet bin ich nicht der beste Lehrer. Wende dich lieber an Sophokles.«

Perikles puffte seinen Sohn in die Seite, um ihm zu bedeuten, dass das Gespräch beendet sei.

»Und was ist mit mir?«, meldete sich Sokrates das erste Mal zu Wort.

Protagoras betrachtete ihn einen Augenblick amüsiert. Dann sagte er:

»Du, der du dich für die Vermittlung deiner Weisheit bezahlen lässt, willst von mir unterwiesen werden? Im Übrigen glaube ich kaum, dass du mich brauchst, um dir Feinde zu schaffen ...«

Sokrates unterdrückte ein Kichern.

Auf ein Zeichen von Aspasia betrat eine junge Tänzerin den

Saal, gefolgt von einem Jüngling; sie waren beide leicht beklei-
det, um dem Geschmack der Gäste gerecht zu werden. Der
junge Mann trug zierliche Reifen und hielt eine Flöte in der
Hand. Er spielte darauf eine leichte Weise und das junge Mädchen wiegte sich im Tanzschritt. Er hielt die Flöte in der einen
Hand und reichte ihr mit der anderen drei Reifen. Sie fing an,
damit zu jonglieren, und bewegte sich anmutig im Kreis. Dann
gab er ihr die übrigen, einen nach dem anderen, und am Schluss
jonglierte sie mit zwölf Reifen, ohne einen fallen zu lassen.

Am Ende der Darbietung tanzte sie kurz mit dem Jüngling, der
seine Flöte dabei keine Sekunde aus der Hand gab. Die Gäste
klatschten begeistert und der Reeder sagte laut: »Nach allem,
was ich heute Abend gehört habe, meine Freunde, glaube ich,
dass dieses junge Mädchen Strategin werden sollte.«

Alle lachten vergnügt. Auch Perikles ließ sich davon anste-
cken.

6.

»Möge Nemesis mir beistehen!«

Im Patio des großen Hauses von Xeniados erhob sich der Rauch einer Opfergabe über dem Hausaltar.

»Nemesis[12], die du die Gerechten rächst, hilf, dass der Mörder meines Sohnes festgenommen wird und unter fürchterlichen Qualen den Tod findet.«

Die Worte des Hausherrn klangen noch in den Köpfen nach, als die Trauergemeinde sich auf die Straße begab, um den Leichenzug zu bilden. Sargträger brachten den Leichnam von Philippidos, noch mit den Kleidern, die er im Augenblick seines Todes getragen hatte, angetan, aus dem Inneren und bahrten ihn auf einem Leichenwagen auf. Im Schein der Fackeln hob sich das goldene Band, das man ihm um die Stirn geschlungen hatte, von der Blässe seines Gesichts ab. Die Klageweiber stimmten ihre traurigen Lieder an, die Nachbarn unterbrachen ihr Abendessen und eilten ans Fenster. Die Schwester des Verstorbenen, ganz in Schwarz, schritt dem Leichenwagen voraus. Sie trug einen Kelch mit Wein, mit dem man auf dem Grab ihres Bruders ein Trankopfer abhalten würde. Es folgten der Vater, der mit bedrohlicher Miene eine Lanze trug, dann die Onkel, der Schwager und die Vettern des Ermordeten.

Der Chor der Klageweiber führte die in dunkle Umhänge

gehüllten Frauen an. Sie wirkten bedrückt, denn es bestand die Gefahr, dass der Rachegeist ihnen ihre Männer entreißen könnte. Alle schlugen sich an die Brust, wie es der Brauch verlangte. Auf Ersuchen des kleinen Philippos, der durch das Mitleid der Dame, die ihn getröstet hatte, aufgewühlt war, hatte sich Xanthippe unter die Frauen gemischt. Philippidos' Mutter war ihr auf Anhieb sympathisch, aber Xeniados gegenüber war sie misstrauisch. Schließlich war sie die Gattin des Sokrates.

Xanthippes Tränen flossen in Strömen. Man beweint eigentlich immer nur sich selbst, aber sie erkannte schneller als andere die Ungerechtigkeit ihres eigenen Schicksals in dem der anderen.

Gewöhnlich beschließen sechs Flötenspieler den Trauerzug, aber heute waren es die Freunde und Kunden von Xeniados, zu denen die beiden Söhne des Perikles zählten. Sie schlossen sich der Gruppe der Frauen an. Der Leichenzug schlug den Weg zur Hauptstraße ein, die zum Lykabettos-Tor führte, und dann zu einem der drei Friedhöfe vor den Toren der Stadt. Die Totengräber warteten bereits. Sie nahmen den Leichnam in Empfang und die Trauergäste verteilten sich um das offene Grab. Einen Augenblick starrten sie auf die Überreste der Verstorbenen hinunter, deren Tuniken von Erde befleckt waren. Die Augenhöhlen waren umschattet. Sie schienen erstaunt darüber, dass ihnen der Verstorbene so vorzeitig ins Grab folgte.

Der kleine Philippos wandte den Blick von dem makabren Schauspiel und sah sich um. Er hielt Ausschau nach einer Frau, bei der er Zuflucht finden konnte. Er erkannte Xanthippe und schmiegte sich schluchzend an sie, als wäre ihm die Zärtlichkeit einer Fremden lieber als die der eigenen Familie. Er wich nicht von der Stelle, bis der Leichnam in die Grube hinuntergelassen war. Dann rief sein Großvater nach ihm. Philippos näherte sich dem Grab, tränenüberströmt, um aus dem Kelch zu trinken, mit dem man der Seele des Verstorbenen ein Trankopfer darbrachte.

Arme Seele, die nach der Vorstellung der Griechen von nun an umherirrte. Die Frauen warfen Rosengirlanden aufs Grab, jeder ließ seiner Trauer freien Lauf.

Es ging auf Mitternacht. Der Leichenzug trat den Rückweg an, diesmal in zwangloser Ordnung. Als er bei den Stadttoren angelangt war und die Mutter des Philippidos Xanthippe erneut zum Leichenschmaus geladen hatte, zog sich diese zurück. Sie wollte ihre Kinder nicht länger allein lassen.

»Du bist eine gute Frau«, sagte die Mutter, »deine Fürsorglichkeit gegenüber Philippos ist nicht gespielt. Das arme Kind hat bereits seine Mutter verloren ... Man könnte meinen, du teilst unseren Kummer.«

»Das tue ich auch«, erwiderte Xanthippe. »Als ich den schönen jungen Mann leblos vor unserem Haus fand, hatte ich das Gefühl, einen Sohn zu verlieren. Sie sind alle unsere Söhne«, fügte sie nach einer Weile hinzu.

Dann senkte sie die Stimme.

»Sag, hältst du die Anklage des Xeniados für berechtigt?«

Die Frau schüttelte den Kopf. »Ich erzähle es dir ein andermal«, murmelte sie eilig, denn die anderen zogen sie mit sich. »Komm mich besuchen.«

Philippos klammerte sich immer noch an Xanthippes Umhang. Sie bückte sich, um ihn zu umarmen. Er drückte ihr einen kleinen handgroßen Holzschild in die Hand und eilte seiner Familie hinterher.

»Nemesis steh mir bei!«, murmelte sie. Sie hüllte sich fester in ihren Umhang und eilte nach Hause, ein dunkler Schatten auf dunklen Straßen. Ab und zu vernahm sie den Schrei einer Eule.

7.

Nächtliches Gespräch zwischen Liebenden

Perikles lag mit geschlossenen Augen da; Aspasia ruhte, gestützt auf ein Kissen, neben ihm. Beide waren nackt. Die Wasseruhr im Hintergrund auf einem Bronzetisch zeigte eine Stunde nach Mitternacht. Im schummerigen Licht der kleinen silbernen Deckenlampe kam ihr das vertraute Gesicht des Geliebten plötzlich fremd vor; unwillkürlich zuckte sie zusammen. Seine Züge waren angespannt, um seine Mundwinkel lag ein bitterer Zug, die Augen waren dunkel umrändert.

Wurde er von Sorgen gequält oder zeichnete sich, wenn auch unmerklich, ein Wandel in ihrer Beziehung ab? Aspasia wurde von einer Unruhe ergriffen, die umso quälender war, da es keinen bestimmten Grund dafür gab.

»Warum betrachtest du mich so gründlich?«, fragte er, ohne die Augen zu öffnen.

»Wie kannst du wissen, dass ich das tue?«

»An deinen schnellen Atemzügen erkenne ich, dass du aufgewühlt bist«, erwiderte er gleichmütig. »Und da deine linke Brust auf meinem Arm liegt, weiß ich, dass du dich aufgestützt hast und mich vermutlich beobachtest.«

Sie richtete sich auf.

»Es gibt da etwas, das mir nicht aus dem Kopf geht«, erwiderte sie.

»Du meinst wohl die Anklage gegen Alkibiades? Das liegt daran, dass du Orientalin bist und zu sehr an Mysterien glaubst.«

»Alle glauben, dass du ihn protegierst.«

»Das stimmt auch. Er gehört zu meiner Familie, und ich bin sein Vormund. Was nicht heißen soll, dass er ein Verbrechen begangen hat. Zehn freie Männer sind bereit, zu beschwören, dass Alkibiades bis zum Morgengrauen bei Alkyros getafelt hat und Philippidos geraume Zeit vor ihm aufgebrochen ist, allein und angetrunken.«

»Aber man sagt, sie seien in Streit geraten.«

»Ich weiß. Philippidos, der zur Hetärie von Alkibiades gehörte, hat ihm vorgeworfen, er diene der Aristokratie mit seiner Verschwendungssucht als schlechtes Beispiel. Alkibiades konterte, seine Kritiker seien nur neidisch. Darauf erwiderte Philippidos, dass zu viele Neider immerhin eine Partei bildeten, welche die Ordnung Athens stören könnte, und man gegen Alkibiades schließlich einen Prozess wegen öffentlicher Unmoral anstrengen würde. Und die Schmach dieser Unmoral würde sich auf die gesamte Jugend Athens, zu der er selbst gehört, auswirken. Der Streit spitzte sich immer mehr zu. Schließlich schleuderte Alkibiades ihm entgegen: ›Hast du etwa Angst, es könnte sich herumsprechen, dass du, ein freier Mann, mein Liebhaber gewesen bist?‹ Worauf Philippidos erwiderte . . .«

Plötzlich verstummte Perikles. Es berührte ihn peinlich, über derart vertrauliche Dinge zu reden.

»Ich verstehe«, sagte Aspasia.

»Er hat ihm erklärt, die Feinde im eigenen Land seien die gefährlichsten. Man könne sie nicht mit Waffen bekämpfen, sondern nur durch richterliche Gewalt im Zaum halten. Wütend stand Alkibiades auf und versetzte ihm eine Ohrfeige. Daraufhin stürmte Philippidos aus dem Saal.«

»Du bist ja gut unterrichtet ...«

»Nun, so weit das in diesem Fall möglich ist.«

Aspasia erhob sich von ihrem Lager, um aus dem Tonkrug Wasser zu trinken. Perikles schlug die Augen auf, betrachtete im goldenen Licht der Lampe die anmutige Gestalt seiner Geliebten. Sicher, sie war nicht mehr jung, aber noch immer sehr begehrenswert.

»Ich habe das Gefühl, dass Alkibiades ihm einen dieser Männer hinterhergeschickt hat, um ihn zu töten.«

»Behalte diesen Verdacht unbedingt für dich. Es gibt bereits zu viele Leute, die das Gleiche vermuten. Aber man kann sich bei einer so ernsten Angelegenheit nicht nur vom Gefühl leiten lassen. Xeniados, der Vater von Philippidos, stammt aus der gleichen Familie wie ich. Aber er gehört zum gegnerischen Lager, zur Partei der Oligarchie. Sie hält die Demokratie für wirkungslos, und für scheinheilig zudem, denn die Oligarchen sehen in mir einen Tyrannen. Wir können keinen Skandal gebrauchen, der eine bereits schwierige politische Lage noch komplizierter macht. Bitte, lass in dieser Angelegenheit deine Gefühle aus dem Spiel.«

»Hermippos hat mir aus Hass einen Prozess wegen Unmoral an den Hals gehängt. Ist denn Hass kein Gefühl?«, rief sie aufgebracht.

»Und er hat seinen Prozess verloren«, bemerkte Perikles ruhig.

Aspasia dachte einen Moment nach. Dann sagte sie:

»Peri, fragst du dich nicht, weshalb sich der Mord ausgerechnet hinter Sokrates' Haus zugetragen hat?«

»Nein.«

»Philippidos hat vielleicht versucht, sich dorthin zu flüchten.«

»Warum ist er nicht sofort nach Hause gegangen?«

»Vermutlich, weil das Haus des Sokrates näher lag. Ein von Alkibiades gedungener Mörder ist ihm gefolgt. Und er war angetrunken und also viel zu langsam, um zu entkommen.«

»Das sind nur Hypothesen«, bemerkte Perikles. Aber er wirkte besorgt. »Wohl ist Alkibiades ungestüm, aber ich traue ihm kein Verbrechen zu, auch nicht, dass er einen Mörder dingt.«

»Die Beschuldigungen des Philippidos waren so berechtigt, dass Alkibiades allen Grund zur Sorge hatte«, beharrte Aspasia. »Und unter dem Einfluss des Weines ...«

»Und was soll ich deiner Meinung nach tun?«

»Halte dich von Alkibiades fern.«

»Was, wenn man ihn öffentlich anklagt?«

»Dann überlass ihn der Justiz. Übernimm nicht seine Verteidigung, wie du es damals für mich getan hast. Wir müssen uns auf einen Krieg einstellen und können uns eine solche Verstrickung nicht leisten.«

»Bei der Belagerung von Poteideia hat Alkibiades wie ein Löwe gekämpft«, bemerkte Perikles. »In der Stadt gilt er als Held, und ich sorge dafür, dass er nicht belästigt wird.«

Er erhob sich, um Wasser zu lassen. Sein Schritt war schwerfällig.

»Gib zu, alles, was ich dir gesagt habe, ist dir bereits bekannt. Du hast nur darüber geschwiegen. Wird es nicht allmählich Zeit, dass du aufhörst, Alkibiades zu protegieren?«

Er deutete ein Lächeln an.

»Ich habe bereits darüber nachgedacht. Er ist jetzt wahrlich in einem Alter, in dem er für sich selbst verantwortlich ist. Ich werde ihn nicht mehr unter meine Fittiche nehmen. Aber nun wird es Zeit zu schlafen.«

Damit schlüpfte er ins Bett und zog sich die Decke bis unters Kinn.

»Morgen habe ich einen schweren Tag«, seufzte er. »Wir müssen uns überlegen, welche Strategie wir Sparta und seinen Verbündeten gegenüber einschlagen. Außerdem muss ich mich dem Vorwurf stellen, zu lange nicht auf die Aggressionen der Lakedämonier reagiert zu haben.«

Sie streckte sich neben ihm aus, fand aber lange keinen Schlaf. Gerade wollte sie etwas sagen, da bemerkte sie, dass Perikles gleichmäßig atmete. Sie versuchte, ebenfalls einzuschlafen.

8.

Gerüchte und Zauberei

Zwei vom Alter gezeichnete Gesichter, in denen sich Vorahnung und Erschöpfung spiegelten. Mit ihrer auffallenden Blässe hätten die beiden ohne weiteres als Tragödinnen auftreten können.

Xanthippe und Agariste, die Mutter von Philippidos, standen im Schatten des Hauses. Xanthippe war der Einladung gefolgt, um ihre Nachforschung voranzutreiben, ja vielleicht ihre Rache. Agariste hatte sie ins Freie gedrängt, damit kein Unbefugter sie belauschen konnte – und weil ihr Gatte, Xeniados, Sokrates nicht besonders schätzte. »Es heißt, er sei ein Freund – du verstehst schon, was ich meine – von Alkibiades … Xeniados befürchtet, du könntest ihm weitersagen, was ich dir anvertraue.«

»Hältst du mich für verrückt?«, entrüstete sich Xanthippe.

»Nein, nein, ich vertraue dir, aber mein Mann …«

»Wie weit ist man mit dem Fall?«, wechselte Xanthippe das Thema.

»Keinen Schritt weiter. Jene, denen Xeniados seinen Verdacht anvertraut hat, meinen, es gebe nur Vermutungen, aber keine Beweise. Fest steht, dass mein Sohn lange vor Alkibiades das Gastmahl verlassen hat.«

»Ich weiß. Also war der, der das Gastmahl verlassen hat, um die Verfolgung von Philippidos aufzunehmen, ein anderer.«

Eine Frage quälte Xanthippe. Sokrates war seit der Belagerung von Poteideia mit Alkibiades befreundet. Und Philippidos war hinter ihrem Haus ermordet worden. Folglich gab es eine Verbindung zwischen Sokrates und dem Mord. Aber sie konnte diese Überlegungen, die ihren Gatten belasteten, nicht der Mutter des Opfers anvertrauen.

Agariste beobachtete sie aufmerksam. Konnte sie Gedanken lesen? »Was ich seltsam finde«, sagte sie, »ist, dass mein armer Sohn direkt hinter eurem Haus ermordet wurde, als habe er dort Zuflucht suchen wollen ...«

»Warum bei uns?«

»Vielleicht weil er dachte, Sokrates könnte diesen Schurken zur Vernunft bringen. Dein Mann besitzt doch viel Verstand, nicht wahr?«

»Ja, er ist ein weiser Mann. Nun ... ziemlich weise. Sicherlich hätte er den anderen zur Vernunft bringen können. Aber er war beim Gastmahl und wäre keinerlei Hilfe gewesen. Ich hätte ihm nicht aufgemacht. Und da Alkibiades den Saal nicht verlassen hat, kann er nicht der Verfolger gewesen sein.«

»Nein, er nicht. Aber einer seiner Handlanger«, sagte Agariste düster. »Er kann sich die Dienste eines jeden Mörders leisten.«

»Ich weiß nicht. Es gibt bestimmt eine Verbindung zwischen Alkibiades, der Ermordung meines Sohnes und dem Ort, an dem sich das zugetragen hat.«

Xanthippe dachte das Gleiche. Sie schüttelte den Kopf und verabschiedete sich. Die Angelegenheit erschien ihr gleichzeitig einleuchtend und abwegig. Eindeutig war Alkibiades auf die eine oder andere Weise für den Mord verantwortlich. Andererseits war ebenso eindeutig, dass er ihn nicht begangen haben konnte. Dass er sich einen Mörder gedungen hatte, überzeugte sie nicht. Einen Dolchstoß in trunkenem Zustand würde sie dem arroganten Schönling zutrauen. Aber einen nächtlichen Mord durch einen gedungenen Verbrecher nicht. Xanthippe war in solchen Dingen unerfahren, aber ihr gesunder Menschenverstand sagte ihr, dass man mitten in der Nacht keinen bezahlten Mörder fand.

Es war eines der Probleme, deren Lösung die besondere Stärke desjenigen war, mit dem sie gerade darüber nicht reden konnte: Sokrates.

Xanthippe seufzte. Sie steuerte die Stoa an, um ihre Einkäufe zu erledigen, Bohnen, Gurken, Salat und ein paar Honigkuchen für die Kinder. Gern hätte sie dem Klatsch der Männer gelauscht, aber das wäre unschicklich gewesen. Folglich musste sie sich damit begnügen, die Händler zu fragen, was sie heute bewegte.

»Der Krieg«, erwiderte der Gemüsehändler, der ihre Bohnen abwog. »Die jungen Leute, die kämpfen müssen. Meine beiden Söhne sind auch dabei. Dann das Geld, das der Krieg kostet.«

»Der Krieg«, wiederholte sie traurig. »Ist er beschlossene Sache?«

»Gute Frau, die Kriege finden statt, bevor sie öffentlich erklärt werden. Und dann wäre da noch der neueste Streich von Alkibiades.«

»Ha!«, stieß sie hervor. »Alkibiades, der Alkmäonide?«

»Wer sonst?«

»Was hat er angestellt?«

»Man hat erfahren, dass er letztes Jahr, als er sich von seiner Kriegsverletzung erholte, in Abydos auf dem Hellespont war.«

»Auf dem Hellespont?« Xanthippe hatte keine Ahnung, wo das war.

»Ja, dort unten über den Meeren, in Phrygien. Alkibiades ist mit seinem Onkel dort gewesen. Und stell dir vor: Beide haben die gleiche Frau geheiratet.«

»Die gleiche Frau? Aber das geht doch nicht.«

»O doch. Alkibiades hat es bewiesen. Er hat sie mit nach Athen gebracht. Sie lebt abwechselnd einen Monat mit dem Onkel, dann einen mit dem Neffen.«

Xanthippe betrachtete den Händler fassungslos. Er wartete darauf, dass sie bezahlte, aber sie stand immer noch mit erstaunten Augen da.

»Diese Reichen haben einfach keinerlei Hemmungen«, sagte er verächtlich.

Nachdem sie ihre Besorgungen erledigt hatte, hatte sie plötzlich einen Einfall. Schnell eilte sie durch die Gassen bis zum Südviertel und ging durch das Tor von Phaleron. Von da aus zur Langen Südmauer und zur Stadtmauer von Phaleron. Sie gelangte zu baufälligen Häusern, die vor einigen Jahren auf Ruinen erbaut worden waren, nach den Feuersbrünsten während der persischen Kriege. Eingebettet zwischen Schutt und Sträuchern, getrennt vom Brachland, auf dem sich Ziegen und Hühner tummelten, befanden sich die Unterkünfte der Ausgestoßenen von Athen. Ein Viertel außerhalb der Stadt, von Reichen und Architekten unbeachtet. Permoukasson hieß dieses Viertel, das die Diebe und Schmuggler als ihr Gebiet betrachteten. Die Volksversammlung nahm sich regelmäßig vor, hier aufzuräumen, aber letztlich geschah das nie.

Xanthippe suchte jemanden, den sie nach dem Weg fragen konnte. Da fiel ihr Blick auf eine gebückte einäugige Alte, die einer Ziege Gras zu fressen gab.

»Weißt du, wo Antigone wohnt?«, fragte Xanthippe.

Die Alte mümmelte irgendwelches Grünzeug und musterte Xanthippe mit ihrem einzigen Auge.

»Die Hexe?«, stieß sie schließlich mürrisch hervor.

»Wenn du sie so nennst ...«

»Geh geradeaus weiter, bis zur umgestürzten Säule. Ein paar Schritte weiter siehst du links ein Haus unter einem Aprikosenbaum. Dort wohnt sie.«

Xanthippe gelangte tatsächlich zu einem Haus, größer und weniger baufällig als die anderen. Ein Tier, das entfernt einem Hund ähnelte, bellte ihr hinterher. Eine Frau erschien auf der Schwelle. Sie musste einmal schön gewesen sein. Trotz des Doppelkinns und der breiten Hüften besaß sie immer noch eine starke Ausstrahlung. Bestimmt hatten einst leidenschaftliche Liebhaber sie begehrt. Sie richtete ihre dunkel geschminkten Augen auf Xanthippe.

»Wen suchst du?«

»Antigone.«

»Das bin ich. Wer schickt dich?«

»Meine Mutter Helas.«

Das stimmte nur halb. Helas hatte nur einmal beiläufig den Namen von Antigone erwähnt, und das Viertel, in dem sie wohnte.

»Komm herein.«

Der Höllenhund schnupperte an ihren Röcken. Xanthippe betrat das Haus und stellte fest, dass es sich um ein ansehnliches Domizil handelte. Der Boden war mit Steinfliesen belegt und im ersten Raum befand sich ein Altar aus dunklem Stein, direkt unter einer Deckenöffnung. Eine weitere war über dem Herd angebracht. Unter einem Topf brannte ein schwaches Feuer. Es gab ein paar hübsche Möbel aus Ebenholz und Eiche, mit Elfenbein oder Silber beschlagen. Hinter einer halb angelehnten Tür entdeckte Xanthippe eine bronzene Lagerstatt. Sie nahmen Platz.

»Was soll ich für dich tun?«

»Ich weiß nicht«, murmelte Xanthippe, plötzlich verlegen. Immer wenn sie mit Mächten der anderen Welt zu tun hatte, klopfte ihr Herz zum Zerspringen. »Ein Mann ist ermordet worden und ich empfinde Zuneigung für seinen kleinen Sohn. Ich hätte gern ...«

Sie wusste nicht, was.

»Rache«, vollendete Antigone ihren Satz ruhig.

Die Vögel zwitscherten, der Hund hatte sich zusammengerollt. Xanthippe zögerte. Das Wort »Rache« war wirklich erschreckend.

»Ja, Rache.«

»Bist du mit dem Opfer verwandt?«

»Nein.«

Antigone beugte sich zu Xanthippe.

»Hast du einen Gegenstand, der ihm gehört hat oder seinem Sohn?«

»Nein ... Doch, warte.«

Sie erinnerte sich an den kleinen Holzschild, den Philippos ihr geschenkt hatte. Sie kramte in ihrem Beutel. Endlich fand sie ihn und reichte ihn Antigone.

»Ein Schild? Ein gutes Symbol. Gehört er dem Sohn?«

Xanthippe nickte. Wie viel würde Antigone wohl von ihr verlangen, überlegte sie besorgt.

»Ich bin nicht reich ...«

Antigone lächelte.

»Was hast du da in deinem Beutel?«

»Bohnen.«

»Frische?«

Xanthippe nickte.

»Wir dünsten die Hälfte. Immerhin bist du die Tochter von Helas.«

Xanthippe fragte sich, was ihre Mutter mit Antigone gemein haben konnte, dass diese ihr solche Fürsorge angedeihen ließ. Antigone erhob sich und trat vor ein Wandregal, auf dem verschiedene Behältnisse standen. Der Hund beobachtete sie. Eins dieser Gefäße unter den Arm geklemmt, bückte sie sich, zog aus einem Reisigbündel ein paar Zweige und warf sie auf den Altar. Dann entfachte sie mithilfe einer Strohfackel Feuer.

»Hast du den Verstorbenen gekannt?«, fragte Antigone.

»Nein.«

»Wie hieß er?«

»Philippidos.«

Antigone musterte Xanthippe eindringlich.

»Der Sohn von Xeniados? Seine Mutter war schon bei mir. Sie hat mir Geld gegeben. Die Mächte der Finsternis sind bereits tätig. Man darf sie jetzt nicht stören.«

Sie stellte das Gefäß auf das Regal zurück.

»Ist doppelter Zauber nicht mächtiger?«, fragte Xanthippe angespannt.

»Zauber gegen wen? Der Mörder ist nicht der, den man verdächtigt.«

»Was haben die Mächte gesagt?«

»Der Mörder wird bald während eines Schauspiels sterben.«

»Alkibiades? Während des Schauspiels?«, rief Xanthippe unwillkürlich.

Antigone schwieg lange, den Blick nach innen gekehrt. Dann wandte sie sich lächelnd Xanthippe zu.

»Nein, er nicht; ein anderer. Wir haben ihn gesehen. Die Mächte haben uns sein Bild gezeigt: Er ist brünett. Alkibiades ist blond.«

Vor Überraschung verstummte Xanthippe. Wusste diese Wahrsagerin mehr, als sie zugab? Schrieb sie vielleicht das, was sie durch Klatsch wusste, den Mächten zu? Was sollte diese Geschichte vom Tod während des Schauspiels?

»Der Mörder stirbt also ungestraft?«

»Wenn die Lanze eines Feindes für dich keine Strafe bedeutet . . . Er ist nicht der Gerechtigkeit der Menschen überlassen.«

Der Blick der Pythia überzog sich plötzlich mit einem Schleier, auch ihre Stimme klang dunkler. Sie breitete die Arme aus und stieß einen Schrei aus.

»Eine Zeit großer Qualen . . . Ich sehe schreckliche Prüfungen für uns . . . uns alle . . . Athen.«

»Athen?«, fragte Xanthippe mit rauer Stimme.

»Athen . . . voller Leichen.«

Ihre Stimme überschlug sich.

»Die Sonne wird sich verdunkeln . . .«

Sie stöhnte laut und ließ sich auf einen Schemel fallen, als wäre sie innerlich leer. Xanthippe sah hilflos zu. Dann entdeckte sie auf dem Fenstersims einen Tonkrug mit Wasser und einen Becher. Sie füllte den Becher und reichte ihn Antigone, die ihn gierig leerte. Sie kam wieder zu sich und bedachte ihre Besucherin mit einem traurigen Blick.

»Athen voller Leichen?«, wiederholte Xanthippe leise, als fürchtete sie, die Worte laut auszusprechen.

Die Wahrsagerin nickte.

»Das habe ich gesehen.«

Sie seufzte.

»Lass mich jetzt allein, ich möchte mich erholen. Behalte die Bohnen und grüße Helas von mir.«

Xanthippe trat hinaus auf die Straße. Die Sonne stand hoch und der Wind zauste ihre Gewänder. Die einäugige Alte saß noch am Wegesrand und blickte hinauf in den Himmel.

Welches menschliche Wesen versteht die Götter?, fragte sich Xanthippe. Müde ging sie ihres Weges.

9.

Alkibiades oder die Hochzeit von Liebe und Philosophie

Schönheit ist nichts Besonderes.« Alkibiades ruhte auf der Liege im Speisesaal und streckte einem Sklaven den Fuß hin, damit er ihm die Ledersandalen mit Silberpailletten und Türkisen auszog. Tsimon, der Sandalenmacher, hatte sie extra für ihn gefertigt. »Im Gymnasium wimmelt es von jungen Männern, jeder eine lebende Statue«, fuhr er fort, machte es sich bequem und betrachtete ausgiebig Eukolinos, einen Gast, der sich bei den letzten Panathenäen im Diskuswurf hervorgetan hatte. Alkibiades verschob sein Gewand so, dass sein Schenkel sichtbar wurde und jeder die Narbe sehen konnte, die er sich bei der Belagerung von Poteideia durch einen Pfeil zugezogen hatte. Er löste seine Chlamys, die mit einer mit Granaten geschmückten Goldnadel befestigt war. Sein Gewand, ein schlichtes viereckiges Tuch, wurde nur noch vom Goldgürtel gehalten. Sein Oberkörper war gut geformt und leicht gebräunt. Phidias hatte von Alkibiades eine lebensgroße Statue gefertigt, die von anderen weniger genialen Bildhauern nachgeahmt wurde. Alkibiades verriet jedem, dass er in Milch badete, um eine Samthaut zu bekommen.

Die Gäste auf ihren Liegen vernahmen fasziniert diese Erwiderung auf ein Kompliment des Alexios. An einem Mahl teilzunehmen, bei dem Alkibiades anwesend war, bedeutete bereits ein Privileg. Wurde man zudem von ihm persönlich eingeladen, war das ein fast göttlicher Akt. Die Speisen waren erlesen. Mit achtzehn, seit kurzem frei von der Vormundschaft des Perikles und im Besitz eines riesigen Vermögens, hatte sich Alkibiades ein prachtvolles Haus gekauft. Das Mobiliar bestand aus Silber, das Geschirr aus Gold. Der Luxus, mit dem er sich umgab, bot ständigen Gesprächsstoff. Seine beiden Köche vollbrachten wahre Wunder, die der Tafel des Olymp würdig gewesen wären. Außer der lebensgroßen Statue des Phidias schmückten Gemälde von berühmten Malern seine Villa. Der Hochadel von Athen sowie Dichter und Athleten scharten sich um ihn.

Einer der älteren Gäste verschlang ihn mit Blicken. Es war Sokrates. Alkibiades war empfänglich für die Verliebtheit des Philosophen, Ratgeber des Ersten Strategen, und pflegte die Freundschaft, ja mehr noch die Liebe. Die sieben übrigen Gäste waren junge Männer um die zwanzig, jeder auf seine Art schön, die einen blond, die anderen brünett oder rotbraun, alle Mitglieder derselben Hetärie. Mit ihren nackten Oberkörpern schienen sie den Reliefs des Parthenon entstiegen, um von irdischen Speisen zu kosten. Ihre goldgetönte Haut, die im Licht der vielen Lampen schimmerte, verband die Versuchungen des Lebens mit denen der Bildhauerei. Sokrates ließ seinen Blick über die Gruppe schweifen, als ob er sich allein von deren Anblick ernährte.

»Schön und reich geboren zu sein«, fuhr Alkibiades fort, »das kommt bereits seltener vor. Aber schön und reich zu sein und sowohl einen beweglichen Geist als auch Körper zu besitzen, das ist das höchste irdische Bestreben.«

»Und wenn man weder schön noch wohlhabend ist?«, fragte Sokrates.

»Denkst du dabei etwa an dich?«, rief der blonde Kritias. »Ich werde anstelle unseres Gastgebers antworten. Es gibt eine andere Art der Schönheit, nämlich die des Geistes. Die Erhebung des Charakters. Deshalb bist du unter uns.«

Alkibiades und die anderen klatschten Beifall.

»Ich sehe, Kritias, dass du mir gut zugehört hast«, erwiderte Sokrates lächelnd. »Aber es macht mir Angst, mich unter so vielen jungen Männern zu befinden, die mit einer fast göttlichen Macht ausgestattet sind. Außer der Macht, die ihr durch eure Schönheit auf andere ausübt, besitzt ihr die Macht, die euch eure Geburt und euer Vermögen verleiht. Ich würde mich wundern, wenn ihr sie nicht eines Tages, im Besitz politischer Macht, nutzen würdet.«

»Wie kommt es, dass ich aus deinem Kompliment eine Warnung heraushöre?«, fragte Kritias.

»Es ist tatsächlich eine Warnung.«

»Du hast kein Vertrauen in uns?«

»Der Triumph ist ein gefährliches Geschenk der Götter. Der Duft des Lorbeerbaums kann einschläfern oder trunken machen, je nach Wesensart.«

Die Diener servierten den ersten Gang: in Dillöl eingelegte kleine Fische, ein bäuerlicher Gurkensalat in gestockter Milch, ein Salat aus jungen Aalen und Rettich mit Lorbeeressig und Öl, dazu ein weiterer aus kleinen Zwiebeln mit Fischstückchen. Die Diener füllten die Silberbecher mit einem hellen, trockenen Wein, der mit jenem Wasser vermischt war, das Alkibiades eigens von einer Bergquelle herbeischaffen ließ.

»Erzähl uns, Sokrates«, bat Alexios mit von Salatöl glänzenden

Lippen, »was bei der Belagerung von Poteideia geschehen ist, als du unseren Gastgeber gerettet hast.«

»Er hat mich gerettet«, widersprach Sokrates.

»Nein, er mich«, warf Alkibiades ein.

Alle lachten.

»Dann wird wohl der eine den anderen gerettet haben«, bemerkte Alexios. »Erzähl.«

»Wir waren sechs Männer«, fing Sokrates an, »ungefähr ein Plethron von der Stadtmauer entfernt. Es war drei Uhr nachmittags. Unsere Bogenschützen versuchten zu erkennen, wer sich hinter den Schießscharten verbarg. Wir nahmen uns die Fußsoldaten vor, die herausgekommen waren, um uns zu vertreiben. Alkibiades ging voraus, um mich zu beschützen. Plötzlich ging ein Pfeilhagel auf uns nieder. Alkibiades stieß einen Schrei aus und ich sah Blut aus seinem Schenkel schießen . . .«

»Und dann«, mischte sich Alkibiades ein, »hat er mich zu Boden geworfen, auf eine mit Gestrüpp bedeckte Anhöhe, denn ein zweiter Pfeilhagel ging auf uns herunter.«

»Ja, aber wenn du mich nicht beschützt hättest, hätte der Pfeil mich getroffen«, sagte Sokrates.

»Und wenn du mich nicht zu Boden geworfen hättest, wäre ich von einem zweiten Pfeil getroffen worden . . .«

»Aber als ihr in Athen vor den Rat der Strategen geladen wurdet, um das Ehrenabzeichen zu erhalten, wurde die Schilderung von Sokrates angehört, und du, Alkibiades, hast das Abzeichen bekommen«, hakte Alexios nach.

»Nun«, erwiderte Alkibiades, »er ist eben viel beredter als ich.«

Wieder lachten sie. Der Appetit der Geladenen war groß. Bald war alles aufgegessen. Die Bediensteten trugen die leeren Teller ab und brachten neue Speisen. Mit Rosinen gefüllte Wachteln, geröstete Doraden mit Thymian, ein Lammragout mit Fenchel und Linsen, außerdem kleine Eierkuchen mit Olivenstückchen und Sesamkörnern. Die Becher wurden mit einem stärkeren Wein gefüllt, der nach Harz schmeckte.

»Liebst du Alkibiades seit jener Zeit?«, wollte ein Gast namens Erist von Sokrates wissen.

»Ich liebe Alkibiades, seit ich ihn das erste Mal gesehen habe«, erwiderte Sokrates ernst. »Es gibt zwei Dinge auf der Welt, die ich liebe: die Philosophie und Alkibiades.«

»Welche Verbindung stellst du zwischen etwas Abstraktem wie der Philosophie und einem schönen jungen Mann wie Alkibiades her?«, fragte Erist.

»Erist, denk nach. Die Philosophie hilft dir, die Beweggründe menschlicher Handlungen zu erkennen und folglich deine Handlungen zu leiten. Sie ermöglicht dir zu erkennen, wer du bist. Sie lässt dich deine Wünsche erkennen und das heißt, dich selbst erkennen. Meine Vorstellungen befinden sich folglich in völliger Harmonie mit meinen Gefühlen ...«

»Aber was hat Alkibiades, das wir nicht haben?«, mischte sich Alexios ein.

Alkibiades hörte unbeweglich zu.

»Ich kann ihn nicht mit euch vergleichen«, erwiderte Sokrates lächelnd, »denn jeder von euch müsste das Ideal meiner Wünsche verkörpern. Ich müsste jeden von euch mehr lieben als die anderen und das ist nicht möglich. Wenn ich Alkibiades sehe, brennt ein himmlisches Feuer über seinem Kopf, das einerseits verheißt, ihn in den Rang eines Halbgottes zu erheben, und andererseits, ihn zu Asche verglühen zu lassen.«

Die jungen Männer hörten ihm zu und widmeten sich gleichzeitig ihren Wachteln und Fischen. In ihren Blicken brannte das

Feuer der Jugend und das Verlangen, zu begreifen und nicht nur den Hunger des Körpers zu stillen, sondern auch den des Geistes.

»Und du, Alkibiades?«, fragte Erist, »liebst du Sokrates auch oder lässt du dich nur von ihm lieben?«

Der Hausherr gab einem Diener ein Zeichen. Dieser reichte ihm ein Tuch. Er wischte sich den Mund ab und trank einen Schluck Wein.

»Erist, deine Frage ist schlecht gestellt. Wenn man von einem Mann wie Sokrates geliebt wird, kann man sich nur seiner Liebe hingeben. Wenn du das meinst, ja, dann lasse ich mich von Sokrates lieben. Aber ich glaube, du hast mich fragen wollen, ob ich Sokrates vom ersten Augenblick an geliebt habe, und ich antworte dir: nein. Ich habe ihn nach dem ersten Wort geliebt, denn er besitzt die Verführungskraft des Geistes. Und ich habe begriffen, dass der Geist nichts ist, wenn er nicht gütig ist. Sokrates ist der Einzige, der mich anstachelt, mich ständig selbst zu übertreffen und das Gute in mir siegen zu lassen. Die Liebe von Sokrates ist stärker als die eines Vaters und genauso edel, und die Liebe, die ich für ihn fühle, ist stärker als die eines Sohnes. Wir sind nämlich Liebende.«

Es herrschte langes Schweigen.

»Liebst du nicht auch andere Männer, Sokrates?«, fragte der Athlet.

»Sprichst du von Gefühlen oder von körperlichen Beziehungen, Eukollinos?«, fragte Sokrates.

Lautes Gelächter erklang.

»Hast du nicht vielleicht einen zweiten Sokrates für mich?«, erkundigte sich der Athlet.

Das Gelächter steigerte sich noch.

»Aber sag, Sokrates«, fragte Erist, »wie schaffst du den Brücken-schlag zwischen deiner Liebe zur Demokratie und deiner Liebe zum Schönen, Edlen und Mutigen? Du wirst wohl zugeben, dass das Volk nicht schön, selten edel und fast nie mutig ist.«
Der Philosoph sah seinen Gesprächspartner lange an.

»Das ist die treffendste Frage, die mir je gestellt wurde«, gab er schließlich zu.

Alle warteten, dass er seine Antwort darlege, aber Sokrates begnügte sich damit, verträumt zu lächeln. So ging man zu anderen Themen über, so etwa die Offensive der Lakedämonier. Würde es Krieg geben oder nicht? Wie lange noch würde Athen die Drohgebärden Spartas ertragen?

Nur Sokrates kannte die Antwort, aber er durfte sie nicht preisgeben.

Der Abend schritt voran. Der Wein, der Luxus, die Schönheit steigerten die Lebensfreude. Geschenke, die die Götter in ihrer Grausamkeit verteilen, um den Menschen die Erinnerung daran zu lassen.

10.

Von der Kunst, eine Dienerin zum Reden zu bringen

Xanthippe erwachte mit einem Seufzer. Dann schlug sie die Decke zurück und lauschte. Es war kein verdächtiger Laut zu hören. Die Lampe strahlte sanft die Zimmerdecke an. Xanthippe erhob sich und öffnete die Tür zum Patio. Nichts. Alles war ruhig. Vom Dach flog plötzlich eine Eule auf, Xanthippe folgte ihr mit den Blicken. Behutsam öffnete sie die Tür zum Kinderzimmer, stieg über den Sklaven, der auf der Schwelle schlief, und beugte sich über die friedlich schlafenden Jungen. Dann schlich sie durch den Säulengang des Patios zum Gemach ihres Gatten und lauschte. Sein tiefes Schnarchen beruhigte sie. Sie kehrte in ihr eigenes Gemach zurück und legte sich erneut hin.

Dann hatte sie wieder diesen Traum. Philippos stand stumm vor ihr, mit tränennassen Augen. Sie wollte ihn in die Arme schließen. Er war ihr drittes Kind, ihr vom Schicksal zugeführt.

Sie wälzte sich hin und her, mal war ihr zu heiß, dann wieder zu kalt. Im Morgengrauen brühte sie ein paar Salbeizweige mit heißem Wasser auf und trank den Tee in kleinen Schlucken. Die Würfel waren gefallen. Sokrates würde nichts unternehmen, würde nicht an die geheimnisvollen Gefahren rühren. Männer finden immer ausgezeichnete Gründe für ihren Unverstand. Und die Götter würden sich, nach den Worten von Antigone, nicht wegen eines Verbrechens aus der Ruhe bringen lassen.

Sie ging im Geiste die Einzelheiten durch, die sie in den letzten Tagen bei ihren Besorgungen auf der Stoa aufgefangen hatte.

»Eines Tages«, hatte ihr der Apotheker Orthoxos berichtet, »hat Alkibiades einen Lehrer getroffen und ihn gebeten, ihm eine Ausgabe von Homer zu zeigen. Doch dieser hatte keine dabei, woraufhin Alkibiades ihm eine Ohrfeige versetzte.«

»Und der Lehrer hat die Ohrfeige nicht erwidert?«

»Wer würde es wagen, Alkibiades zu ohrfeigen?«

Als sie bei Solon einen Krug mit Essig kaufte – ein seltener Luxus –, horchte sie ihn geschickt über Alkibiades aus. Solon zuckte die Achseln:

»Er ist einfach zu reich und glaubt, er brauche unsere Gesetze nicht zu beachten.«

»Ehrlich?«

»Ehrlich. Vor einem Monat wurde einer seiner Günstlinge, ein Athlet, dessen Namen ich vergessen habe und in den er verliebt war, des Diebstahls bei einem Händler bezichtigt. Dieser erstattete Anzeige. Und was glaubst du, tat Alkibiades? Er ging ins Metroon, um die Akte einzusehen. Als man sie ihm gab, zerriss er sie.«

Xanthippe war fassungslos.

»Vor drei Monaten hat er bei seinem Sandalenmacher Tsimon dessen fünfzehnjährige Tochter entdeckt. Sie ist eine Schönheit. Er hat sie zu sich nach Hause bestellt, damit sie ihm die fertigen Sandalen brächte, und wollte sie dann nicht wieder gehen lassen.«

»Wie hat Tsimon reagiert?«

»Du glaubst doch wohl nicht, dass er sich mit seinem reichsten Kunden anlegt? Er hat gebettelt und sich in Geduld geübt. Schließlich hat sich Alkibiades in jemand anderen verliebt und die Tochter wieder heim zu ihrem Vater geschickt. Natürlich war sie keine Jungfrau mehr.«

»Und ihr unternehmt nichts gegen diesen Schurken?«, rief Xanthippe aufgebracht.

»Was sollen wir denn tun? Er ist das Mündel von Perikles und wird sich immer aus der Affäre ziehen. Manchmal frage ich mich, ob wir wirklich in einer Demokratie leben. Alkibiades und seine Freunde und noch viele andere führen sich auf wie Oligarchen.«

Und ausgerechnet er war der Herzbube ihres Mannes. Sein Schüler. Damit bewies Sokrates wahrlich viel Weisheit! Es sprang doch ins Auge, dass der Kerl in den Mord an Philippidos verwickelt war. Xanthippe war außer sich vor Zorn.

Als sie Kinder und Haushalt versorgt hatte, wickelte sie drei Honigkuchen in eine Serviette und begab sich zu Agariste. Vor der Tür blieb sie kurz stehen, um sich zu sammeln. Sie betrachtete das große, luxuriöse Haus und bat einen Sklaven, die Hausherrin zu holen.

Die beiden Frauen umarmten sich. Xanthippe war die Jüngere, aber mit ihrem kantigen Gesicht und ihrem Oberlippenflaum, der nicht zu übersehen war, erinnerte sie an einen verkleideten Mann, der seine alte Geliebte besucht. Ihre Stimmen lockten den kleinen Philippos an. Er stand auf der Schwelle, genau wie ihn Xanthippe im Traum gesehen hatte. Sie war gerührt.

»Philippos ...«, murmelte sie.

Agariste wandte sich um. »Komm halt her«, forderte sie ihren Enkel auf. Er rannte auf die beiden Frauen zu. Xanthippe nahm ihn in die Arme und hob ihn hoch. Er lächelte. Sie drückte ihn liebevoll an sich, ließ ihn wieder herunter und gab ihm die Honigkuchen, die sie mitgebracht hatte.

»Ich habe auf dich gewartet«, sagte Philippos.

»Du hast auf mich gewartet?«, erwiderte Xanthippe erstaunt.

»Ja, ich habe gewusst, dass du kommen würdest.«

Xanthippe ging nicht näher darauf ein, denn es war nicht der richtige Augenblick, die geheimnisvolle Zärtlichkeit, die sie für dieses Kind empfand, zu ergründen.

»Man könnte glauben, er ist dein eigener Sohn«, bemerkte Agariste. »Oder dass du nie Kinder gehabt hast, dabei hast du zwei Söhne.«

»Jetzt zweieinhalb«, erwiderte Xanthippe und lächelte.

Die beiden Frauen blickten nachdenklich vor sich hin und sahen dem Jungen beim Auspacken der Kuchen zu.

»Agariste«, begann Xanthippe entschlossen, »wir müssen handeln. Die Männer tun nichts.«

»Handeln? Wie? Und um was zu erreichen?«

»Um den Mörder zu finden!«

Philippos blickte zu Xanthippe hoch. »Lass uns jetzt allein«, sagte seine Großmutter. Als er sich getrollt hatte, wandte sie sich Xanthippe zu.

»Wie sollen wir ihn denn finden? Trotz seiner Beziehungen hat Xeniados nichts in Erfahrung gebracht. Niemand weiß etwas oder niemand will etwas wissen. Ist dein Mann nicht persönlicher Ratgeber von Perikles? Kann er nichts unternehmen?«

»Agariste, es ist, wie ich dir gesagt habe: Die Männer tun

nichts. Sie wollen keinen Skandal. Wir sind es, die handeln müssen!«

»Aber was willst du denn tun?«

»Wir wissen, dass dein Sohn und der Mörder am Gastmahl von Alkyros teilgenommen haben. Auch mein Gatte und Alkibiades waren dabei. Bekanntlich ist Alkibiades bis zum Schluss geblieben. Also kann er nicht der Mörder sein.«

Agariste hörte ihr kopfschüttelnd zu.

»Ein Mann, ein Freund von Alkibiades, hat vermutlich nach der Auseinandersetzung zwischen deinem Sohn und Alkibiades das Gastmahl verlassen. Verstehst du?«

»Es gab eine Auseinandersetzung zwischen Alkibiades und meinem Sohn?«

»Ja.«

»Woher weißt du das?«

»Von Sokrates.«

Agaristes Miene verdüsterte sich.

»Worüber?«

»Das weiß ich nicht.«

»Wohin soll uns das führen? Mein Sohn ist tot, nichts bringt ihn mir zurück.«

»Agariste, willst du den Mörder deines Sohnes finden oder nicht?«

Agariste kämpfte gegen die Tränen an.

»Was für eine Frage! Ich würde ihn mit beiden Händen erdolchen.«

»Eine Hand würde schon genügen«, bemerkte Xanthippe, über ihre eigene Kaltblütigkeit erstaunt. »Hör zu. Bei diesem Gastmahl waren auch Bedienstete. Die müssen wir dazu bringen, uns zu verraten, wer früher gegangen ist.«

»Glaubst du, die wissen das?«

»Bedienstete wissen alles. Man muss sie nur dafür bezahlen. Ich habe dafür kein Geld, das musst du übernehmen.«

»Wie stellen wir es an?«

»Wir gehen schnurstracks zum Haus von Alkyros und befragen die Bediensteten, einen nach dem anderen.«

»Glaubst du, sie sagen uns etwas?«

»Hör zu«, erwiderte Xanthippe ungeduldig, »wir können uns nicht die ganze Zeit fragen, ob wir Erfolg haben werden oder nicht. Wenn wir es nicht versuchen, werden wir auch nichts erfahren.«

»Und wenn wir es wissen?«

»Zeigen wir den Schuldigen beim Magistrat an.«

Agariste dachte nach.

»Wir sind nur Frauen«, bemerkte sie schließlich. »Die Männer werden sich uns entgegenstellen.«

»Das werden wir sehen«, erklärte Xanthippe entschlossen. »Hol Geld, damit wir losgehen können.«

»Sofort?«

»Sofort.«

Agariste zog sich zurück und kehrte kurz darauf zurück, eingehüllt in einen dunklen Umhang, an den Füßen feste Sandalen. Sie steckte eine Börse in die Tasche des Umhangs. Dann traten die beiden auf die Straße.

»Wie viel Geld hast du dabei?«, erkundigte sich Xanthippe.

»Fünf Stater und hundert Drachmen.«

»Das ist mehr als genug. Lass mich verhandeln.«

»Dort sind viele Bedienstete. Kennst du die Adresse?«

»Ja, es ist nicht weit entfernt.«

»Man stelle sich vor«, sagte Agariste und wich einem Karren

aus, der Marmorblöcke beförderte, »zwei Frauen wie wir, die Bedienstete befragen. Und was ist, wenn Alkyros anwesend ist?«

»Um diese Zeit sind Männer nicht zu Hause«, beruhigte Xanthippe sie. »Wenn du Angst hast, lass mich machen.«

Sie gelangten zu einem Haus, das genauso groß war wie das von Xeniados. Es hatte zwei Stockwerke und viele Fenster, wirkte aber freundlicher. Auf der Gartenmauer standen große steinerne Gefäße mit Jasmin. Durch die offene Tür erblickten sie einen Gärtner, der im weitläufigen Patio Hecken stutzte. Xanthippe ergriff die Initiative. Sie entdeckte einen jungen Mann, der sich mit einem Eimer Wasser zu den Gemächern der Männer begab, und sprach ihn an.

Er wandte den Kopf.

»Gibt es hier Dienerinnen?«, erkundigte sie sich.

»Ja, drei.«

Vermutlich dachte er, dass sie Arbeit suchte.

»Welche ist die oberste?«

»Leto.«

An Agariste gewandt flüsterte sie: »Gib mir eine Drachme.« Agariste gab ihr gleich die ganze Börse. Xanthippe nahm eine Drachme heraus. Der Diener beobachtete sie gleichgültig. Xanthippe ging auf ihn zu, drückte ihm die Münze in die Hand und sagte:

»Kannst du sie holen?«

Der Mann stellte den Eimer ab und verschwand im Haus.

Kurz darauf kehrte er zurück, in Gesellschaft einer Frau in braunem Gewand, die sich mit einem Lappen die Hände abwischte. Der Diener nahm seinen Eimer wieder auf, um seine Aufgabe zu erledigen. Xanthippe musterte die junge Frau. Sie war etwa dreiundzwanzig und recht hübsch, wenn auch nicht aufregend.

»Du willst mich sprechen?« Leto war offensichtlich überrascht.

»Ja, ich brauche deine Hilfe.«

Die Frau runzelte die Stirn.

»Brauchst du eine Dienerin?«, fragte sie. »Oder suchst du Arbeit?«

»Nein, ich brauche eine kluge Frau.«

»Wie willst du wissen, ob ich nicht strohdumm bin?«, erwiderte Leto amüsiert.

Xanthippe holte zwei Drachmen aus der Börse. Aber sie gab sie nicht der Dienerin, sondern behielt sie in der Hand. Sie wusste, das war der Wochenlohn für eine Frau wie Leto. Die junge Frau warf einen sehnsüchtigen Blick auf das Geld.

»Ich bin bereit, klug zu sein«, entschied sie.

Xanthippe lächelte.

»Ich glaube, wir unterhalten uns besser auf der Straße.«

Die Dienerin ging den beiden Frauen voran und führte sie auf ein freies Gelände in der Nähe des Hauses, zu einem wilden Feigenbaum.

»Bist du in diesem Haus für den Ablauf der Gastmahle verantwortlich?«, begann Xanthippe die Unterhaltung.

»Ja. Ich kümmere mich um die Fußwaschung, um die Tische, die Garderobe der Gäste, um den Abwasch und am anderen Morgen um die Ruhebetten und den Saal. Ich bin auch zuständig für die Wäsche und . . .«

»Mir geht es vor allem um die Gastmahle. Bist du bis zum Ende anwesend?«

»Ja, weil ich für die Garderobe zuständig bin. Aber wenn die letzten Tische zurückgebracht werden, bin ich nicht mehr im Saal. Dann kümmern sich Mundschenke um die Gäste. Aber ich bringe ihnen ihre Umhänge, Sandalen und sonstige Sachen, wenn sie aufbrechen.«

»Sehr gut. Vor sechs Tagen hat in diesem Haus ein großes Gastmahl stattgefunden ...«

In Letos Augen blitzte es auf.

»Da muss ich mal überlegen«, sagte sie und tat, als forsche sie in ihrem Gedächtnis.

»Leto, du erinnerst dich sehr gut. An diesem Gastmahl hat ein schöner, berühmter Mann teilgenommen, der deiner Aufmerksamkeit sicherlich nicht entgangen ist. Er heißt Alkibiades. Es war auch ein blondbärtiger Philosoph mit einem Silenengesicht dabei, Sokrates. Und außerdem ein junger Mann, der in dieser Nacht ermordet wurde.«

»Jetzt weiß ich, welches Gastmahl du meinst«, erwiderte Leto und heftete den Blick auf Agariste, die ihre Scheu überwunden und sich zu Xanthippe und Leto gesellt hatte.

»Kennst du den Namen dieses jungen Mannes?«

»Ja, er hieß Philippidos, Sohn des Xeniados. Er hat überstürzt seinen Umhang und seine Sandalen geholt. Was willst du wissen?«

»Überstürzt?«

»Ja, er schien sehr zornig zu sein.«

»Nach ihm sind weitere Gäste gegangen, nicht wahr?« Leto senkte den Kopf.

»Mein Herr hat mir verboten, auf Fragen, die mir über das Gastmahl gestellt würden, zu antworten«, antwortete sie schließlich.

»Hat dein Herr etwas zu verbergen?«

Agariste rieb sich die Augen. Leto schwieg.

»Du darfst mir glauben«, fuhr Xanthippe fort, »dass man schließlich herausbekommen wird, was in jener Nacht geschehen ist. Du giltst dann als Komplizin. Die Magistrate und der

Areopag gehen mit Frauen nicht gerade sanft um, und mit Frauen niederen Standes schon gar nicht.«

Wieder senkte Leto den Kopf, ganz offensichtlich verstört.

»Wenn du mir solche Fragen stellst, willst du Antworten von mir. Und wenn das herauskommt, verliere ich meine Stelle«, erwiderte sie.

»Wie viel verdienst du hier?«, erkundigte sich Agariste, die bisher geschwiegen hatte.

»Zwölf Drachmen und meine Kleidung.«

»Ich führe ein großes Haus und bin die Gattin eines Ratsmitglieds. Ich verpflichte mich, dich für fünfzehn Drachmen einzustellen, hinzu kommen die Kosten für deine Kleidung.«

Die Dienerin machte große Augen.

»Bist du jetzt beruhigt?«, fragte Xanthippe.

Leto fuhr sich mit der Zunge über die Lippen und zögerte.

»In diesem Fall«, sagte sie zu Agariste, »nimm mich bitte sofort in deine Dienste, dann kann mir niemand vorwerfen, ich wäre gegenüber meiner Herrin nicht loyal.«

»Gut, so sei es«, stimmte Agariste zu. »Wann kannst du kommen? Ich wohne in dem großen weißen Haus in der Straße der Zwei Hermes.«

»Übermorgen.«

»Jetzt hast du also eine neue Herrin. Nun sag mir die Namen«, forderte Xanthippe sie auf.

»Zwei Gäste sind nach Philippidos aufgebrochen. Teleklides und Ktimenos.«

»Welcher von beiden ging als Erster?«

»Teleklides.«

»Kannst du ihn beschreiben?«

»Er ist eher klein, dürr, mit langer Nase und kurzen Haaren.

Etwa zweiundzwanzig. Er hatte einen Dolch dabei, den er bei seinem Eintreffen ablegte und nachher wieder abholte. Er wirkte sehr erregt. Im Saal war Streit ausgebrochen. Ich hörte laute Stimmen, konnte aber nur einen kurzen Blick erhaschen. Alle waren vom Wein und von den Gesprächen sehr erhitzt. Einige hatten sich sogar erhoben. Andere konnten sich kaum noch auf den Beinen halten, fuhren aber fort, sich zu beschimpfen. Philippidos war hochrot und schwankte. Mein Herr versuchte, alle zu beruhigen, er bat sogar die Mundschenke um Hilfe, damit die Gäste wieder Platz nahmen.«

Agariste konnte ein Stöhnen nicht unterdrücken.

»Neben wem hat Teleklides gesessen?«

»Neben Alkibiades, der sich zur Rechten meines Herrn befand.«

»Und Ktimenos?«

»Er ist größer als Teleklides und blond, trägt ebenfalls die Haare kurz. Er ist gut gebaut, ich glaube, er ist ein Meister im Faustkampf und hat bei der letzten Olympiade einen Preis errungen. Er teilte sich mit Alkibiades eine Liege. Ich hatte den Eindruck, dass er Teleklides hinterhereilte, denn er ging nur ein paar Minuten später als dieser.«

»Hatte er auch einen Dolch dabei?«

»Nein. Gegen Ende des Gastmahls ist er zurückgekommen.«

Xanthippe und Agariste warfen sich einen Blick zu.

»Was wollte er?«

»Alkibiades heimbegleiten. Mit einer der Tänzerinnen. Alkibiades konnte sich nicht mehr auf den Beinen halten. Ktimenos hat mich um Wasser gebeten, um sich die Hände zu waschen, und ich habe gesehen, dass sie ...«

Sie zögerte kurz.

»Dass sie mit Blut befleckt waren.«

Die drei Frauen verharrten schweigend. Xanthippe reichte Leto die zwei Drachmen.

»Ich muss jetzt zurück«, sagte die Dienerin, »meine Herrin wird sich Sorgen machen.«

»Weiß deine Herrin über all das Bescheid?«

»Ich glaube nicht. Es waren keine Frauen anwesend. Das heißt, keine anständigen. Aber sie wusste, dass Philippidos dabei war. Ich war bei ihr, als sie von seinem Tod erfuhr. Sie war wütend und schrie, alle Männer seien ungeratene Kinder.«

Damit entfernte sich Leto eilig.

»Bis übermorgen«, rief Agariste ihr nach.

Ihr Haar stand nach allen Seiten. Sie glättete es und betrachtete Xanthippe nachdenklich. Diese wirkte betroffen, aber gleichzeitig auch undurchschaubar.

»Bist du zufrieden?«, fragte Xanthippe. »Wir wissen nun, wer der Mörder ist.«

Agariste schüttelte niedergeschlagen den Kopf.

»Was hast du?«, wollte Xanthippe wissen.

»Teleklides ist der Vetter von Philippidos«, sagte sie schließlich.

Xanthippe war überrascht.

»Das erschwert das Ganze«, räumte sie ein.

Dinge dieser Art bereinigte man nämlich innerhalb der Familie. Aber nun galt es, ans Licht der Öffentlichkeit zu bringen, wer der Mörder war.

»Daraus kann eine Familienfehde entstehen«, bemerkte Agariste, auf Xanthippe gestützt. »Es wird Blutvergießen geben.«

Sie fing an zu weinen, und Xanthippe fand, dass hoch gestellte Damen sehr nah am Wasser gebaut hatten.

»Ein weiterer Grund, damit dieser Fall vom Areopag und nicht von eurem Familienrat beurteilt wird. Wir werden unsere Nachforschungen allein fortführen müssen. Sag deinem Gatten nichts von alldem.«

Agariste nickte und sandte einen Blick zum Himmel.

11.

Ein Abend in Megara

An jenem Abend ertönten in der Schänke von Eurenikos in den Vororten von Megara Geschrei, Gelächter und lakedämonische Soldatenlieder. Die Stadt lag an der Grenze zum Peloponnes. Zumindest hatte das vor wenigen Wochen als Grenze gegolten. Seit der Offensive der Lakedämonier war diese Grenze niedergerissen und die passierenden Truppen ritten automatisch auf die Schänke zu. Hier machten sie alle Halt, vor allem wenn sie von weither kamen, von Sparta, Tegea oder Korinth. Die Schänke bestand aus sechs Tischen und zwölf Bänken. Sie quoll über von grölenden Fußsoldaten. In dem Raum mischte sich der Geruch von Schweiß und Gebratenem, mariniertem Fisch und Wein. Am Dialekt erkannte man die Männer aus Böotien. Von Zeit zu Zeit gingen sie vor die Tür, um Wasser zu lassen.

»He, Wirt«, rief ein Bogenschütze, »bring uns marinierten Fisch. Er vertreibt den Geschmack deines Weins und dieser wiederum den Fischgeruch.«

Alle lachten prustend.

»Erst das Geld«, erwiderte der Wirt und hielt einen großen Krug über den Kopf des Soldaten.

Münzen klimperten auf den irdenen Teller in der Mitte des Tisches. Der Wirt sammelte sie ein und stellte den Krug ab.

»Morgen kotzen wir bei den Athenern«, rief ein Soldat.

»Morgen vögeln wir die Athenerinnen«, lachte ein anderer.

»Sie scheinen eine Bordellkönigin zu haben, eine gewisse Aspasia«, flachste ein anderer.

»Ja, sie ist sogar die Geliebte des großen Perikles.«

»Ist denn Perikles etwa ein Zuhälter?«

»Sieht ganz danach aus. Wirt, bring uns Brot.«

»Wegen der und ihrem Bordell gibt es Krieg«, bemerkte ein Hauptmann.

Und als die Soldaten ungläubig ihre Späße machten, erklärte er: »Vor drei Monaten, an einem schönen Abend, kam eine Gruppe junger Athener nach Megara. Sie waren betrunken und gingen zu Alkine, einer stadtbekannten Dirne, veranstalteten dort eine Orgie und krakeelten herum. Dann haben sie Alkine nach Athen entführt und geprahlt, sie sei eine Kriegsbeute. Dabei herrschte noch gar kein Krieg.«

»Diese Hurensöhne!«, rief ein Soldat. »Denen zahlen wir es heim.«

»Warte. Genau das haben drei unserer Burschen ein paar Tage später getan. Sie sind zu Aspasia nach Athen gegangen, in ein Fest geplatzt und haben zwei ihrer Mädchen nach Megara entführt.«

»Wunderbar. Wir werden alle Mädchen entführen und Dirnen aus ihnen machen.«

»Aber ich verstehe nicht, weshalb das einen Krieg ausgelöst hat«, bemerkte ein Fußsoldat.

»Aspasia ist ausgerastet. Perikles als ihr Geliebter hat ein Dekret erlassen, das den Bewohnern von Megara den Zugang zu den Märkten und Häfen von Attika verweigert.«

»Das wäre unser Untergang.«

»Deswegen gibt es Krieg.«

An einem Nachbartisch hatte eine Gruppe Soldaten ein obszönes Lied angestimmt, das die ganze Schänke zum Lachen brachte, auch den Wirt und die Bediensteten. Am frühen Nachmittag zogen sie wieder ihres Weges.

Seit zwei Wochen wüteten lakedämonische Truppen in Attika. Nur einige Bauern waren nicht geflohen und leisteten Widerstand, wurden aber gnadenlos niedergemetzelt. Die Lakedämonier hatten keinerlei Skrupel. Sie durchbohrten jeden, der ihnen über den Weg lief, plünderten und brandschatzten. Die Überlebenden machten sie zu Sklaven. Als die Ersten in den westlichen Gebieten von Plataiai landeten, überrumpelten sie die Bauern, stürzten sich wie Furien auf sie und metzelten Jung und Alt nieder, wer ihnen gerade in die Hände fiel. Die Frauen wurden vergewaltigt, dann enthauptet und zerstückelt. Der Rauch der brennenden Häuser verdunkelte den Himmel.

Die wenigen, die flüchten konnten, gelangten auf geheimen Pfaden in die Nachbardörfer und schlugen Alarm. Die Bewohner zogen mit ihrer Habe und den Herden Richtung Athen, weil es hieß, die Hauptstadt sei uneinnehmbar. Die Eule von Athen sah, wie ausgemergelte, zerlumpte Bauern, Nachfahren der mythischen Ziege Amaltheia, Amme von Zeus, Ziegen vor sich hertrieben. Athen, an Klänge der Leier gewöhnt, war jetzt von Ziegengemecker und Tierkot-Gestank erfüllt.

Die Anführer der Spartaner waren vom Gegensatz überwältigt. Innerhalb weniger Stunden erlebten sie nach Szenen des Grauens den gelassenen Luxus der Zelte, in denen die Anführer untergebracht waren. Wer das Privileg hatte dazuzugehören,

war jedes Mal verblüfft, so etwa jener Hauptmann, der sporn-
streichs zum Zelt des Archidamos, des Monarchen und Ersten
Strategen, geritten war, um ihn über die Ereignisse an der Front
zu unterrichten.

Keuchend und schweißnass traf er ein. Der König war gerade
damit beschäftigt, sich zu waschen. Nackt saß er in einem
Holzzuber, der mit kaltem Wasser aus dem nahen Fluss gefüllt
war. Er unterhielt sich mit drei Obersten und seinem Adjutanten,
wobei er sich die Zehen mit einem Seegrashandschuh, innen
mit Geraniumblättern gefüttert, massierte.

Archidamos blickte ihn nur an und schüttelte den Kopf.

»Ja, ich weiß, die Athener glauben, wir wollen in Attika
einfallen. Sie sind bereit, uns Land zu schenken, sofern wir ihre
Überlegenheit als Seemacht anerkennen«, ließ sich der Hauptmann vernehmen.

Die Obersten hörten respektvoll zu, einer goss frisches Wasser
nach.

»Aber erstens erkennen wir ihre Überlegenheit nicht an und
zweitens brauchen wir kein Land in Attika. Wir haben genug
Ländereien, um Weizen, Melonen und Olivenbäume zu pflan-
zen. Nein, die Macht Athens besteht in seiner Überlegenheit als
Seemacht. Von dieser Seite droht uns die größte Gefahr. Deshalb
war ich nicht angetan von dieser Invasion zu Lande ... Nun,
Astidamas, du scheinst Neuigkeiten zu bringen?«

»Die Bauern in Attika sind fast alle nach Athen geflüchtet. Wir
stoßen nur noch auf verwaiste Häuser, in denen weder Menschen, Möbel noch Tiere zu finden sind.«

Der König tauchte die Zehen ins Wasser und wirkte ver-
stimmt.

»Nun gut«, sagte er schließlich. »Zerstört und verbrennt, was ihr finden könnt. Aber nicht bei Nacht. Du kehrst morgen zu deiner Truppe zurück. Bevor du dich auf den Weg machst, lass dir Wein servieren.«

Er gab seinem Adjutanten ein Zeichen, woraufhin dieser Wasser über den Monarchen goss und ihm beim Aufstehen half. Unter den Blicken der Obersten trocknete der Monarch seinen gestählten Körper. Wie jeden Abend bewunderten alle seine gute Figur. Dann kämmte er sich sorgfältig, legte einen kurzen Umhang um und schlüpfte in seine Sandalen.

»Perikles glaubt, wir verfolgen ihn bis Athen, wo er uns dann den Todesstoß versetzt. Was haltet ihr davon?«

»Das erklärt, weshalb sie keinen Widerstand geleistet haben«, bemerkte einer der Männer. »Sie haben weder Reiter noch Fußsoldaten eingesetzt. Das ist eine Falle.«

Archidamos lächelte.

»Wir werden Perikles selbst eine Falle stellen. Die Bauern, die nach Athen ziehen, werden seine Truppen behindern. Und sie werden sich beklagen, dass die Truppen nichts zu ihrer Verteidigung unternehmen.«

Die Obersten schüttelten den Kopf.

»Hat man etwa versucht, uns zu täuschen?«, fragte sich einer, als er das Zelt verließ.

»Athen hat den Kopf verloren. Die Verbündeten unserer Liga umzingeln die Stadt. Früher oder später wird sie fallen. Leider werden wir dabei Männer verlieren. Aber in Athen gibt es eine Partei, die gerne die alte Liga wiederherstellen würde, und zwar aus der Zeit der persischen Kriege: die Oligarchie. Für sie und uns steht fest, dass Sparta und Athen zwei Arme desselben Körpers sein sollten.«

Sie setzten sich im Kreis auf Ziegenfelle. Der Adjutant verteilte

Teller und Becher. Ein Soldat brachte Weizenbrote und einen großen Tontopf mit Geflügel.

»Warum sollen wir nicht die Oligarchen überreden, die Macht zu ergreifen? Wir könnten dann mit den Athenern verhandeln«, schlug ein Oberst vor und schenkte sich Wein ein.

»Du beweist gesunden Menschenverstand«, erwiderte Archidamos. »Im Übrigen haben uns mehrere Oligarchen heimlich aufgesucht. Aber Perikles hat sein politisches System schlau aufgebaut und die Armen einbezogen. Wer kein Land besaß, dem hat er Ländereien geschenkt, so wurden sie zu Bauern und Soldaten. Früher bekamen die Matrosen keine Entlohnung; jetzt erhalten sie einen Sold. Und die Arbeitslosen finden Beschäftigung auf den Werften und in den Lagern. Perikles glaubt an die Demokratie oder tut wenigstens so, aber er führt sich auf wie ein Oligarch, wie ein Tyrann.«

Hungrig nagte er an einem zähen Hühnerschenkel, benutzte dann den Knochen wie einen Zeigestock zur Untermalung seiner Worte.

»Geben wir uns keiner Illusion hin«, fuhr er fort. »Die Oligarchen wollen den Frieden, weil sie eine Aristokratie oder, wie bei uns, eine Monarchie einführen wollen. Und sie verabscheuen Perikles von ganzem Herzen. Für uns hegen sie zwar keineswegs freundschaftliche Gefühle, aber allein besitzen sie nicht genug Macht, um die Demokratie zu stürzen.«

»Das einzige Problem ist also Perikles«, bemerkte ein Hauptmann.

»Nicht das einzige, aber das größte«, gab der König zu. »Er hält sich für den Schöpfer Athens und hält Sparta und Athen offenbar für feindliche Staaten. Er hat vergessen, dass es eine Zeit gab, als er und die Athener froh waren, dass wir ihnen geholfen haben, die Perser zurückzudrängen. Er würde seine Macht nie und nimmer mit Sparta teilen.«

Das Zirpen der Grillen durchbrach die nächtliche Stille. Die Obersten hielten sich an das Geflügel und der Adjutant schenkte erst Wein, dann Wasser ein.

»Ja«, wiederholte der König, »da ist dieser Perikles. Und in Athen gilt er als Held.«

12.

»Krieg! Krieg!«

Xanthippe, vom Fieber entkräftet, hütete eine Woche lang das Bett. Danach blieb sie weitere drei Tage zu Hause. Schließlich genesen, begab sie sich zur Stoa, um Weizen, Bohnen, Käse und Salat zu kaufen. Dort angelangt, spürte sie plötzlich einen brutalen Schlag auf ihr Gesäß. In der Annahme, jemand habe sich einen Spaß erlaubt, wandte sie sich um, um den Übeltäter zu beschimpfen. Aber sie sah sich zu ihrem Erstaunen einer Ziegenherde gegenüber, deren Tiere sie anrempelten und fast zu Boden rissen. Eine Ziegenherde auf der Stoa, das war der Gipfel! Sie sperrte Mund und Augen auf, vor allem verblüfft durch das Gebaren der Hirten, bodenständige, kleinwüchsige, dunkelhäutige, missgestaltete Männer, genau wie ihr verstorbener Vater. Was hatten die in dieser Stadt verloren?

Die Überraschung stand ihr ins Gesicht geschrieben, sodass Taki und Demis, die gemütlich auf einer Bank saßen, ihr spöttisch zuriefen:

»Nun, gute Frau, hast du noch nie Ziegen gesehen?«

Sie bedachte die beiden mit einem vernichtenden Blick.

»Sehr wohl«, konterte sie, »aber noch nie Ziegenböcke, die sprechen konnten.«

Sie lachten schallend und der Klang erinnerte an die Fistel-stimmen der Eunuchen.

»Unsere Landbewohner strömen in die Stadt«, klärte Demis sie lachend auf, »um der Demokratie auf den Zahn zu fühlen.«

»Aber was tun sie in der Stoa?«

»Da sie von unseren tapferen Demokraten nicht verteidigt werden, sind sie vor dem Ansturm der Spartaner geflohen.«

»Und weshalb werden sie nicht verteidigt?«

»Weil unser hervorragender Stratege Perikles, der Geliebte der Dirne Aspasia, meint, dass wir zu viel Land besitzen, um sie auf die Gefahr hin zu verteidigen, dass wir uns mit diesen lakedä-monischen Hunden anlegen«, erklärte Taki.

»Was erzählst du da?« Xanthippe wurde nachdenklich.

»Du verstehst wohl keinen Spaß. Also erkläre ich es noch einmal: Die Lakedämonier fallen in Attika ein, und Perikles hält es für überflüssig, dass wir uns verteidigen, weil wir genug Land besitzen. Stattdessen könnten wir sie von der Seite auf dem Meer angreifen. In der Zwischenzeit flüchten sich unsere Bau-ern mit ihren Ziegen nach Athen. Habe ich mich jetzt deutlich ausgedrückt?«

Sie musterte die beiden Männer griesgrämig und schüttelte den Kopf.

»Wir verteidigen uns also nicht?«, fragte sie ungläubig.

Taki deutete mit dem Kinn auf das Strategeion.

»Noch ist nichts verlautet. Siehst du die Menschen vor dem Strategeion? Sie setzen den Strategen stark zu. Denn die müssen sich jetzt wirklich etwas einfallen lassen.«

Sie wandte den Kopf. Leider erzählte ihr Sokrates nie etwas. Wenn diese Graubärte die Wahrheit sagten, wäre Athen früher oder später der Belagerung ausgesetzt. Sie lenkte ihre Schritte

Richtung Strategeion, blieb aber kurz davor stehen, weil sie Menschenmengen hasste. Diese brutalen, unberechenbaren Ungeheuer, die sich jeden Augenblick auf einen stürzen und einen niedertrampeln konnten! Ungefähr tausend Menschen drängten sich hier. Xanthippe bekam Herzklopfen bei der Vorstellung, dass sich Sokrates mitten unter ihnen befand und jeden Augenblick ein Aufruhr ausbrechen konnte. Nicht umsonst war der Säulengang von etwa dreißig bewaffneten Männern bewacht.

Der Himmel war seit Morgengrauen bedeckt. Nun entluden sich die Regenwolken. Xanthippe zog die Kapuze ihres Umhangs in die Stirn. In ihrer Nähe entdeckte sie einen ergrauten Mann, fasste sich ein Herz und fragte ihn, was geschehen war.

»Die Strategen beraten gerade über einen Gegenschlag gegen die Lakedämonier«, erwiderte er. »Und all diese Leute gehören zur Volksversammlung. Sie warten ungeduldig auf die Offensive unserer Truppen und auf das Ergebnis der Beratung.«

Xanthippe verzog bitter den Mund. »Die Männer sind wirklich eine Rasse für sich«, überlegte sie. »Aufgeblasen und aggressiv in Friedenszeiten, müssen sie im Krieg beratschlagen, ob sie ihr eigenes Land verteidigen.« Das düstere Orakel der Pythia Antigone kam ihr in den Sinn. Erlebte sie etwa gerade, wie es sich bewahrheitete?

Im Inneren des Strategeion machte die Hitze des Gewitters den zehn Strategen von Athen zu schaffen: Schweiß rann ihnen über Schädel, Stirn und Oberkörper. Naumarchos war hochrot im Gesicht. Perikles beobachtete ihn beunruhigt, er befürchtete, Naumarchos könne einen Schlaganfall erleiden.

»Wie lange wollen wir die Dreistigkeit der Lakedämonier noch ertragen?«, fragte Naumarchos mit Donnerstimme. »Sie haben

Eleusis und die Ebene von Thira, dann Acharnes, den größten attischen Demos, dem Erdboden gleichgemacht. Und wir haben uns damit begnügt, die Gebiete, die ihren Soldaten ausgeliefert waren, zu evakuieren. Die ganze Zeit hatten wir Perikles' Anweisungen im Kopf: sie vordringen zu lassen, um sie dann auf dem Meer zu überwältigen. Aber was hat Athen davon, wenn wir Megara vom Meer angreifen, während die Truppen von Archidamos ganz Attika besetzen und Athen selbst bedrohen? Besteht unsere Strategie darin, die Landbevölkerung zu opfern und uns der Hoffnung hinzugeben, dass sich die lakedämonische Bedrohung von selbst auflöst?«

Die Blicke waren auf Perikles gerichtet. Dessen Miene verriet keine Regung. Beinahe wirkte er allzu gefasst, um glaubhaft zu sein.

»Ich verlange, dass wir hier und heute«, fuhr Naumarchos fort, »den Bewohnern unseres Stadtstaates, die an den Toren dieses Gebäudes warten, Mut machen, dass wir eine Armee aufstellen und morgen zur Offensive gegen Sparta schreiten.«

Perikles nickte und erhob sich.

»Ich habe die Argumente von Naumarchos vernommen«, sagte er, »und kann mich seiner Schlussfolgerung nur anschließen. Wir müssen in der Tat schnell auf die Offensive von Archidamos und seinen Verbündeten reagieren. Ich lege Wert darauf zu betonen, dass ich nicht versucht habe, die Entscheidung hinauszuschieben, denn ich mache mir über die Absichten von Archidamos keinerlei Illusionen. Auch ihr seid euch dessen bewusst, denn nach einstimmigem Beschluss haben wir seit drei Monaten unser Bündnis mit unseren Verbündeten Kokyros, Kephallenia, Akarnania, Zakynthos, Chios, Lesbos, Plataiai, Naupaktos sowie den Tributstädten verstärkt. Im Hinblick auf unsere Verteidigung. Ihr habt von mir kein Wort der Kritik über diese Vorkehrungen vernommen und als zusätzlicher Beweis meiner Entschlossenheit möge euch dienen, dass meine eigenen Ländereien gleich als Erste verwüstet wurden. Ich hätte genauso gut in Wut geraten und für einen sofortigen Gegenschlag plädieren können. Aber ich habe es nicht getan, weil mir die Interessen der Stadt wichtiger waren. Ich hätte es als persönliche Beleidigung empfinden können, als der Abgesandte der Lakedämonier nach Athen gekommen ist, um euch unverblümt aufzufordern, euch von mir zu befreien. Weil ich in den Augen der Göttin Athene für die Stadt angeblich eine Unzierde bin. Seltsam, dass die Lakedämonier eine Göttin anflehen, an die sie nicht glauben. Aber ich habe meine persönlichen Gefühle unterdrückt.«

Mehrere Strategen nickten zustimmend. Stimme und Haltung des Perikles hatten an Festigkeit gewonnen. Er atmete tief durch und fuhr voller Schwung fort, jedes Wort betonend:

»Ich will damit sagen, dass man sich vor übereilten Reaktionen hüten muss. Es war mir wichtig, darauf zu achten, dass die Aggression eindeutig war. So kann uns niemand vorwerfen, wir hätten uns leichtfertig auf einen Krieg eingelassen. Wir wissen nur allzu gut, dass die Lakedämonier Maulhelden sind. Sie lassen sich auf Unternehmungen ein, die ihre Tapferkeit unter Beweis stellen sollen, und sobald sie selbst davon überzeugt sind, ändern sie die Richtung, wie Hasen, die den Jagdhund wittern. Wir haben es vor vierzehn Jahren erlebt, als sich Pleistoanax, ihr damaliger König, die Eroberung Attikas vorgenommen hat. Er ist bis nach Eleusis und Thira vorgedrungen. Dort hat er aus unerfindlichen Gründen kehrtgemacht und ist nach Sparta zurückgekehrt. Wir hatten lediglich geringe Verluste erlitten.«

Wieder nickten die Strategen. Lediglich Naumarchos wirkte verstockt.

Perikles war sich bewusst, dass die Stimmung des Rats umschwenkte, und fuhr fort:

»Alles weist darauf hin, dass König Archidamos aus dem gleichen Holz geschnitzt ist. Er wollte im Grunde gar keine Offensive. Nur unter dem Druck seiner unzufriedenen Armee und der Rivalität seines Ephoren[13] hat er sich dazu entschlossen. Also konnten wir damit rechnen, dass sich die kriegerische Stimmung unserer Feinde wieder als bloßes Säbelrasseln erweisen würde. Ich frage euch: Soll ich das Leben der Soldaten aufs Spiel setzen, nur um die Lakedämonier in die Wirklichkeit zurückzuholen? Sind wir etwa die Pädagogen und Bewacher Griechenlands? Ich habe es vorgezogen, abzuwarten. Naumarchos hat soeben betont, dass wir uns passiv verhalten haben, als die Spartaner und ihre Verbündeten in Attika einmarschiert sind. Vermutlich hat er den Ausfall unserer Kavallerie in Phrygien vergessen ...«

»Der verheerende Folgen hatte«, warf Naumarchos ein.

»Eben. Wir wurden von den böotischen Reitern, die von ihren Fußsoldaten Verstärkung erhalten hatten, in die Flucht geschlagen. Verstehst du denn nicht, dass wir jedes Mal, wenn wir auf die Provokationen der Liga mit einem Gegenschlag reagieren, Gefahr laufen, Männer zu verlieren? Aber nun ist es eindeutig: Wir können das Treiben der Lakedämonier nicht mehr dulden. Mein Entschluss steht deshalb fest. Wir haben dreizehntausend Hopliten, die sechzehntausend, die unsere Mauern verteidigen, nicht gerechnet, tausendzweihundert Reiter und tausendsechshundert berittene Bogenschützen. Unsere Einkünfte reichen aus. Unsere dreihundert Trieren sichern uns die Vorherrschaft auf dem Meer. Athen kann sich siegreich gegen den Angriff verteidigen.«

Naumarchos machte ein langes Gesicht.

»Kann es sein, Perikles, dass du deshalb so gelassen auf die Invasion deiner Ländereien reagiert hast, weil du Archidamos als deinen Gast betrachtest?«

»Wenn nur mein Land betroffen gewesen wäre«, erwiderte Perikles, »hätte ich euch die Entscheidung über einen Gegenschlag überlassen. Denn dann hätte sich der Angriff nur gegen mich gerichtet. Aber du irrst, wenn du glaubst, dass ich dem König der Spartaner in Freundschaft verbunden bin: Ich werde wohl kaum Umgang mit einem Mann pflegen, dessen Abgesandter mich wie Dreck behandelt hat.«

»Perikles«, ergriff der Stratege Nikias das Wort, »ich habe deine Worte vernommen und billige sie voll und ganz.«

»Ich ebenfalls«, stimmte ein anderer zu.

»Auch ich«, bekräftigte ein Dritter.

Sokrates erhob sich, um Perikles seinen Glückwunsch zuzuflüstern. Dann wandte sich dieser lächelnd den anderen zu.

»Naumarchos, bist du mit der Antwort des Perikles zufrieden?«, fragte einer.

»Das muss ich wohl.« Naumarchos lächelte verkrampft. »Denn ihr seid es alle. Ich mache jedoch darauf aufmerksam, dass unsere zögerliche Reaktion auf den Angriff uns zwingt, so viele Flüchtlinge aufzunehmen, dass wir sie sogar in den Tempeln unterbringen müssen. Wir haben nicht genug Platz.«

»Sie werden bald wieder in ihre Heimat zurückkehren«, erwiderte Nikias.

»Es ist also unser einstimmiger Beschluss, morgen Truppen

gegen die Lakedämonier aufmarschieren zu lassen«, sagte Nau-marchos.

Alle bekundeten lautstark ihren Beifall. Bis jetzt waren die Fenster des Saales geschlossen gewesen, damit die Debatten nicht nach außen drangen. Aber nun gab Perikles Befehl, sie weit zu öffnen. Die frische Luft brachte Kühlung. Die Strategen trockneten sich mit dem Ärmel ihres Gewands den Schweiß auf der Stirn.

Nikias trat ans Fenster und betrachtete die wartende Men-schenmenge. Er hob den Arm.

»Wir haben Krieg«, rief er.

Brausender Beifall ertönte bis zur südlichen Stoa und schreck-te die Vögel auf, sodass sie alle davonflogen. Dann wiederhol-ten die größten Enthusiasten: »Krieg! Krieg!« Sokrates, im Hinter-grund des Saals und die Hände im Schoß gefaltet, lauschte nachdenklich.

Unten auf der Straße hörte seine Gattin einer Gruppe von Gaffern zu, die offenbar der vermögenden Klasse angehörten.

»Das bedeutet, die Götter herauszufordern! Wie konnte man ihnen gestatten, sich dort niederzulassen?«

Was forderte die Götter heraus?, fragte sich Xanthippe. Und wer hatte sich wo niedergelassen?

»Das Pelasgikon«, rief einer. »Das Orakel von Delphi hat es offiziell verboten. Was denken sich unsere Strategen dabei? Und der Rat der Fünfhundert?«

»Diese Bauern beschwören die Rache der Götter auf uns herab«, meinte ein anderer. »Man muss sie ausquartieren. Aber wer übernimmt das? Wir haben schließlich nicht die Herrschaft inne.«

Xanthippe erstarrte. Hatte man wirklich zugelassen, dass sich

Flüchtlinge am Fuße der Akropolis niederließen, an diesem Ort, der durch das Orakel von Delphi verboten war? Sie dachte an Antigone. Eine dunkle Vorahnung beschlich sie.

Nicht weit entfernt jedoch, im Haushalt des Alkibiades, kümmerte man sich weder um Auguren noch um Orakel: Dort bereitete man ein großes Gastmahl vor.

Die Tänzerinnen trafen als Erste ein: Sklavinnen oder Töchter von Sklaven, die meisten noch blutjung. Sie wurden von einer älteren Frau angeführt, die mit einem Stock in der einen Hand und dem Schminkkoffer in der anderen die Mädchen zum Ankleideraum lenkte.

Es waren sechs Mädchen aller Hautfarben, von der zerbrechlich zarten Nubierin bis zur hellhäutigen blonden Phrygerin. Das Ritual war ihnen vertraut: Sie zogen sich nackt aus, während die Bediensteten hinter einem Wandbehang, den die Kupplerin von Zeit zu Zeit wieder energisch zuzog, flüchtige Blicke auf die Mädchen warfen.

Sie ordnete zuerst die Frisuren, zupfte hier an einem Zopf oder einem goldenen Band, verteilte Spangen, die um die Fessel getragen wurden und mit Glöckchen versehen waren, damit jeder Schritt von einem Klingeln begleitet wurde. Dann kamen die Perlenarmbänder, die Ketten, die Ohrgehänge und ein mit einem Anhänger versehener Gürtel, der anmutig über dem Geschlechtsteil baumelte. Die Frau war mit einer Pinzette bewaffnet und vergewisserte sich, dass die Mädchen unbehaart waren.

Dann verteilte sie Parfums, kostbare Salben und Öle, die der Haut einen metallenen Glanz verliehen und die Luft mit schwerem Duft erfüllten. Die Mädchen salbten und ölten sich gegenseitig ein, kreischten, wenn es kitzelte oder die Berührung zu intim war. Anschließend ließen sich alle von der Leiterin schminken. Sie bestrich ihnen Lippen und Brustwarzen mit Schildlausfett, umrandete ihnen die Augen mit Antimon und trug Lidschatten aus Antimonfett auf. Zum Schluss zwickte sie die Mädchen in die Brust, damit diese fülliger wirkte.

Im angrenzenden Gemach wurden genauso viele Jungen aller Hautfarben auf ähnliche Weise vorbereitet. Unter der Anleitung eines blassen Graubarts ordneten sie ihre Frisur und schminkten sich. Nur das Geschlechtsteil erfuhr eine andere Behandlung: Schminke aus Schildlaus wurde aufgetragen, damit es imposanter wirkte.

Die Bediensteten trugen in jedem Saal ein üppiges Mahl auf. Inzwischen trafen die Musikanten ein und die Tür zwischen den beiden Sälen wurde geöffnet. Der Graubart betrachtete die Kupplerin aus Triefaugen und diese durchbohrte ihn mit einem vernichtenden Blick.

Die Musikanten spielten auf der Flöte, der Kithara, Triangel oder Lyra. Die beiden Tanzgruppen wiegten sich im Takt in den Hüften, Graubart und Matrone klatschten den Takt. Die Tänzerinnen und Tänzer vollführten akrobatische Verrenkungen; Mädchen und Jungen schlugen eine Brücke, um ihr Geschlechtsteil zur Schau zu stellen, kehrten dann in Sekundenschnelle in ihre Ausgangsposition zurück und wiegten sich im Takt.

Ein Stockschlag auf den Boden kündigte das Ende der Vorführung und die Pause an. Dann hielten beide Gruppen inne, warteten, dass man sie rief. Die Gäste waren inzwischen beim Dessert und beim Süßwein angelangt.

Die Mädchen begaben sich als Erste nach oben, die Jungen folgten; Kuppler und Kupplerin blieben unsichtbar. Die Tänzerinnen und Tänzer wurden mit Beifall begrüßt.

»Noch ein Dessert!«, rief ein Gast.

Eine Stunde später zogen sich die Musikanten zurück. Nun bekamen die Gäste andere Köstlichkeiten als Mandelkuchen und Feigen in Wein serviert. Ein Tänzer etwa vereinigte sich vor den Augen aller mit einer Tänzerin. Bald fanden sich drei bis vier Personen auf einer Liege. Der gleiche Tänzer diente schließlich zwei Gästen als Nachspeise. Aus den angrenzenden Nischen hörte man Schreie, Seufzer und Lachen.

Im unteren Stockwerk zählten Kuppler und Kupplerin die Münzen, die der Oberaufseher auf zwei Tellern verteilte.

»Holt sie nicht vor Mittag ab, wie gewöhnlich«, erklärte der Oberaufseher.

»Sie finden allein heim, sie kennen den Weg«, erwiderte der Graubart.

»Eher kennt mein Herr den Weg«, bemerkte der Majordomus lachend.

Ein Abend in Athen, einer unter vielen.

13.

Eine unerwartete Besucherin im Gymnasium

D en Mörder zu identifizieren, das war im Vergleich zu der Aufgabe, die es noch zu erfüllen galt, ein Kinderspiel gewesen: Nun musste der Täter überführt und vor den Magistrat gebracht werden, damit ihn dieser dem Areopag übergab – und zwar ohne das Wissen von Xeniados, Sokrates und all jener, die einen Skandal vermeiden wollten. Und natürlich auch ohne das Wissen von Perikles.

Am Tag nach der Befragung der Dienerin Leto knetete Xanthippe in der Küche Teig, und ihre Dienerin bereitete Fisch sowie kleine Weizenkuchen. Xanthippe überlegte, was nun zu tun sei. Der Sommer kündigte sich an. Mit dem Ärmel wischte sie sich den Schweiß von der Stirn.

Nachdem sie den Teig in die Brotform gefüllt und in den Ofen geschoben hatte, trank sie einen großen Schluck Wasser, griff nach dem Feigenkorb und setzte sich auf die Türschwelle, um ihre erste Mahlzeit des Tages zu genießen. Ihr war klar, dass die Verfolgung des Teleklides zu einer Manie geworden war. Sie hatte nur noch den Untergang dieses Mannes im Sinn. Ihr unvermitteltes Mitleid mit dem kleinen Philippos hatte ihren Hass gegen den entfacht, der den Jungen zum Waisen gemacht hatte. Ihr seit Jahren angestauter Groll über die Torheit der Männer hatte sich plötzlich entzündet wie Heu in einer Scheune. Der Mutterinstinkt hatte nicht nur die Mutter in ihr erweckt, sondern auch die Frau – und in dieser die Furie.

Ja, sie hatte sich in eine Furie verwandelt, gestand sie sich ein, während sie die letzte Feige verspeiste und den Korb abstellte. Jedes Mal, wenn sich Xanthippe die blutige Nacht von Alkyros vorstellte – das törichte Gegröle der Angetrunkenen, die vom Alkohol enthemmte Aufgeblasenheit, das plötzliche Verlangen dieser kleinen Ratte von Teleklides, sich in den Augen des Schönlings Alkibiades aufzuspielen, die nächtliche Verfolgung, den Dolchstoß, Philippidos' letzten Seufzer –, dann stieg in ihr eine ungeheure Wut auf.

Aber ihr eigentlicher Hass galt Alkibiades. Unwillkürlich rief sie die Götter an. Einst hatte die Mutter sie gelehrt, dass die Götter die Welt beherrschten. Aber die Götter schienen sich nicht für die Welt zu interessieren. Menschliche Torheit beherrschte die Welt. Männliche Torheit vor allem.

Die Männer waren von einem heftigen Fieber befallen: Sie bereiteten eine Offensive zur See gegen den Peloponnes vor. Der Hafen von Piräus war kaum noch zugänglich, so viel Wirbel herrschte dort. Die Fischer hatten ihre Hütten verlassen müssen, wurden zum Hafen von Kea zurückgedrängt. Überall wurden Trieren gebaut. Hundert, hatte der Rat der Zehn angeordnet. Genug für einen weiteren Krieg gegen Troja.

Flüchtlinge blockierten die Straßen. Ziegen labten sich an den letzten Sträuchern, Schweine beschmutzten die Tempelhöfe. Für die Rache an einem Mörder eine schlechte Kulisse.

Xanthippe versuchte zum wiederholten Mal, sich den Mörder anhand des Berichts von Leto vorzustellen. Ein kleiner Hagerling, der dem Alkibiades unbedingt seine Tapferkeit beweisen wollte. Hatte dieser wirklich die Ermordung des Philippidos befohlen? Je länger sie darüber nachdachte, desto unwahrscheinlicher fand sie es. Alkibiades konnte, unter Alkoholeinfluss, alles Mögliche behauptet haben, aber als Mann mit gesundem Menschenverstand hätte er sich auf so ein Unternehmen nicht eingelassen. Nein, Teleklides hatte sich sicherlich dem Alkibiades ergeben zeigen und sich vor ihm aufspielen wollen. Es war sogar vorstellbar, dass Alkibiades das Schlimmste befürchtet hatte, als Teleklides dem Philippidos hinterhereilte, und dass er seinen Tischnachbarn, den Athleten Ktimenos, aufgefordert hatte, Teleklides daran zu hindern, eine Dummheit zu begehen.

Xanthippe gestand es sich nur ungern ein, aber falls Alkibiades dabei eine Rolle gespielt hatte, wie sie anfangs vermutet hatte, dann nur durch seinen Einfluss auf die jungen Männer in seiner Umgebung. Er hatte aber diesen Mord nicht gewollt. Was natürlich nichts an seinem verabscheuenswürdigen Wesen änderte.

Was also sollte sie tun? Sie würde nicht dulden, dass dieser kleine Dreckskerl von Teleklides ungeschoren davonkam. Sie dachte an den kleinen Philippos. Nein, sie würde sich nie und nimmer damit abfinden. Aber was, bei den Göttern des Olymp, sollte sie unternehmen? Sie rang verzweifelt die Hände.

Und plötzlich wusste sie es: Sie würde Ktimenos, den Alkibiades dem Teleklides hinterhergeschickt hatte, aufsuchen. Nach der Beschreibung von Leto schien er in Ordnung zu sein. Ein Athlet, gut, das hieß ein Mann mit wenig Verstand, aber ohne Arglist. Was würde sie ihm sagen? Sie wusste es nicht, musste improvisieren. Und sie würde allein zu ihm gehen. Agariste wäre nur ein Klotz am Bein. Immerhin war sie eine Adelige mit tausend Bedenken und zudem hatte sie eine Höllenangst vor ihrem Gatten Xeniados.

Xanthippe war überzeugt, Ktimenos im Gymnasium zu finden: Dort verbrachten die Muskelmänner ihre Tage. Sie stellte sich vor, wie sie selber vor dem Gymnasium auf ein solches Muskelpaket warten und seine schlüpfrigen Späße schlucken würde. Sie zuckte mit den Achseln. Ach, diese Männer!

Sie wusch sich, zog eine Dorade aus dem Ofen und probierte sie geistesabwesend. Dann befahl sie der Dienerin, den Kindern den Fisch mit Salat aufzutischen, hüllte sich in ihren Umhang und eilte zum Gymnasium nordwestlich des Dipylon-Tores.

Es war ein Fußweg von zwei Stunden, in Gedränge, Staub und Hitze. Als sie dort anlangte, war sie schweißnass. Das Gebäude war wie ein Tempel, der an den Ruhm der Knabenkörper gemahnte. Im Vorhof erblickte sie Statuen nackter Athleten, in zum Teil wenig natürlichen Posen. Der Pförtner empfing sie. Sein Oberkörper war nackt, gewölbt wie ein Panzer. Er hatte rote Ohren und kräftige Schenkel; seine Brustwarzen waren durchbohrt. Sie erinnerte sich an die Worte ihrer Mutter über die vertraulichen Beziehungen zwischen Männern und schmunzelte innerlich. Als er sie durch den Vorhof auf sich zukommen sah, riss er die Augen auf. Ein Achilles, der glaubt, eine Riesenschildkröte bewege sich auf ihn zu.

»Ich will Ktimenos sprechen«, sprach Xanthippe ihn an.

Einen Augenblick verschlug es ihm die Sprache. Was konnte die gute Frau von dem Faustkämpfer wollen?

»Ktimenos?«, wiederholte er. »Den Pankrationhelden der letzten Olympischen Spiele?«

»Genau den.«

»In einer Stunde ist er mit seinen Übungen fertig.«

»Ich warte.«

Sie zog eine Münze aus der Börse, die Agariste ihr gelassen hatte.

»Zeig ihn mir.«

Er nahm verdutzt die Münze entgegen. Jetzt fingen die Frauen an, den Ausgang des Gymnasiums zu belagern! Das war ganz etwas Neues.

»Kennst du ihn nicht?«

»Nein, deshalb habe ich dir ja die Münze gegeben.«

»Bist du eine Kupplerin?«

»Dich sticht wohl der Hafer.«

Aber das Geld hatte dem Riesen den Mund gestopft.

Sie betrachtete die Männer im Hof und diese musterten Xanthippe ihrerseits. Es waren siebenundzwanzig, vierzehn Bärtige, sechs Jungen, ausgemergelte und pausbäckige, sieben junge Männer, die vermögend zu sein schienen, denn ihre Haare glänzten, ihre Sandalen waren brandneu und in der Hitze war hie und da Schminke zu erkennen. Alle überlegten, was wohl eine Matrone in diese Männerdomäne gelockt hatte. War sie eine Mutter, eine Gouvernante? In diesem Augenblick begriff Xanthippe, dass in Athen ungeachtet der großartigen Statue der namensgebenden Göttin über der Akropolis eine fast unüberbrückbare Schranke Männer und Frauen voneinander trennte. Sie verdrängte diesen Gedanken und wappnete sich mit Geduld.

Eine Stunde später nickte der Pförtner ihr zu.

»Dort ist er«, murmelte er und deutete mit dem Kinn auf einen jungen blonden Mann, der mit federndem Schritt den Hof überquerte.

Letos Beschreibung zufolge war er es wirklich. Xanthippe folgte ihm. Er befand sich in Begleitung von drei Gefährten, mit denen er sich fröhlich unterhielt. Etwas zu aufdringliche Düfte stiegen ihr in die Nase, Myrte, Lorbeer und Jasmin, durch die Hitze noch verstärkt.

»Ktimenos«, rief sie ihn mit sonorer Stimme.

Alle vier wandten sich gleichzeitig um.

»Hast du mich gerufen?«, fragte der Athlet.

»Ja, ich möchte mit dir reden. Allein.«

Die Gefährten konnten sich kaum das Lachen verbeißen. Xanthippe machte ein hochmütiges Gesicht und schenkte ihnen keine Beachtung. Allein ging Ktimenos auf sie zu.

Leto hatte Recht gehabt; er wirkte liebenswürdig, gutmütig.

»Worüber möchtest du mit mir reden?«

»Ich fasse mich kurz. Hat dich nach dem Gastmahl bei Alkyros Alkibiades beauftragt, hinter Teleklides herzugehen?«

Er erstarrte, blinzelte, war erschrocken. Sein verbindliches Lächeln war wie ausgelöscht, er wirkte jetzt ängstlich.

»Wer bist du?«

»Eine Frau, die sich für den Fall interessiert.«

»Für welchen Fall?«

»Du weißt, was ich meine.«

»Woher weißt du, dass Alkibiades mich ihm hinterhergeschickt hat?«

»Durch deine Reaktion. Hast du Teleklides eingeholt?«

Er öffnete den Mund, brachte aber keinen Laut hervor.

»Zu spät, nicht wahr?«, bemerkte sie.

»Du weißt ja ohnehin alles ...«

Die drei anderen beobachteten die Szene aus der Entfernung. Sie hatten aufgehört, miteinander zu scherzen. Xanthippe musterte sie und überlegte. Keiner von ihnen glich der Beschreibung von Leto.

Ktimenos war ernst geworden.

»Warum kümmerst du dich darum? Das sind doch keine Frauenangelegenheiten.«

»Weißt du, Ktimenos, es wird Zeit, dass du dich daran erinnerst, dass du von einer Frau geboren wurdest. Deine schönen Muskeln haben sich im Leib einer Frau gebildet, verstehst du?«

Sie war jetzt fast aggressiv. Er schüttelte den Kopf. Athleten waren es nicht gewohnt, sich mit Frauen auseinander zu setzen.

»Als du im Morgengrauen zum Gastmahl zurückgekehrt bist, warum hattest du da Blut an den Händen?«

Er sprang hoch, völlig verstört.

»Wie ... bist du eine Priesterin der Nemesis, Frau?«

Sie musste das Eisen schmieden, solange es heiß war, das heißt die Tatsache ausnutzen, dass Ktimenos noch außer sich war.

»Antworte!«, befahl sie ihm.

»Der Dolch«, erwiderte er. »Ich hatte den Dolch an mich genommen; er war voller Blut.«

»Und Teleklides?«

»Er tauchte schreiend in der Nacht unter.«

»Das ist alles, was ich wissen wollte«, bemerkte sie düster.

Sie überquerte den sonnenüberfluteten Platz. Die schwarz gewandete Gestalt bedeutete für diese Männer, die sich für allmächtig hielten, eine unbeschreibliche Gefahr.

14.

Ein Freiwilliger in letzter Minute

Der Rat der Zehn, der seit dem Morgen tagte, hatte seine Sitzung für eine Stunde unterbrochen, um einen kleinen Imbiss einzunehmen. Mit den Fächern in der Hand erhoben sich die Strategen, um zur Stoa hinunterzugehen und sich zu stärken: mit Fladen, die mit Käse belegt waren, getrocknetem Fisch und Salat. Dazu tranken sie Bier oder gespritzten Wein. Dann kehrten sie in den großen Saal zurück, um ihre Debatten über die Offensive gegen Megara fortzusetzen.

Sie gingen die breite Treppe hinunter, als Perikles, in Begleitung von Sokrates und dem Hoplitenführer Skymnos, Mykilos, den Anführer seiner Späher, entdeckte, der auf ihn zusteuerte. Seine schweißbedeckte Stirn glänzte und er bewegte sich schnell voran. Den Blick auf Perikles geheftet, hob er die Hand, als wolle er eine wichtige Ankündigung machen.

»Was ist?«, fragte Perikles, als sie sich gegenüberstanden.

»Allerhand.« Mykilos nahm Perikles zur Seite. Aber sie waren nicht weit genug von Sokrates entfernt, als dass dieser sie nicht hören konnte.

Der Hoplitenführer unterhielt sich mit dem Berater eines anderen Strategen.

»Man hat den Mörder von Philippidos entdeckt ...«

»Wer ist es?«, wollte Perikles wissen. »Und wer hat ihn entdeckt?«

»Teleklides, der Sohn von Aristoxenos, dem Schwager von Xeniados.«

Perikles runzelte die Stirn.

»Wie?« Er schien verblüfft. »Komm, wir erholen uns ein wenig in der Stoa. Dort können wir uns gemütlicher unterhalten.«

Die vier Männer verließen das Strategeion unter glühender Hitze. Schnellen Schrittes begaben sie sich zur Stoa. Hier suchten sie sich einen etwas abgelegenen Tisch mit vier Stühlen. Perikles bestellte einen Krug Chios und einen mit Wasser, um damit den Wein zu mischen.

»Teleklides also soll Philippidos getötet haben?«, rief Perikles. »Aber er war sein Cousin.«

Sokrates und der Anführer der Hopliten lauschten schweigend. Sie fächelten sich Kühlung zu und vertrieben aufdringliche Fliegen. Perikles wirkte besorgt:

»Xeniados ist bestimmt außer sich vor Wut«, sagte er.

»Er weiß es noch nicht«, erwiderte Mykilos und führte den Becher an die Lippen.

»Nein? Aber wer weiß es dann?«

»Es verhält sich folgendermaßen«, begann Mykilos. »Du weißt, dass Philippidos nach dem Streit beim Gastmahl des Arkylos aus dem Saal gestürmt ist. Vermutlich ist ihm der Mörder gefolgt. Alkibiades hat offenbar etwas geahnt, denn er hat den beiden einen Freund hinterhergeschickt, um eine Katastrophe zu verhindern. Irgendjemand, eine Frau, deren Name ich vergessen habe, hat erraten, was sich zugetragen hat. Schlimmer noch, sie hat sowohl den Namen des Mörders als auch den Namen des Freundes von Alkibiades erfahren.«

»Was ist denn das für eine Geschichte?«, brummte Perikles und schob sich ein Stück weißen Käse in den Mund. »Noch ist nicht bewiesen, dass Teleklides der Mörder ist.«

»Doch. Warte ab. Diese Frau hat Ktimenos im Gymnasium aufgesucht. Ich weiß nicht, wie sie herausbekommen hat, dass er derjenige war, den Alkibiades Teleklides hinterhergeschickt hat. Sie hat ihn dazu gebracht, alles zu gestehen, auch, dass der Mord bereits geschehen war, als er Teleklides eingeholt hatte.«

»Wer ist diese Frau?«, rief Perikles aufgebracht. »Wir müssen sie finden.«

»Ktimenos hatte sie nie zuvor gesehen. Er berichtete, dass sie um die vierzig war, recht füllig und voller Autorität. Er glaubt, sie könnte Priesterin im Tempel der Nemesis sein.«

Sokrates runzelte die Stirn und griff in eine Schüssel mit marinierten Gurken. Perikles' Stirn umwölkte sich immer mehr.

»Aber woher weiß man das alles? Woher weißt du es?«

»Hört euch noch den Schluss an«, fuhr Mykilos fort. »Ktimenos, sich der Bedeutung seines Geständnisses voll bewusst, geriet in Panik und suchte Teleklides auf, um ihn zu unterrichten. All das hat mir ein Diener von Aristoxenos erzählt, der die Unterhaltung zwischen den beiden jungen Männern belauscht hat. Diese schien heftig gewesen zu sein. Am Ende ist Teleklides aus seinem Elternhaus verschwunden. Heute Morgen hat er im Strategeion vorgesprochen und darum gebeten, auf eine der Trieren abkommandiert zu werden, die demnächst auslaufen. Aber ihr wart bereits in der Sitzung. Er wird gleich wiederkommen. Meiner Meinung nach befindet er sich so gut wie auf dem Wasser. Sein Verhalten allein bestätigt meine Worte.«

Perikles kaute mit finsterer Miene kleine Klopse aus Hackfleisch.

»All das ist höchst fatal, sofern es stimmt«, sagte er schließlich. »Es besteht die Gefahr, dass in der Familie von Xeniados ein Bruderkrieg entbrennt, umso mehr, da Xeniados zur Oligarchie gehört und Aristoxenos zur Demokratie. Im Augenblick können wir so etwas nicht gebrauchen.«

»Da, seht«, rief Mykilos und deutete mit dem Zeigefinger auf einen Mann, der sich der Stoa näherte. »Da ist ja Teleklides. Und neben ihm geht Ktimenos.«

Alle vier wandten den Kopf.

»Hol ihn her!«, befahl Perikles.

Mykilos rannte auf die beiden jungen Männer zu. Nach einer kurzen, lebhaften Unterhaltung blickte Teleklides zur Tischgesellschaft von Perikles und verzog das Gesicht. Schließlich näherte er sich langsam, in einigem Abstand von Mykilos gefolgt.

»Sei gegrüßt«, wandte er sich an Perikles. »Du willst mich sprechen?«

Er schwitzte stark. Der Schweiß perlte auf seiner Stirn, rann ihm in Tropfen über die Lider. Mykilos, der wieder Platz genommen hatte, ließ ihn nicht aus den Augen.

»Du wohnst nicht mehr bei deinem Vater?«, fragte Perikles den jungen Mann. Er klang sehr ernst.

Teleklides antwortete nicht. Aber sein Kinn zitterte.

»Ich habe auch gehört, dass du unbedingt auf einer Triere anheuern möchtest. Als was denn? Doch sicher nicht als Ruderer, dafür bist du zu schwach. Hast du denn Geld, um dir Waffen zu kaufen?«

Der junge Mann schüttelte den Kopf.

»Teleklides, bist du auf der Flucht?«, fragte Perikles.

Nun zitterte der junge Mann wie Espenlaub.

»Du hast allen Grund zu zittern!«, schrie Perikles. »Du hättest vorher zittern sollen.«

Teleklides' Augen füllten sich mit Tränen.

»Ich leite die nächste Expedition zur See gegen den Peloponnes«, erklärte Perikles. »Und ich behalte dich im Auge. Du wirst am Ende unserer Sitzung auf Skymnos, den Führer der Hopliten, warten. Er wird sein Möglichstes tun, damit du so bald wie möglich an Bord kommst.«

»Du kommst heute Abend, wirst aber erst morgen in See stechen«, erklärte Skymnos. »Die Trieren werden heute nicht mehr auslaufen.«

»Geh jetzt«, befahl Perikles.

»Einen Augenblick«, wandte sich Sokrates an Ktimenos, der kein Wort gesagt hatte, aber den Philosophen von besagtem Gastmahl wiedererkannte. »Ich habe gehört, eine geheimnisvolle Frau hat dich aufgesucht?«

»Ja, gestern«, erwiderte Ktimenos.

»Wie war sie? Kannst du sie beschreiben?«

»Um die vierzig, ich weiß nicht genau«, erwiderte Ktimenos. »Sie hatte ein kantiges Gesicht und blitzende Augen. Ich glaube, sie ist eine Priesterin aus dem Tempel der Nemesis. Sie hat . . . wie soll man es nennen? Eine übernatürliche Autorität. Sie kann Gedanken lesen, weiß alles. Wie hätte sie es sonst wissen können?«

Sokrates schüttelte bedächtig den Kopf.

»Wer kann diese Frau sein?«, fragte Skymnos. »Eine seltsame Geschichte. Und warum wollte sie den Mörder von Philippidos finden?«

»Sicherlich, um ihn vor die Volksversammlung und den Areopag zu bringen«, erwiderte Sokrates.

»Das wäre ein grauenhafter Skandal!«, rief Mykilos. »Zum Glück sticht der Junge in See.«

»Und verwischt dadurch die Spuren seines Verbrechens«, versetzte Sokrates sarkastisch.

Perikles musterte ihn eindringlich. Sokrates hielt seinem Blick stand. Der Blick des einen sagte: »Wagst du es, mich derart anzuklagen?« Und der des anderen: »Es ist die Wahrheit und du musst dich ihr stellen.« Schließlich seufzte Perikles und erklärte, es sei an der Zeit, ins Strategeion zurückzukehren. Er zahlte und die vier Männer erhoben sich schweigend.

15.

Die Flüchtlinge und die Sonnenfinsternis

Aufgrund der vielen Flüchtlinge, die die Bevölkerung fast verdoppelt hatten, der Hitze und des Gestanks der Tierexkremente, der Fliegen, die herumschwirrten wie von der Unterwelt angelockt, war Athen unbewohnbar geworden. Tagsüber brach der Verkehr zusammen. Die Bauern, nicht an die Polis gewöhnt und zudem wütend auf eine reiche Stadt, deren Armee sich als zur Verteidigung gegen die Lakedämonier unfähig erwiesen hatte, drängten ihre Herden an Menschen und Fahrzeugen vorbei. Einige Ziegen, Schafe und Schweine wurden überfahren, und die Tierkadaver behinderten den Verkehr. Ausschreitungen und Prügeleien mehrten sich.

Erschwerend kam hinzu, dass die Bauern eine eigene Sprache hatten, die nur entfernt Ähnlichkeit mit der hatte, die in Athen, Böotien, Arkadien oder Argolis gesprochen wurde. Sie verstanden nicht oder wurden falsch verstanden, also wurden sie gewalttätig. Die wohlhabenden Leute umgaben sich fortan mit Leibwächtern.

Zudem war die Hitze so drückend, dass die Bewohner nachts auf den Dächern schliefen, oder, wenn das nicht möglich war, aus ihren Häusern flüchteten, um zu Tausenden am Hafen von

Piräus zu nächtigen, wo sie oft von Strolchen ausgeplündert wurden. Das Wasser wurde knapp, denn die Flüsse führten wenig Wasser und in den Brunnen, die Perikles hatte bauen lassen, sank der Spiegel. Häufig verbreiteten die Flüchtlinge üble Gerüche, und die weniger begüterten Athener, die mehr auf Hygiene hielten, badeten im Meer. Andere mieteten zu einem hohen Preis Häuser am Stadtrand, in Agrinio und Phaleron. Dort ließen sie sich mit ihren Bediensteten nieder, bis die Hundstage vorbei waren.

Bald stellten Flöhe eine neue Geißel dar – sie vermehrten sich in Windeseile. Lag das an den Viehherden, die bis zu den Vorhöfen der Tempel vordrangen? Oder an der Hitze? An irgendeinem göttlichen Fluch? Niemand wusste es. Tatsache war, dass sie noch nie so zahlreich waren wie jetzt. In den Häusern der Reichen, etwa bei Aspasia, wechselte man zweimal pro Tag das Bettzeug und räucherte ständig die Gemächer aus.

Die Nerven waren zum Zerreißen gespannt, auch die von Xanthippe.

Am Tag nach dem Verhör, dem sie Ktimenos unterzogen hatte, suchte sie Agariste auf, um mit ihr zu beratschlagen, wie sie Teleklides den Behörden ausliefern könnten. Der Himmel war verhangen, die Luft stickig. Ein Gewitter war im Anzug.

»Wir könnten ihn einfach ergreifen, fesseln und vors Gericht schleppen«, schlug Xanthippe vor.

Agariste protestierte. Die Vorstellung, dass eine Frau ihres Standes einen jungen Mann, ihren angeheirateten Neffen, gefesselt hinter sich herzerrte, versetzte sie in Panik. Und Xanthippe fragte sich, ob Geld zur Verweichlichung der Seele führte.

»Zu zweit kämen wir gut mit ihm zurecht«, beharrte sie.

»Nein, Xanthippe, du kannst nicht von mir verlangen, dass ich meinen Neffen vor den Rat der Fünfhundert schleppe!«, rief Agariste. »Xeniados würde mich erwürgen.«

Immer diese Angst vor den Männern!

»Wir könnten zwei Männer dafür engagieren«, schlug Xanthippe vor.

»Weißt du, Xeniados wäre fuchsteufelswild, weil ich ihn nicht um Rat gefragt habe.«

»Und wenn du ihn um Rat fragen würdest, würde er alles in die Hand nehmen, Teleklides erdrosseln, und eine Familienfehde wäre die Folge. Wir befinden uns in einem Teufelskreis.«

»Ich werde im Tempel der Nemesis eine Opfergabe darbringen. Sicher wird sie mir verraten, was zu tun ist.«

Xanthippe musterte ihre Geschlechtsgenossin skeptisch. Dann verabschiedete sie sich und kehrte nach Hause zurück.

Sokrates saß im Patio und fächelte sich Kühlung zu – ein ungewohnter Anblick, da sich der Philosoph gewöhnlich nicht dem Müßiggang ergab. Zudem warf er ihr einen wunderlichen Blick zu, forschend und ironisch zugleich. Er führte bestimmt etwas im Schilde.

»Was willst du mir sagen?«, kam sie ihm zuvor.

Er legte den Fächer auf die Knie.

»Ich wusste nicht, dass du eine Priesterin der Nemesis bist«, erklärte er ihr lächelnd.

»Was faselst du da«, erwiderte sie bestürzt.

Er betrachtete sie aus seinen hellblauen Augen.

»Auf jeden Fall zieht Teleklides morgen in den Krieg«, erklärte er, ohne den Blick von ihr zu lassen.

Sie konnte sich nicht mehr beherrschen, verdrehte die Augen zum Himmel und stieß einen wütenden Schrei aus.

»Das ist mal wieder typisch für euch Männer! Ihr deckt einen Mörder im Namen der Justiz!«

»Xanthippe, ich decke niemanden. Ich habe nichts getan, habe weder für noch gegen den Mörder gesprochen. Ich habe dich lediglich gebeten, dich nicht in ein Machtspiel einzumischen, da du schließlich keine Macht besitzt.«

»Du siehst aber, dass ich welche erlangen kann.«

»Aus reiner Neugier wüsste ich gern, wie du es angestellt hast.«

»Lieber Sokrates, ich habe deine Methode angewandt«, erwiderte sie spitz. »Ich habe einige deiner Reden über die Beweisführung und Schlussfolgerung gehört und habe die Motive erforscht.«

»Ich beglückwünsche dich«, sagte er ironisch. »Und ich beglückwünsche mich, dass deine strafrechtliche Verfolgung gescheitert ist.«

»Ah, Nemesis«, rief Xanthippe, »wenn es dich gibt, so sende mir ein Zeichen.«

Im selben Augenblick flammte ein Blitz über ihnen auf und Donnergrollen entlud sich über Athen. Erschreckt durch das, was sie als unmittelbare Wirkung ihres Flehens ansah, flüchtete sich Xanthippe unter das Vordach. Es regnete in Strömen. Von der anderen Seite des Patio blickte Sokrates, der ebenfalls einen Unterschlupf gesucht hatte, zu ihr herüber, aufrecht und geheimnisvoll wie eine Statue. So standen sie einen langen Augenblick, getrennt durch einen Regenvorhang.

»Ihr habt einen Mörder der Justiz entzogen und glaubt nun, dass alles vergessen ist, wenn er sich im Krieg Ruhm erwirbt. Aber ich werde ihn überführen, das schwöre ich«, rief sie. Damit verschwand sie in ihrem Gemach und schlug die Tür hinter sich zu.

Drei Tage lang wechselten sie kein Wort miteinander. Doch dann schienen die Götter in die Geschicke des Stadtstaates einzugreifen.

Am dreiunddreißigsten Tag des Monats Hekatombeion[14] ereignete sich etwas Wunderbares und gleichzeitig Erschreckendes. Kein einziges Wölkchen stand am Himmel. Dann, nach der Mittagsstunde, verfinsterte sich der Himmel plötzlich. Die Sonne verschwand. Die Sonnenuhren zeigten anklagend mit dem Zeiger, der keinen Schatten warf, zum Himmel. Die Hunde jaulten. Athen war in ein Halbdunkel getaucht, das weder dem Morgengrauen noch der Dämmerung ähnelte. Aus der Stadt erhob sich ohrenbetäubender Lärm, hie und da von Schreien durchbrochen.

Das Phänomen dauerte nicht lange. Als aber die Sonne wieder am Himmel erschien, hätte man aus den aschfahlen Gesichtern der Menschen schließen können, dass dieses schreckliche Licht die Menschen noch in der Umklammerung hielt. Xanthippe, die gerade im Patio Wäsche aufhängte, führte die Hand zum Herzen. Das Orakel stimmte; ein Unglück lastete auf Athen.

Die Priester der Tempel, nicht weniger erschrocken, beeilten sich, Athene, Zeus, Dionysos, Apollon und allen anderen Göttern des Olymp Opfer darzubringen und sie anzuflehen, ihren Zorn zu mäßigen. Die Priester des Tempels der Athene appellierten an die Phalanx, das Pelasgikon zu räumen, da die skandalöse Besetzung seitens der Flüchtlinge bereits allzu lange dauerte. Es kam zu einer Keilerei, aus der mehrere mit Rippenbrüchen herauskamen, und eine Ziege wurde von einem Phalangisten erschlagen, weil sie versucht hatte, ihn auf die Hörner zu nehmen. Das Pelasgikon war weiterhin besetzt.

In den Anlagen drängten sich die Menschen, um den Hermen Opfer darzubringen. In den Häusern opferte man auf Altären den Hausgöttern.

Der Rat der Zehn unterbrach seine Sitzung kurzfristig. Die Strategen waren an die Fenster geeilt, um das Wunder der Sonnenfinsternis zu beobachten. Lediglich Perikles blieb ruhig an seinem Platz. Als Einziger hatte er die Vorhersagen des Astronomen Eutyches, die an den gesamten Rat gerichtet waren, aufmerksam gelesen. Dieser hatte den Tag und die Stunde der Sonnenfinsternis genau vorausgesagt. Auf seine scheinbare Gleichgültigkeit angesprochen, erwiderte Perikles, dass er keinen Grund zur Aufregung darin sehe, dass sich der Mond ein paar Minuten vor die Sonne geschoben habe.

»Deine Worte grenzen an Verhöhnung der Götter«, brummte Naumarchos.

»Die Verhöhnung besteht darin, die Himmelsmechanik, welche die Götter beim Entwurf eines harmonischen Universums angewandt haben, nicht zu erkennen.«

»Du verleugnest die Orakelsprüche.«

»Und du die Astronomie.« Perikles hatte sich erhoben und trat ans Fenster.

Er blickte auf die bestürzte Menge hinunter.

»Athener!«, rief er. Die Menschen strömten zusammen, um zu vernehmen, was der Erste Stratege ihnen unter so düsteren Umständen zu sagen hatte.

»Athener, ich sehe, dass ihr angesichts der kurzen Sonnenfinsternis über der Stadt zwischen Angst und Überraschung hin- und hergerissen seid. Aber diese Finsternis ist genauso natürlich wie jene, die entsteht, wenn man eine Hand vor die Lampe hält. Denn die Sonne ist ein Himmelskörper, der als Lampe dient, und die Hand ist der Mond, der sich einige Augenblicke davorgeschoben hat. Dieser Himmelskörper bewegt sich, wie andere auch, auf einer bestimmten Bahn, und unsere Astronomen hatten die Finsternis ordnungsgemäß angekündigt. Deshalb erstaunt mich, wie ihr seht, dieses Phänomen keineswegs. Auch ihr habt keinen Grund, euch zu beunruhigen. Bald ist im Übrigen alles wieder vorbei. Glaubt jenen nicht, die in allem ein Orakel sehen.«

Dann nahm er unter den wütenden Blicken von Naumarchos wieder Platz und erklärte:

»Wenn ihr wollt, können wir die Sitzung fortsetzen.«

Einige Strategen lachten, andere waren nicht so überzeugt von der Astronomie.

Nach der Sitzung teilte Mykilos seinem Herrn mit:

»Naumarchos spinnt eine Intrige, um dich öffentlich wegen Verhöhung der Götter anzuklagen. Er hat drei Strategen für seine Sache gewonnen.«

Perikles zuckte mit den Achseln.

»Seit Menschengedenken gibt es keinen Gerechten, der sich nicht mit Ungerechten auseinander setzen musste«, sagte er schließlich. Und dann, an Sokrates gewandt:

»Du bist Philosoph, dir sage ich Folgendes: Die Gerechtigkeit ist eine Idee, die man unaufhörlich erneuern muss und die den durch Gewohnheit Abgestumpften missfällt.«

Sokrates schüttelte den Kopf und fing an zu lachen. Aber sein Lachen war kurz und seine Augen blickten ernst.

16.

Ein Abend im perikleischen Zeitalter

Der Himmel färbte sich kupferrot und das Meer purpurfarben, wie Homer es vortrefflich beschrieben hatte, als er von einem Meer wie Wein sprach. Über den Hügeln von Athen wehte ein barmherziger Wind, der Ausdünstungen und Staub vertrieb. Der Sommer entfernte sich wie feindliche Galeeren; die Zeit der Weinlese nahte. Es war die Stunde, da sich, nachdem die Hitze milder geworden war, die Menschen versammelten, um über alles und nichts zu reden, wie es in der Philosophie wichtig ist. Denn Worte sind bekanntlich wie Sand, durch den die Weisheit sickert, um sich zu reinigen.

Es war auch die Stunde, in der sich Taki und Demis in der Stoa vor der Schänke von Aristides einfanden, um in Gesellschaft von Freunden ein paar Becher Wein zu trinken und ein paar Bissen zu sich zu nehmen.

»Wir haben wieder mal Krieg«, erklärte Taki und biss in eine große schwarze Olive. »Ich bin vierzig, meine Mutter einundsechzig, und wir beide können uns an kein einziges Friedensjahr erinnern. Erst waren es die Meder. Als wir mit denen fertig waren, fingen wir an, gegen unsere Nachbarn zu kämpfen ...«

Er goss etwas Wasser in seinen Becher herben Weißweins

und wippte mit dem Fuß. Meer und Himmel färbten sich purpurn.

»Nun«, bemerkte Demis, »ich bin einundvierzig und habe eine andere Lektion im Leben gelernt. Wenn man am Leben bleiben möchte, muss man sich wehren. Ich habe mich gegen meine Familie gewehrt, die mir eine Ehefrau aufdrängen wollte, während ich eine andere heiraten wollte, dann gegen die Meder, dann gegen meine Onkel, die mich um mein Erbe bringen wollten. Und jetzt wehre ich mich gegen die Flöhe.«

Er fing einen Floh in den Falten seiner Tunika und zerquetschte ihn.

»Demis, wenn du jetzt in die Olivenschale fasst, geh ich«, empörte sich Taki. »Ich habe keine Lust, Oliven mit Menschenblut zu essen. Streck die Hände aus.«

Demis tat wie geheißen und Taki leerte ihm einen Kübel Wasser über die Finger. Sodann kam ihr Freund Philostephanis. Sie begrüßten ihn herzlich und forderten ihn auf, sich zu ihnen zu setzen.

»Du verbreitest Wohlgeruch, mein lieber Philo«, erklärte Taki. »Wie eine Waldnymphe.«

Sie lachten.

»Das ist wegen der Flöhe«, erklärte Philostephanis. »Meine Tochter hat vor acht Tagen eine Lotion auf der Grundlage von Salbei und Zitronelle aufgetrieben, die Wunder wirkt. Nach dem Bad habe ich mich von Kopf bis Fuß damit einreiben lassen. Und kein Floh belästigt mich, sie fliehen mich wie die Pest.«

»Philo, wir sind geschiedene Leute, wenn du mir nicht morgen zur ersten Stunde eine Amphore deiner Lotion zukommen lässt«, rief Demis und biss in eine Essiggurke.

»Mir auch«, stimmte Taki ein.

»Sie ist aber teuer«, wandte Philostephanis ein.

»Das macht nichts. Ich würde meine Ländereien verkaufen, um nicht mehr von Flöhen geplagt zu werden.«

»Es sind diese Bauern mit ihren Ziegen«, fügte Philostephanis hinzu. »Athen ist eine Stadt der Ziegen geworden. Es wird höchste Zeit, dass diese Leute nach Hause zurückkehren. Sie sind hässlich und ausfallend. Ihr einziges Verdienst besteht in Ackerbau und Viehzucht.«

»Ja, sie sind wirklich hässlich«, stimmte Taki zu. »Zum Fürchten hässlich. Erstaunlich, dass die Athener so gut aussehen.«

Die Insekten verbrutzelten in der Flamme der Fackeln, die der Wirt soeben in die eisernen Pfähle der Stoa gesteckt hatte. Die drei Gäste fanden, dass die Oligarchen Recht hatten, die behaupteten, nur die Reichen seien schön und gut. Nachdem sie sich also über das Wesentliche verständigt hatten, bestellten sie sich etwas zu essen und zu trinken. Etwas Gebratenes, Doradenfilets, einen Kohlrübensalat mit Tintenfisch, Klopse aus Hammelfleisch in Weizensuppe, Gurken in gestockter Milch und gebratene Zuchttauben ...

»Im Grunde sind wir gar nicht so schlecht dran«, fuhr Philostephanis fort. »Diese elenden Lakedämonier fallen in unser Land ein, um Nahrung zu finden, und wir schlemmen in Athen wie Satrapen ...«

»Wir wollen nicht übertreiben«, unterbrach ihn Taki. »Keiner von uns hat die Mittel, Gastmahle wie dieser Stutzer Alkibiades zu geben.«

»Wenn ihr über ihn reden wollt, geh ich«, warnte Demis. »Die bloße Erwähnung seines Namens verursacht mir mehr Juckreiz als alle Flöhe in dieser Stadt zusammen. Ich kann einfach nicht glauben, dass dieser arrogante Schönling das Mündel von Perikles ist.«

»Er ist es auch nicht mehr«, erwiderte Philostephanis. »Sachen der Familie. Perikles ist mit den Leuten des Demos von Kolargos verwandt, also auch mit Alkibiades. Im Übrigen ist er kein Dummkopf. Auch wenn du keine Jungen magst, Demis, sind nicht alle Liebhaber von Jungen Idioten. Ein Beweis dafür ist, dass Sokrates in Alkibiades verliebt ist. Seht, da kommt Kleanthis.«

Die lange Gestalt des Rats erschien im Licht der Fackeln. Er blinzelte mit seinen malvenfarbenen Augen mit den langen Wimpern, als er die Männer erblickte.

»Hast du Durst?«, fragte ihn Taki.

»Ja, ich komme aus dem Bad«, erwiderte Kleanthis mit kläglicher Miene, die typisch für ihn war und die alle charmant fanden. »Ich habe aber kein Geld mehr, da ich mich für Lotionen gegen die Flöhe verausgabt habe.«

»Setz dich«, forderte Demis ihn auf. »Philostephanis hat eine Lotion gegen Flöhe gefunden. Sie wirkt hundertprozentig.«

»Aber sie ist teuer«, erinnerte ihn dieser.

»Leider habe ich nichts zu verkaufen, nicht einmal meinen Charme.« Kleanthis seufzte und nahm Platz. »Ihr müsst zusammenlegen.«

»Was gibt es Neues?«, wollte Taki wissen.

»Perikles ist heute Abend aufgebrochen, um eine See-Expedition gegen den Peloponnes zu befehligen. Und der Rat der Volksversammlung hat endlich über die Evakuierung des Pelasgikon abgestimmt.«

»Das wurde aber auch Zeit«, meinte Philostephanis. »Es stinkt ja dermaßen nach Schweinekot, dass es einem den Magen umdreht.«

»Und was ist mit dem Mord an Philippidos?«, wollte Taki wissen.

Kleanthis blinzelte.

»Welcher Mord?«

»Aber Kleanthis, das weiß doch jeder. Teleklides hat Philippidos erdolcht, um vor Alkibiades zu prahlen.« Demis schenkte ihm einen Becher Samos-Wein ein. »Und er hat sich für die Trieren als freiwilliger Hoplit gemeldet, um der Rache der Erinnyen zu entgehen.«

»Das geringste Wort könnte euch vor den Rat des Magistrats bringen«, sagte Kleanthis gleichmütig. »Lasst uns über etwas anderes reden.«

»Ja, über die Intrige, die gegen Perikles gesponnen wird.«

»Ich will mich hier entspannen«, sagte Kleanthis. »Ihr seid schlimmer als Fliegen, Flöhe und Moskitos.«

»Und wie lautet deine Philosophie, Kleanthis?«, wollte Philostephanis wissen.

»Keine zu haben.«

Er zerteilte zwei kleine gebackene Fische und schlang sie hinunter.

»Kleanthis, erzähl mir nicht, dass es dir an jeglichem Gemeinschaftssinn mangelt ...«

»Ich? Was für ein Gedanke! Ich halte mich streng an einen Vers von Homer.«

»An welchen?«

»Odysseus überlistete die Götter«, zitierte Kleanthis schulmeisterlich.

»Welche Verhöhnung!«, rief Taki mit gespielter Entrüstung.

Alle lachten.

»Götter sind wie Menschen, man muss ihnen einen Strich durch die Rechnung machen.« Kleanthis stocherte im Essen herum. »Was ist denn das?«

»Doradenfilet.«

»Himmel, hab ich einen Hunger. Und wenn ich erst dran denke, dass ihr zahlt. Meine Freunde, ich sage euch: Ihr seid reif und erfahren, ich bin jung und töricht. Aber zumindest weiß ich das eine: Im Leben muss man auf der Seite der Mächtigen stehen, jedoch ohne ihnen ein Pfand auszuhändigen. So kann man euch, wenn sie nicht mehr an der Macht sind, nicht vorwerfen, in ihrer Gunst gestanden zu haben. Man bringe mir etwas zu trinken!«

»Du bist wirklich eine Ratte«, bemerkte Philostephanis.

»Ich denke, da kennst du dich aus. Sagen wir mal, ich gedenke alt zu werden«, konterte Kleanthis. »Heute haben wir die Demokratie, gestern war es die Tyrannei und morgen haben wir vielleicht wieder eine Tyrannei. Es ist mir gleich. Unsere Philosophen sind berühmt. Für mich bedeutet Philosophie die Kunst, sich anzupassen. Bemerkungen und gute Ideen kosten nichts, aber sie bringen auch kein Geld ein. Alles, was ich verlange, ist, dass man mein Essen zahlt.«

Sie lachten wieder und auch er stimmte ein.

»Und wie steht's mit der Liebe?«, fragte Taki.

»Dafür bin ich zu arm«, erwiderte Kleanthis. »Ich mag junges Blut und die Nachfrage ist größer als das Angebot. Einige Witwen haben mir schöne Augen gemacht, aber ich habe keine Lust auf sie. Und Jünglinge oder Athleten ohne Lorbeeren, die Hand voller Myrten, werfen mir manchmal verliebte Blicke zu, aber meine Börse ist nicht prall genug.«

Sie bogen sich vor Lachen und Kleanthis lachte über seinen eigenen Zynismus.

»Du glaubst nicht an die Politik, du glaubst nicht an die Liebe, woran glaubst du eigentlich?«, fragte Taki.

»Ich bin genau wie ihr, ich glaube an mich. Aber im Gegensatz zu euch bin ich mir dessen bewusst.«

Es war einer der angenehmen Abende im perikleischen Zeitalter. Wenn man die Flöhe und die durch die Flüchtlinge verursachte Belästigung außer Acht ließ, konnte man das Lachen der Götter vernehmen, zwischen Hymettos und Lykabettos.

17.

Die Epidemie und die Erscheinung

Der Herbst ging in den Winter über. Die Traubenlese war vorbei, der Weizen eingebracht. Das Orakel war vergessen. Xanthippe hatte ihr alltägliches Leben wieder aufgenommen, wie es Ochsen und Rinder jeden Morgen taten. Ihr Hass hatte sein Feuer verloren. In den Räumen zündete man die Kohlenbecken an, damit es warm wurde. Abends verlor die hohe Statue der Athene auf der Akropolis jetzt früher ihren goldenen Schimmer als sonst. Perikles war in Begleitung von Alkibiades zu seinem Feldzug zur See entlang der Küste des Peloponnes aufgebrochen. So kam es, dass Sokrates ein paar Abende zu Hause verbrachte, wo er mit Xanthippe und den Kindern das bescheidene Abendessen, das meistens aus gebratenem Fisch, weißem Käse und Salat bestand, teilte. Anschließend spielte er mit den Kindern. Wenn diese im Bett waren, setzte er sich in den Patio und starrte so lange gen Himmel, bis es Zeit wurde, zu Bett zu gehen.

Dann häuften sich unheimliche Vorfälle. Im Hafen von Piräus wurden drei Menschen von einer seltsamen Krankheit befallen[15]. Zuerst hatten sie heftiges Fieber, dann eine Entzündung des Kehlkopfs und der Augen und anschließend eine Diarrhö.

Und schließlich bekamen sie rote Flecken. Nachdem sich ihr Allgemeinzustand dramatisch verschlechtert hatte, starben sie an Herz- oder Nierenversagen. Nach den dreien wurden elf weitere Personen aus demselben Viertel hingerafft. Am schlimmsten war der Brand an den äußeren Gliedmaßen: Diese waren zuerst purpurrot, dann schwarz, und dann lösten sie sich auf. Die Betroffenen mussten erleben, wie sie bei lebendigem Leib verfaulten, unter grauenhaftem Gestank, und die Würmer sich in ihren Wunden einnisteten. Der Tod wurde als Erlösung empfunden. Anfangs vermutete man, dass lakedämonische Späher die Brunnen vergiftet hatten. Dann starben hundertzwanzig Menschen unter den gleichen Umständen, diesmal aber in am Piräus gelegenen Vierteln. Man versuchte alles, aber nichts half. Jene, die gepflegt wurden, starben genauso wie jene, um die man sich nicht kümmerte, die Jungen genauso wie die Alten, die Starken ebenso wie die Schwachen. Ärzte erlitten das gleiche Schicksal wie ihre Patienten. In den ersten Tagen nach dem Ausbruch der Krankheit fand man in Athen keinen Schlaf, da die Klageweiber immer im Dienst waren. Dann gab es nicht einmal mehr Klageweiber, da die meisten von ihnen dahingerafft wurden.

Bald fehlte es sogar an Totengräbern, um die Leichen ordnungsgemäß zu begraben. In allen Stadtvierteln waren Scheiterhaufen errichtet worden, auch an den heiligen Stätten und vor allem in den Flüchtlingsquartieren. Noch bevor die Toten ganz verbrannt waren, wurden neue Leichen aufgeschichtet. Sondereinheiten kümmerten sich um die Scheiterhaufen. Dunkler, stinkender Rauch erhob sich zum Himmel und der Marmor der neuen Gebäude färbte sich schwarz.

Es gab nur noch ein Gesprächsthema und bald verstummte

man ganz. Einige zitierten schließlich einen alten Vers: »Mit der dorischen Invasion kommt die Epidemie.« Sokrates ärgerte sich über solchen Aberglauben und erwiderte einem jungen Mann, der versuchte, ihn davon zu überzeugen: »Dieser Vers ist falsch überliefert, denn es ging nicht um eine Epidemie, *loimos*, sondern um Hungersnot, *limos*! Hör also auf, Unsinn zu verbreiten, der den Menschen noch mehr aufs Gemüt schlägt.«

Xanthippe verbot sich, an Orakelsprüche zu glauben: Die Belagerung des Pelasgikon, die Sonnenfinsternis, die Worte der Antigone ... Aber sie wurde immer fahler und alterte in wenigen Tagen um zehn Jahre. Sokrates verbot schließlich seiner Gattin und den Kindern, einkaufen zu gehen, und befahl ihnen, zu Hause zu bleiben: Sie würden von den Vorräten an Korn, Käse und Dörrobst zehren. Drei Tage später, als die Epidemie noch stärker wütete, weckte er Xanthippe vor dem Morgengrauen und bat sie, die Kinder anzukleiden und eilig ein paar Sachen zusammenzuraffen, um die Stadt auf der Stelle zu verlassen. Sie warf ihm einen fragenden Blick zu:

»Loimos, die Epidemie«, erklärte er.

»Wohin gehen wir?«

»Nach Gargettos. Dort habe ich Freunde, die uns aufnehmen.«

Am Tag zuvor hatte er ein Muli gemietet. Xanthippe verschloss die Türen und bat ihre Nachbarin, einen Blick auf das Haus zu werfen. Dann wandte sich Sokrates mit seiner Familie Richtung Norden. Sie gingen durch das Marathon-Tor und ließen die Stadt hinter sich. Nach einem Tagesmarsch gelangten sie in ein Dorf auf der Südseite des Pentelikon, Gargettos. Sie erblickten ein paar einzelne Frauen, ein paar Obstgärten und Weinberge, insgesamt dreihundert Einwohner. Xanthippe war kaum aus Athen hinausgekommen und hatte als Kind nur

Laureion im Süden kennen gelernt; ihr war der Ort unbekannt. Ihre Gastgeber waren Grundbesitzer, Freunde von Sokrates, denen er in Athen ein paar Mal gefällig gewesen war.

»Wir bleiben hier, bis die Epidemie vorbei ist«, erklärte er. »Das ist die von den Göttern gewollte Verbannung.« Was er unter »Göttern« verstand, erklärte er allerdings nicht. Weitere »Verbannte« überbrachten ihnen Nachrichten aus Athen, grauenhafte Nachrichten. Ungefähr ein Drittel der Bevölkerung war der Epidemie zum Opfer gefallen. Die Folge war, dass weder Anstand noch Sitte herrschte. Die Gesetze waren außer Kraft. Menschen, die einst als anständig galten, überwanden ihre Angst vor Dämonen und plünderten unbewohnte Häuser. Die Diebe sagten sich wohl, dass sie selbst nur noch wenige Tage zu leben hatten oder dass ihre Richter inzwischen von der Seuche hinweggerafft worden waren. Und dass sich später niemand mehr erinnern würde.

»Vielleicht sollten wir zur Erde zurückkehren«, bemerkte Sokrates' Gastgeber, als sie eines Tages gemeinsam Birnen pflückten.

»Glaubst du, dass wir abgehoben sind?« Sokrates legte die Früchte behutsam in einen Beutel.

»Der ganze Marmor, mit dem Athen sich schmückt, das blühende Orakelwesen ...«

»Aber der Marmor kommt aus der Erde«, bemerkte Sokrates.

»Und die Worte?«

»Sie stammen aus dem Dünger des Geistes«, erwiderte der Philosoph lächelnd.

Drei Wochen nach seiner Ankunft in Gargettos überlegten die Bewohner besorgt, ob es in Athen noch genügend Menschen gab, die ihnen ihre bescheidene Salat-, Oliven- und Obsternte abkaufen würden, oder ob sie alles selbst verzehren mussten. Sie gingen also nach Athen und kehrten am nächsten Tag zurück: In der Stadt gab es keine Kranke mehr. Das letzte Opfer war vor ein paar Tagen gestorben. Perikles war von seinem Feldzug zurückgekehrt und die Sitzungen im Strategeion waren wieder aufgenommen worden.

Sokrates und die Seinen verabschiedeten sich von ihren Gastgebern, die ihnen Vorräte mit auf den Weg gaben. Mit bangem Herzen marschierten sie los. Als sie durch das Marathon-Tor gingen, stellten sie fest, dass ihre Ängste berechtigt waren. Alles war ruhig. Die Händler, die ihre Lebensmittel vor den Stadttoren angeboten hatten, waren verschwunden, und die Kaufleute, die lautstark ihren Salat, ihre Gurken, Rosinen und Geflügel anpriesen, ebenso. Nur hie und da stieß man auf Menschen. Einige Gruppen waren damit beschäftigt, die Überreste der Scheiterhaufen zu beseitigen. Die Frömmsten unter ihnen warfen die Knochen in Urnen.

Als sie in der Heronstraße angelangt waren, überlegte Xanthippe, ob ihr Haus wohl geplündert worden war. Aber die Nachbarin hatte sich wohl als gute Hüterin erwiesen. Als Erstes ging Xanthippe von Raum zu Raum. Plötzlich hörten Sokrates und die Kinder einen lauten Schrei. Sie rannten los und fanden Xanthippe in der Küche. Sie hielt einen abgezehrten, aber gesunden Jungen am Kragen gepackt.

Fast nackt, wie er war, wirkte er wie eine Erscheinung.

»Es ist Philippos«, sagte sie.

Der Junge legte seine mageren Ärmchen um sie. Dann endlich redete er. Aber da er das Gesicht in Xanthippes Gewand vergraben hatte, verstand man ihn kaum.

»Alle sind tot«, stieß er hervor. »Xeniados, Agariste. Alle.«

Die Kinder näherten sich dem Jungen und musterten ihn; schüchtern lächelte er sie an, die Augen voller Tränen. Sophroniskos, der Älteste, legte ihm den Arm um die Schulter.

»Aber wie ist er hereingekommen? Wovon hat er gelebt?«, fragte Sokrates verblüfft.

Sie erfuhren es bald. Da Philippos nicht wusste, wohin er sich wenden sollte, machte er sich auf die Suche nach der einzigen Person, die ihm je Zuneigung gezeigt hatte: Xanthippe. Die Nachbarin hatte ihn gesehen, als er an die Tür klopfte. Da sie Mitleid mit ihm hatte, ließ sie ihn ins Haus. Und brachte ihm täglich eine Suppe, manchmal Obst, Fisch, alles, was sie eben entbehren konnte.

»Er bleibt bei uns«, erklärte Xanthippe bestimmt.

Sokrates nickte und seine Söhne stießen begeisterte Rufe aus.

»Aber wir müssen es melden«, bemerkte Sokrates. »Dieser Junge erbt das ganze Vermögen von Xeniados. Er braucht einen Vormund.«

»Aber nicht Alkibiades«, rief Xanthippe mit einer Heftigkeit, die Sokrates amüsierte.

Eine Stunde später klopfte es an der Tür. Xanthippe öffnete. Es war die Dienerin, die Agariste bei Alkyros eingestellt hatte.

»Leto!«

Die Dienerin strahlte. Als sie Philippos entdeckte, der sich hinter Xanthippe versteckte, sagte sie:

»Ah, hier ist er also. Ich habe mir schon Sorgen gemacht.«

»Komm herein«, forderte Xanthippe sie auf. »Wo bist du gewesen?«

»In Myrrhinonte. Die Epidemie war auf dem Höhepunkt, und ich dachte, dass mein Tod niemandem von Nutzen sein würde. Also verließ ich die Stadt. Ich hatte vorgeschlagen, Philippos mit mir zu nehmen, aber seine Großmutter hat abgelehnt. Es ist ein Wunder, dass er überlebt hat.«

Sie streichelte dem Kind den Kopf.

»Er hat genauso schöne blaue Augen wie sein Vater«, murmelte sie.

»Was wirst du jetzt tun?«, fragte Xanthippe.

»Ich weiß nicht. Ich bin gerade erst zurückgekommen. Ich werde eine Stelle suchen. Das Haus des Xeniados ist verwaist.«

Xanthippe überlegte kurz.

»Möchtest du inzwischen hier wohnen? Ich bin nicht reich und kann dir nicht den Lohn zahlen, den dir Agariste gegeben hat. Wenn du etwas Besseres gefunden hast, kannst du ja gehen.«

Leto nickte. »Ich kann den Kindern Lesen beibringen«, sagte sie. »So mache ich mich nützlich.«

»Du kannst lesen?«

Leto lächelte.

»Ja, mein Vater war Sophist in Korinth. Ich habe Lesen und Schreiben gelernt. Vor acht Jahren wurde ich auf dem Meer gekapert und als Sklavin verkauft. Aber Alkyros hat mich freigelassen.«

Sie betrachtete Xanthippe.

»Wenn es dir recht ist, würde ich jetzt gern ins Bad gehen und mir den Straßenstaub abwaschen.«

Das Leben ging wie immer weiter, ja es erfuhr durch diesen rührenden Jungen und Leto sogar eine Bereicherung.

Doch die nächsten Stunden sollten diese Idylle zunichte machen.

18.

Die Demütigung des Helden

Nachdem Sokrates ein paar Oliven und ein Stück Brot zu sich genommen hatte, eilte er in die Stadt. Ein Athener, der etwas auf sich hielt, kam nur zum Schlafen nach Hause. Er ging den Ares-Hügel entlang, erfreut über das Wiedersehen mit den vertrauten Gebäuden. Der menschliche Geist, überlegte er, ist so angelegt, dass das· Unglück der Sterblichen die unbelebten Gegenstände in gleichem Maße trifft. Aber waren die Tempel auf der Akropolis wirklich als unbelebte Gegenstände zu bezeichnen?

Während er noch über diese Frage nachgrübelte, langte er beim Strategeion an und stellte erstaunt fest, dass hier eine Menschenmenge zusammengekommen war. Er entdeckte Skymnos, den Führer der Hopliten, der Perikles auf seinem Feldzug zur See begleitet hatte und folglich der Epidemie entkommen war. Sokrates winkte ihm zu.

Sie umarmten sich herzlich, waren gerührt über das Wiedersehen. Der eine war unversehrt von einem Feldzug zurückgekehrt, der andere einer tödlichen Epidemie entkommen.

»Gott sei Dank, du hast überlebt.«

»Und du ebenfalls. Was für ein Glück.«

»Ich war mit meiner Familie auf dem Land. Und Perikles?«

Die Miene von Skymnos verdüsterte sich.

»Sokrates«, begann er bedrückt. »Sie wollen ihn absetzen.«

»Warum?« Sokrates horchte auf. »Ihr seid besiegt worden? Eure Expedition . . .«

»Nein. Sie war nicht so ruhmreich, wie wir gehofft hatten, aber dennoch erfolgreich. Wir haben die Gegend von Epidauros, das wir erfolglos belagert hatten, verwüstet, Repressalien auf Troizen, Halys, Hermione ausgeübt und Prasies an der Küste eingenommen.«

»Aber was ist mit Perikles?« Sokrates interessierte sich nun mehr für das Schicksal seines Herrn als für die militärischen Ereignisse.

»Sie wollen ihn wegen Verschwendung und Veruntreuung von Geldern absetzen.«

»Hat die Epidemie ihr Gehirn angefressen?«, fragte Sokrates voller Entrüstung.

»Deine Worte sind nur allzu wahr. Die Athener verübeln Perikles diesen Krieg, den sie jedoch selbst wollten. Er hat ihnen aber die Flüchtlinge beschert und mit ihnen vermutlich auch die Epidemie. Es ist, wie du sagst, die Epidemie hat ihr Gehirn angefressen.«

»Wo ist er zurzeit?«

»Er wird bald hier eintreffen, aber sein Schicksal ist besiegelt. Alle Strategen sind sich einig. Er kommt nur, um ihren Beschluss zu vernehmen. Ah, Sokrates! Du wirst ihn nicht wiedererkennen. Er sieht aus wie ein Greis.« Dem kampferprobten Krieger Skymnos versagte die Stimme.

»Nein, sag das nicht.«

So sollte der Held am Ende seines Lebens seiner Krone

beraubt werden! Nicht nur, dass ihm der Lorbeerkranz vom Haupt gerissen wurde, auch seine Ehre wollte man ihm nehmen. Welche grausame Gottheit bestrafte Perikles, der wie kein anderer zum Glanz Athens beigetragen hatte? Und der so mächtig war, dass er sogar die Pläne der Schutzpatronin Athene durchkreuzen konnte? Wer waren diese Götter? Launenhafte Geschöpfe ohne Verstand?

»Unsere Interventionen um den Peloponnes und im Landesinnern waren erfolgreich«, fuhr Skymnos fort. »Die Folge war, dass die Lakedämonier sich zurückzogen. Man behauptet jedoch, sie hätten den Rückzug angetreten, weil sie erfahren hatten, dass in Athen eine Epidemie wütete, vor der sie Angst hatten. Auf jeden Fall können unsere Leute in ihre Gebiete zurückkehren.«

Er stöhnte.

»Schau, da kommt er. Er wird sich freuen, dich zu sehen.«

Die beiden gingen Perikles entgegen.

Sokrates hatte Mühe, in dem gebeugten, abgemagerten Mann mit den eingefallenen Wangen und dem schwerfälligen Schritt den Helden wiederzuerkennen, den er zuletzt vor einem Monat gesehen hatte. Als Perikles Sokrates erblickte, deutete er ein Lächeln an.

»Ich habe dir heute Morgen einen Boten gesandt«, sagte er. »Ich freue mich, dass du von der Epidemie verschont wurdest. Komm, wir gehen hinauf, damit du meiner Absetzung beiwohnen kannst. Sie beenden gerade ihre Sitzung, und ich weiß, es ist beschlossene Sache.«

Alkibiades kam heraus. Er blickte ernst. Sokrates und er umarmten sich.

Schweren Schrittes gingen sie die Treppe hinauf und nahmen

im Sitzungssaal ihre gewohnten Plätze ein. Es herrschte Totenstille. Naumarchos, der älteste der Strategen, erhob sich.[16]

»Der Rat der Zehn hat heute Morgen«, begann er langsam und betonte jedes Wort, »über die Anklagen, die vom Rat der Fünfhundert, dem Volksvertreter, gegen den Strategen Perikles vorgetragen wurden, beraten. Diese beziehen sich auf die Gelder, die in den letzten fünfzehn Jahren aus der Staatskasse entwendet wurden.«

Perikles, mit umwölktem Blick, schüttelte den Kopf. In den letzten fünfzehn Jahren war er immer wieder in den Rat der Zehn gewählt worden.

»Nach einer Überprüfung seitens des Rats der Versammlung und des Rats der Zehn fehlen in der Kasse der Athene zwölftausend Talente. Da der Stratege Perikles nicht befugt war, ohne ausdrückliche Genehmigung des Rats der Zehn Geld aus der Kasse der Athene zu nehmen, und da es ihm überdies nicht möglich ist, die Unterlagen vorzulegen, welche die Ausgaben rechtfertigen, die er angeblich für die Errichtung verschiedener Bauwerke in dieser Stadt aufgewendet hat, und er sich wie ein Alleinherrscher aufgeführt hat, beschließen wir Strategen des Rats der Zehn, gewählt von der Stadt Athen, am heutigen Tag Perikles seines Amts als Stratege zu entheben. Außerdem verurteilen wir ihn zu einer Geldstrafe, die dem Betrag entspricht, den er der Kasse entnommen hat.«

Naumarchos nahm wieder Platz. Niemand würdigte Perikles eines Blickes. Alle fixierten einen unsichtbaren Punkt in der Mitte des Halbkreises, den sie bildeten.

»Ich bitte um das Wort«, sagte Perikles schließlich.

»Es sei dir gewährt«, erwiderte Naumarchos.

Perikles erhob sich.

»All jene, die in diesem Saal anwesend sind«, begann er, »wissen mit Bestimmtheit, dass ich mich mit keiner Münze aus der Kasse bereichert habe. Ihr verlangt von mir Beweise: Mit welchen Geldern wurden die Gebäude erbaut, die der ganze Stolz dieser Stadt sind und deren Schönheit auf euch ausstrahlen müsste? Ich nenne nur einige: Die Langen Mauern für das Militär, der Parthenon, das Erechtheion, die Propyläen und die Statue der Athene auf dem heiligen Hügel; das Gebäude, in dem wir tagen und der Tholos, das Gebäude des Rats der Fünfhundert, Brunnen und anderes für die Zivilbevölkerung. Das Geld dafür war ein Beweis für die Macht der Polis. Stand es Athen nicht zu, auf diese Weise seine Frömmigkeit, seine Macht und seine Sorge um das Wohl seiner Bürger unter Beweis zu stellen? Ihr müsst eure Entscheidung nach eurem Gewissen fällen und nicht in einer Versammlung wie dieser. Man wirft mir vor, diese Bauten eigenmächtig in Auftrag gegeben zu haben. Das ist eine Lüge. Unsere gerichtsschriftlichen Tafeln zeigen, dass jedes dieser Bauwerke von euch allen befürwortet und von der Versammlung gebilligt wurde. Guten Abend.«

Er erhob sich und wandte sich zur Tür. Neun Augenpaare waren nun auf den Helden gerichtet. Es war ein Teil ihres Lebens, ein Teil der Geschichte ihres Stadtstaats, der sich da mit schwerfälligem Schritt entfernte. Einige Gesichter verrieten deutlich die innere Bewegung. Perikles hatte bereits die Tür geöffnet, gefolgt von seinem Sekretär Alkibiades, von Skymnos und Sokrates, als ein Schrei ertönte: »Perikles!« Aber er hatte die Schwelle bereits überschritten und ging die Treppe hinunter, eingehüllt in seine gekränkte Würde.

Plötzlich entstand im Sitzungssaal ein unerwarteter Tumult, der bis zum Abend anhielt.

19.

»Ist der Demos ein betrunkenes Weib?«

Hätte Perikles Genugtuung erfahren, wenn er den Grund des Tumults erfahren hätte? Sie lernten nun die dunkle Seite der Verantwortung kennen: Auf ihre Undankbarkeit folgte die Reue.

So geschah es, dass der würdevolle Abgang des abgesetzten Strategen die Ratsmitglieder daran gemahnte, welch überragende Persönlichkeit Perikles war. Rufe wurden laut:

»Naumarchos, du hast uns zu einer Schandtat getrieben!«

»Wir tragen die Verantwortung dafür, wir müssen ihn unbedingt zurückholen.«

Man schickte tatsächlich Sekretäre aus, die Perikles suchen sollten. Aber sie fanden ihn nicht, denn er war heute einen anderen Weg als üblich gegangen.

Naumarchos und seine beiden Mitstreiter wehrten sich gegen diesen Sinneswandel, umso mehr, als dieser überraschend erfolgte.

»Ihr seid die reinsten Wetterfahnen! Dieser Mann hat die Staatskasse geplündert! Also besinnt euch!«

»Besinn du dich! Du hast uns durch trügerische Argumente getäuscht, um deine persönliche Rache zu bekommen! Du und die Oligarchen, ihr verzeiht Perikles nicht, dass er euresgleichen aus Milet verschleppen ließ. Ihr seid seine Feinde, seit er die Langen Mauern[17] bauen ließ.«

»Wir sollten alle Oligarchen, angefangen bei Naumarchos, dorthin verschleppen«, rief ein anderer.

»Die Feinde von Perikles sind die Feinde der Demokratie und damit die Verbündeten unserer Feinde. Wir wissen sehr wohl, dass ihr Bewunderer der Spartaner seid!«

»Und du, Naumarchos, bist ein Feind der Demokratie!«

»Aber das ist eine Niederträchtigkeit! Ich werde dem Volksgericht davon berichten!«, rief Naumarchos, erschrocken wegen der heftigen Reaktion.

Etwas später gab es auf der anderen Straßenseite, im Tholos, wo der Rat der Versammlung tagte, einen ähnlichen Sinneswandel, als ein Sekretär des Strategeion die Absetzung von Perikles verkündete. Man rechnete mit einem Freudentaumel, stattdessen waren alle betreten.

»Was wird aus uns ohne ihn?«, fragte einer der Prytanen[18] düster. »Er hat uns fünfzehn Jahre lang geleitet. Wer ist befähigt, seine Nachfolge anzutreten?«

»Niemand«, erwiderte ein anderer. »Warum haben wir also seine Absetzung verlangt?«

»Seid ihr verrückt geworden?«, protestierte ein Dritter. »Er hat uns wie ein Autokrat regiert und öffentliche Gelder veruntreut! Waren wir uns denn nicht einig?«

»Ja, aber er hat dabei nur an die Stadt gedacht.«

»Und an Aspasia.«

»Wir müssen ihn bitten, zurückzukommen.«

»Unsinn!«

Dasselbe Stück, nur mit anderer Besetzung. Als Sokrates wieder zu Hause war, setzte er sich nachdenklich und mutlos in den Patio und gab sich düsteren Gedanken hin. Er wirkte so traurig, dass die Kinder nicht wagten, ihn anzusprechen.

»Was hast du?«, fragte Xanthippe.

»Sie haben Perikles abgesetzt.«

Sie schwieg lange.

»Warum?«, fragte sie schließlich.

»Sie werfen ihm vor, er habe die Staatskasse geplündert, um die Tempel und andere öffentliche Gebäude zu bauen.«

»Aber er ist doch sehr reich«, wandte Xanthippe ein. »Er hat es nicht nötig, sich an der Staatskasse zu bereichern. Diese Männer haben wohl den Verstand verloren.«

Sokrates zuckte mit den Achseln. Sie legte ihm die Hand auf die Schulter. Er seufzte. Auch das war eine Form des Zusammenlebens: Mitleid und Solidarität, wenn andere Gefühle erloschen waren.

»Ich muss dir etwas sagen«, erklärte Xanthippe. »Ich habe von der Nachbarin und anderen Frauen erfahren, dass die Epidemie noch nicht ganz überwunden ist. Nur ist sie jetzt weniger heftig, sodass die Kranken überleben können.«

Selbst das ließ ihn gleichgültig. Gegen Abend ging Xanthippe erneut zu ihm und versuchte ihn mit gebackenem Fisch an die Familientafel zu locken. Er lächelte und nahm mit ihr und den Söhnen gemeinsam das Abendessen ein. Er schien sich etwas gefangen zu haben, strich den Jungen über den Kopf und verweilte ein wenig bei Philippos.

»Morgen kümmere ich mich um dich.«

Am nächsten Tag erwartete ihn eine Überraschung. Als er auf der Agora auftauchte und auf den Rat der Versammlung zusteuerte, stürzten ihm die Informanten und Sekretäre des Perikles, die jetzt ohne Beschäftigung waren, entgegen.

»Stell dir vor«, riefen sie wie aus einem Munde, »nachdem der Stratege und du das Strategeion verlassen habt, gab es in beiden Räten einen Sinneswandel.«

Sie erstatteten ihm Bericht.

»Wir müssen Perikles unbedingt davon unterrichten. Begleite uns!«

»Nein«, erwiderte Sokrates, »das alles ist zu voreilig. Perikles ist im Augenblick mutlos. Wenn ihr ihm sagt, dass die Demütigung, die er erlitten hat, nur ein böser Traum war, wird er euch antworten, dass ihm seine Würde verbietet, in den Strategeion zurückzukehren. Eher sollte einer von euch sein ehemaliges Mündel Alkibiades in Kenntnis setzen. Zudem ist es die Aufgabe der Räte, ihm ihren Sinneswandel mitzuteilen. Mögen diese den Becher bis zur Neige trinken und zwei Delegationen zu ihm schicken. Wenn ihr mich braucht, ich bin zwei bis drei Stunden in der Schänke der Stoa.«

Dann begab er sich zum Rat, um den Fall des Enkels von Xeniados darzulegen und die Benennung eines Vormunds zu erbitten. Mit den Formalitäten dieses Gesuchs verbrachte er den größten Teil des Vormittags. Erst nach zwölf Uhr mittags schlenderte er zur Stoa, um eine Erfrischung zu sich zu nehmen. Einige Stände waren noch geschlossen, aber seine Stammschänke hatte geöffnet und der Wirt begrüßte ihn überschwänglich. Die Überlebenden der Epidemie benahmen sich nämlich wie die Überlebenden einer Belagerung oder einer Schlacht, sie fühlten sich auf seltsame Weise verbunden. Wie immer bestellte er Sesamfladen und Käse und hörte zerstreut den Berichten des Wirts über die Schrecken der Epidemie und die vielen Toten zu. Im Grunde beherrschte ihn aber nur ein Gedanke: Ob und wann die beiden Räte entschieden, Delegationen zu Perikles zu entsenden, und was dann geschehen würde. Plötzlich weiteten sich seine Augen: Inmitten einer Gruppe von Soldaten, die lärmend auf die Schänke zusteuerten, erkannte er Teleklides, den Mörder von Philippidos. Er hatte nicht nur den Krieg, sondern auch die Epidemie überlebt.

Als sich die Soldaten niederließen, unterdrückte Sokrates den Wunsch, entrüstet aufzuspringen. Teleklides war nur ein elender kleiner Mörder, ein unbedeutender Spielball der Götter. Plötzlich wurde ihm überdeutlich der Kontrast zwischen dem gemeinen Charakter des Täters und der tragischen Größe des Perikles bewusst. Der eine gehörte zum gemeinen Volk, der andere zur Aristokratie, das war nicht zu leugnen. Ob es den Demokraten gefiel oder nicht, sie waren von einem Aristokraten regiert worden. Und wegen seines natürlichen Adels wollten sie ihn nun zurückholen, nachdem sie ihn verjagt hatten. Zwischen diesen beiden Personen erschien ihm Xanthippe als Verkörperung der Gerechtigkeit, als Priesterin der Nemesis. Er verstand sie, und einen Augenblick wünschte er sich, die übernatürliche Kraft zu besitzen, die Homer den Göttern zusprach, um Teleklides am Schopf zu packen und in die Unterwelt zu schleudern.

Plötzlich tauchte Alkibiades auf, in Begleitung von drei Männern. Teleklides lief ihm entgegen. Sein Gesicht und seine Bewegungen verrieten Herzlichkeit, aber Alkibiades wich seiner Umarmung aus, behandelte ihn mit hochmütiger Kälte. Als er Sokrates entdeckte, erklärte er seinem ehemaligen Geliebten: »Ich habe zu tun.« Teleklides beobachtete, wie Sokrates und sein Idol sich umarmten und kehrte mit finsterer Miene zu den Soldaten zurück.

»Gib mir einen Rat«, sagte Alkibiades und nahm gegenüber von Sokrates Platz.

»Man muss das Eisen schmieden, solange es heiß ist«, erwiderte der Philosoph. »Begib dich sofort zu den beiden Räten und erkläre ihnen, dass ihre Reue sie bereits in Misskredit bringt, da sie damit beweisen, dass sie sich nur von Gefühlen leiten lassen und nicht von der Vernunft und der Fürsorge um die Stadt. Zeig dich unnachgiebig, ja verächtlich, aber sei nicht beleidigend. Ich vertraue dir. Sag ihnen, dass sie nur eines tun können, um ihren Fehler zu korrigieren und zu retten, was von ihrem Ansehen übrig bleibt: Sie müssen umgehend eine Delegation zu Perikles senden, bevor sich seine Abneigung gegen die Menschen und Athen verhärtet. Am besten heute Abend, spätestens aber morgen früh. Während sie die Mitglieder ihrer Delegation auswählen, begib dich eilends zu Perikles und erkläre ihm, dass seine Erhabenheit durch die Niedertracht und die Intrigen einiger Neider nicht geschmälert wird. Wenn man ihm anbietet, seinen Posten als Stratege wieder einzunehmen, müsse er das zum Wohle der Polis tun.«

»Begleite mich«, bat Alkibiades, »du kannst besser sprechen als ich.«

»Ich würde dich gern zu Perikles begleiten, aber nicht zu den Räten. Der Antrieb muss von dir kommen. Wenn es sein muss, unterstütze ich dich bei Perikles, aber ich will, dass du dich ihm gegenüber wie ein Mann verhältst, der würdig ist, sein Mündel gewesen zu sein.«

Alkibiades nickte, dann lächelte er.

»Du willst, dass ich in aller Öffentlichkeit meinen Mut unter Beweis stelle, nicht wahr?«

Sokrates lächelte ebenfalls.

»Eine halbe Stunde genügt, um jeden Einzelnen der Räte zu ermahnen. Ich warte hier auf dich. Dann gehen wir zu Perikles.«

Mit einer Kinnbewegung deutete Alkibiades sein Einverständnis an. Dann neigte er sich zu Sokrates und fragte ihn mit unterdrücktem Zorn:

»Ist denn der Demos ein betrunkenes Weib? Diese Undankbarkeit der Demokratie gegenüber Perikles und dann diese plötzliche Kehrtwendung! Ich stelle fest, dass die Oligarchen Recht haben. Man kann diesen Menschen nicht die Macht überlassen.«

»Hüte dich«, murmelte Sokrates. »Solche Worte stehen weder dem Mündel von Perikles zu, noch sind sie angebracht.«

»Du sprichst nochmals mit mir darüber? Versprich's mir.«

»Ich verspreche es.«

Der junge Mann erhob sich und schloss sich den drei Männern an. Von seinem Tisch aus beobachtete Teleklides ihn finsteren Blickes. Dann wandte er sich mit einem kläglichen Lächeln Sokrates zu. Doch der Philosoph musterte ihn nur aus klaren, eisblauen Augen.

Xanthippe hatte Recht, überlegte Sokrates. Sie hatte die ganze Zeit Recht gehabt, er konnte ihr nur beipflichten. Diese Ratte musste vernichtet werden. Aber vorher gab es Wichtigeres zu tun.

Die Hopliten, in deren Begleitung Teleklides sich befand, erzählten sich offenbar Zoten, denn sie lachten schallend. Aber welches Gefühl verriet dieses Lachen? Das der Überlegenheit? Die Götter konnten so lachen. Aber bei den Menschen war dieses Mienenspiel insgeheim ein Ausdruck der Grausamkeit.

20.

Der Fußtritt des Esels

A ls Alkibiades zurückkehrte, erkannte Sokrates zuerst an
seinem Schritt, dann an seinem Gesichtsausdruck, dass das
ehemalige Mündel des Strategen nicht den erwünschten Erfolg
gehabt hatte. Vielleicht, überlegte Sokrates, war Alkibiades nicht
der ideale Herold, um Perikles zu verteidigen. Zwar waren ihm
wegen seiner Tapferkeit bei der Belagerung von Poteideia
Lobpreisungen zuteil geworden, doch verdankte er seinen Ruf
mehr seiner Exzentrik als seiner politischen Kompetenz. Der
junge Mann nahm Platz und erklärte, dass die beiden Räte nicht
durch eine zu eilige Aufhebung der Absetzung ihr Gesicht
verlieren wollten. Es obliege den Anhängern des Perikles, im
Volk zu verbreiten, dass eine erneute Einsetzung des Perikles in
sein Amt möglich sei, damit die Meinungsänderung jener, die
ihn abgesetzt hatten, glaubhaft wirke.

Perikles seinerseits war nicht geneigt, auf die unbestimmten
Appelle, die seine Rückkehr forderten, zu hören. Bei einigen
Gastmahlen bei Aspasia, Alkibiades und einigen seiner Anhänger wirkte er müde und wenig willig, in sein Amt zurückzukehren. Er war sichtlich gealtert. Doch blickte er mit seinen vierund-
sechzig Jahren auf ein erfülltes Leben zurück.

Eines Abends bei Aspasia fragte ihn Protagoras in Anwesenheit seiner treuesten Freunde, darunter Alkibiades und Sokrates, ob er, wenn er nicht auf die Bitten seiner Anhänger reagiere, die Ideen, für die er eingestanden hatte, nicht in Gefahr brächte? Denn künftig wären sie ohne Staatsoberhaupt.

»Welche Ideen?«, fragte Perikles beiläufig und starrte auf seinen leeren Becher.

»Die der Demokratie«, erwiderte Protagoras.

»Wenn ich beobachte, wie diese ihre Diener behandelt, würde ich sagen, dass ein Tyrann mehr Dankbarkeit bezeugen würde.«

Sokrates verzichtete darauf, auf diese bittere Bemerkung einzugehen. Die Frage, die ihm Alkibiades gestellt hatte, beschäftigte ihn: »Ist der Demos ein betrunkenes Weib?« Der Stratege und Alkibiades stimmten also überein. Aber Perikles' Worte wurden vernommen. Alkibiades erklärte:

»Ein spartanischer König hätte dich tatsächlich nicht so behandelt.«

Niemand reagierte. Die Antwort war unbequem, denn sie gab stillschweigend den Feinden des Perikles, den Oligarchen, die Sparta große Bewunderung entgegenbrachten, Recht. Diener betraten jetzt den Raum, um den Nachtisch aufzutragen.

Sokrates berichtete Xanthippe mehr oder weniger genau von diesen kleinen Ereignissen. Seit der Sache mit Teleklides empfand er insgeheim Bewunderung für sie. Er hatte es ihr nie gestanden, damit es ihr nicht zu Kopf stieg, aber er schätzte ihre Überlegungen.

»Ihr Männer von Athen seid Heuchler«, sagte sie eines Tages. »So zeigen sich die Anhänger von Perikles als Verteidiger des Volkes, wo sie doch Aristokraten sind, die das Volk wie schwachsinnige Kinder behandeln. Und die Oligarchen, voller Verachtung für das Volk, bilden sich ein, unter Menschen, die genau wissen, dass sie verachtet werden, Soldaten und Seeleute erheben zu können.«

»Und was kann man dagegen tun?«, bemerkte er nachdenklich.

»Würdest du mich zur politischen Beraterin machen?«, fragte sie, und beide lachten.

Die Anhänger von Perikles, durch das Ausscheiden ihres Staatsoberhaupts zunehmend bedroht, organisierten eine Kampagne, die zu seiner Wiedereinsetzung führen sollte. Die Hoffnung war irrig und vielleicht war sie gerade aus diesem Grunde für den betrunkenen Demos verführerisch. Im Winter war Athen wie ein Schiff ohne Ruder. Die neun Strategen, die Perikles immer noch nicht ersetzt hatten, denn das war vor den Frühlingswahlen nicht möglich, brüsteten sich vergeblich: Keiner von ihnen besaß ein vergleichbares Charisma. Die Versammlung stand ihnen zunehmend feindlich gegenüber. Wenn sie das Wort ergriffen, um ihre militärischen Unternehmungen zu verteidigen, fanden sich immer einige, die ihnen dreist entgegenhielten:

»Und was sagt Perikles dazu?«

Auf der Straße schleuderten ihnen die Schurken, nicht weniger klug als unehrlich, entgegen:

»Nun, Gevatter, gehst du ohne deine Mama aus?«

Der Rat der Versammlung musste ebenfalls für derartige Beschimpfungen herhalten. Sobald ein Berater auf seinem Land die Kostenaufstellungen der Halbpächter überprüfte, wurde er unverblümt angesprochen:

»Was hört man da? Ihr habt Perikles abgesetzt? Habt ihr den Verstand verloren?«

»Er hat in die Staatskasse gegriffen, um die Tempel zu bauen und ...«

»Woher sollte er das Geld denn sonst nehmen?«

Ob im Guten oder im Bösen – Perikles verkörperte für sie die Macht. Alle anderen waren bestenfalls Hauptleute, Schwätzer oder Neider. Auf dem Land ist das Gefühl genauso stark wie das Wort und seine Bewohner sind keine Rechtsgelehrten.

Das Ende des Winters war für jene unbequem, die geglaubt hatten, Perikles loswerden zu können. Der Frühling war rau. Wenn sich Perikles in der Öffentlichkeit zeigte, was selten vorkam, bildeten sich Menschenschlangen, die ihm folgten, und die Athener riefen: »Wann bist du wieder im Amt?« Angesichts der Beliebtheit des abgesetzten Strategen wurde deutlich, dass dieser bei den nächsten Wahlen mit überragender Mehrheit gewählt werden würde. Seine Macht würde dann noch größer. Er wäre dann nicht nur einer der zehn Strategen, sondern ein Tyrann. Die beiden Räte hielten es für besser, Großmut zu heucheln und so zu tun, als ob sie ihn wieder in sein Amt einsetzen würden.

Drei Wochen vor den Wahlen stellten sie eilig zwei Delegationen zusammen und sandten sie zu Perikles. Die List war wohl plump, aber die starke Persönlichkeit von Perikles hatte sich durchgesetzt.

»Ich sehe«, sagte er zu ihnen, »dass ihr nicht anders handeln könnt und ich auch nicht.«

Beschämt taten die Delegierten so, als wäre ihre Bitte erhört worden, und stimmten Hochrufe an, wenn auch etwas gequält. Die Zusage des Perikles war damit besiegelt.

Im Laufe der vergangenen Monate hatte Athen allerhand Tiefschläge hinnehmen müssen. Erst die Epidemie, dann der

Verlust des Selbstvertrauens durch die Verbrechen, welche die Menschen voller Verzweiflung während der Epidemie begangen hatten, und das Gefühl, von den Göttern im Stich gelassen zu sein. Und schließlich die würdelose Absetzung des Mannes, der Athens Ruhm und Macht begründet hatte.

Als Perikles durch Alkibiades verlauten ließ, dass er bereit sei, sein Amt als Stratege wieder zu übernehmen, als er ins Strategeion zurückkehrte, die Athener sich um das Gebäude versammelten und ihn hochleben ließen, entstand der Eindruck, für Stadtstaat und Reich habe die Stunde der Genesung geschlagen.

Am gleichen Abend, als Perikles wieder seinen Platz als Erster Stratege einnahm, veranstalteten reiche Bürger – selbst jene, die nicht zu seinen Anhängern gehörten, die aber glaubten, ihr Verrat werde so in Vergessenheit geraten – auf der Agora, auf der Hunderte von Fackeln brannten, Gastmahle für das Volk. Die Menschen, die sich noch in ihren Häusern verschanzten, wie sie es während der Epidemie gewohnt waren, eilten zu diesem Platz, dem Mittelpunkt des Lebens. Musikanten spielten zum ersten Mal wieder heitere Melodien auf. Tänzer und Akrobaten, von Mäzenen bezahlt, unterhielten die Zuschauer. Auch der Hafen von Piräus erstrahlte im Lichterglanz bis tief in die Nacht hinein.

Xanthippe hatte darum gebeten, an diesen Festlichkeiten teilnehmen zu dürfen, und Sokrates ging mit ihr, den Söhnen und dem kleinen Philippos dorthin. Dieser ließ keine Sekunde den Ärmel seiner Adoptivmutter los und Sokrates wunderte sich über die große Zuneigung zwischen den beiden. Sie kamen an wohlriechenden Feuerstellen vorbei, auf denen Fisch, Geflügel, Lammspieße zubereitet wurden. Man servierte Zwiebel-, Rüben-, Gurkensalat und Käse. Die Wein- und Bierschänken waren gut besucht. Von den Ständen, an denen Jasmin verkauft wurde, ging ein betörender Duft aus.

Während die Nacht ihren Umhang ausbreitete, trat Perikles höchstpersönlich in Erscheinung, umgeben von seinen Anhängern. Hände streckten sich ihm entgegen, um ihm einen Becher Wein, einen Spieß gebratener Vögel oder ein Stück Huhn anzubieten. Die Leute erdrückten ihn fast. Man bat ihn um eine Rede, er versprach, sie am nächsten Tag zu halten. Einige glaubten, Aspasia begleite ihn, aber sie waren sich nicht sicher. Auch Alkibiades, umgeben von Athleten und Freunden, strahlte wie Apollon, wenngleich sein Lächeln ein wenig sarkastisch wirkte.

Xanthippe war noch nie so lange aufgeblieben. Sokrates befürchtete, sie könnte durch Zufall auf Teleklides stoßen, aber das Schicksal war gnädig. Sie hatte nämlich ihre Rache nicht vergessen und ihren Gatten wiederholt gefragt:

»Hast du Teleklides gesehen?«

»Nein. Im Übrigen weiß ich nicht, ob ich ihn wiedererkennen würde.« Er zog die Lüge einem Wutausbruch oder neuerlichen waghalsigen Unternehmungen seiner Gattin vor.

Erst als die Jungen müde waren, beschloss Xanthippe, nach Hause zu gehen. Sie hatte das Fest gesehen, hatte sich über die Tänzerinnen und Akrobaten amüsiert, und es gehörte nicht zu ihren Gewohnheiten, sich abends zu vergnügen.

»Wenn du diese Leute betrachtest«, bemerkte ihr Gemahl, »könnte man glauben, du seist die Mutter der Stadt.«

»Gestern hast du mich eine Priesterin der Nemesis genannt, heute vergleichst du mich mit Athene.«

Sie lachten, leicht beschwipst und vergnügt. Es war einer der allzu seltenen Abende, an denen sie sich daran erinnerten, dass sie verheiratet waren. Die Kinder waren außer Rand und Band über das, was sie gesehen hatten – und fest entschlossen, später Akrobaten zu werden.

Am nächsten Morgen erwachten sie, als mit einem Stock an die Haustür geklopft wurde. Xanthippe rannte zur Tür, gefolgt von dem alarmierten Sklaven.

Der Himmel war klar und die Luft frisch. Vor der Tür stand ein Abgesandter mit verzerrtem Gesicht. Er wollte umgehend Sokrates sprechen.

Dieser kam herbeigeeilt, leicht zerzaust, und erkannte, dass es sich um einen Sekretär des Perikles handelte.

»Sokrates«, keuchte der Mann, »Xanthippe, der Sohn des Perikles, ist heute Morgen an den Folgen der Epidemie gestorben. Auch Paralos ist von der Krankheit befallen.«

Die beiden legitimen Söhne des Strategen ... Sokrates schluckte schwer.

»Ich bin aus eigenem Antrieb zu dir gekommen, um dich zu unterrichten«, sagte der Sekretär. »Perikles kommt heute Morgen nicht in das Strategeion. Sag es bitte Alkibiades.«

Sokrates nickte und schloss die Tür hinter dem Sekretär. Er stand Xanthippe gegenüber.

»Ich hatte dir ja gesagt, dass die Epidemie noch nicht ganz vorbei ist«, sagte sie.

»Warum sucht das Schicksal Perikles schon wieder heim?«, murmelte Sokrates düster. »Xanthippe, ich flehe dich an, ruf nie wieder Nemesis an.«

Als Sokrates den beiden Räten die Nachricht überbrachte, waren sie betroffen, und die Athener ebenso. Gerade wollten sie ihren größten Strategen wieder in Ehren einsetzen, nachdem sie ihn gedemütigt hatten, da suchten ihn die Götter heim. Würde Athen seinen berühmtesten Verteidiger verlieren, nachdem es ihn gerade zurückgewonnen hatte?

Sokrates machte sich wegen der Epidemie Sorgen, nicht so sehr um seinetwillen als wegen seiner Familie. Er begab sich zu der Residenz, in der die verstoßene Ehefrau von Perikles mit ihren beiden Söhnen wohnte. Vor der Tür hatte sich eine Menschenmenge versammelt. Gemurmel erhob sich. Sokrates bahnte sich einen Weg. Als er im Innenhof angelangt war, erklangen Schreie. Er blieb stehen und fragte einen Sklaven, was los sei.

»Jetzt ist auch der zweite Sohn gestorben.«

Der Tod von Xanthippe war ja noch zu ertragen. Er und sein Vater waren seit langem zerstritten. Der Sohn hatte dem Vater vorgeworfen, seine Mutter wegen einer liederlichen Frau verlassen zu haben. Außerdem war er so verschwenderisch, dass sein Vater beschlossen hatte, seine Schulden nicht mehr zu zahlen. Aber Paralos! Der schöne Paralos, den das Schicksal mit Gaben und Tugenden verwöhnt hatte und den eine besondere Zuneigung mit dem Vater verband. Das war zu viel! Jeder dachte so und beklagte den Tod des Jüngeren wie den eines eigenen Sohnes.

Sokrates erblickte den Perikles, der von Freunden, Verwandten und Dienern gestützt wurde. Der Held schluchzte. Sokrates streckte die Arme nach ihm aus. Worte waren sinnlos. Der Philosoph ging auf den Saal zu, aus dem der Stratege getreten war. Zwanzig bis dreißig Personen umringten die Leichen der jungen Männer, die den Trauerkranz trugen. Die Stille wurde von vereinzeltem Schluchzen durchbrochen.

Dann eilte Sokrates zum Ausgang. Er begegnete Alkibiades, Sophokles und Protagoras, die gerade eingetroffen waren.

»Die Geschichte von Perikles ist nicht die Geschichte eines Mannes«, bemerkte Sophokles mit rauer Stimme. »Ich sage euch, es ist die Geschichte eines Zweikampfes mit dem Schicksal.«

»Dann sind die Götter Esel.« Alkibiades war bleich im Gesicht. »Denn was dieser bewundernswerte Mann soeben erhalten hat, ist der Fußtritt eines Esels.«

Protagoras senkte den Blick. »Vielleicht sind sie wirklich Esel – sofern es sie gibt.«

21.

Vorhang

Zwei Wochen später fanden sich bei einem Gastmahl des Kallias die Freunde von Perikles ein. Er selbst nahm an dem Mahl nicht teil. Sein Kummer war so groß, dass er nur aus dem Haus ging, um seine Aufgaben als Stratege zu erfüllen. »Zum Glück ist ihm der Sohn, den er mit Aspasia hat, geblieben«, bemerkte der Hausherr.

»Aber Aspasia ist eine Metökin«, wandte Alkibiades ein. »Und er selbst hat einst für ein Gesetz gestimmt, das jedem die Einbürgerung verweigert, der nicht von zwei Athener Bürgern geboren wurde.«

»Um genau zu sein«, mischte sich Sokrates ein, »verweigert dieses Gesetz nicht den Titel des Staatsbürgers, sondern die damit verbundenen politischen Rechte. Was letztlich aufs Gleiche hinauskommt, aber dieses Detail ermöglicht es Perikles vielleicht, einen politischen Trick anzuwenden.«

»Er kann also entweder das Gesetz außer Kraft setzen«, bemerkte Protagoras, »oder ein Ausnahmedekret erlassen, das dem jungen Perikles die Staatsbürgerschaft verleiht.«

»Du meinst wohl, er kann versuchen, es zu erlassen«, korrigierte ihn ein Gast.

Kallias war eingeschnappt.

»Ein solches Dekret würde, sofern er damit durchkäme, die Anschuldigung einer zu großen Machtfülle, die so oft gegen Perikles vorgebracht wurde, untermauern. Alkibiades, was hältst du denn davon? Du siehst ihn doch sehr oft.«

Alkibiades starrte auf seinen halb leeren Becher. Dann antwortete er mit ungewohntem Ernst: »Er ist sehr gealtert. Und von seinen Söhnen hat er den jungen Perikles am häufigsten gesehen. Es ist anzunehmen, dass er ihn in die Politik einweisen möchte. Er und Aspasia bringen ihn regelmäßig mit erfahrenen Männern wie Protagoras und Sokrates zusammen, aber auch mit einflussreichen Persönlichkeiten, und fördern die ernsten Gespräche mit ihnen. Außerdem kann ein Mann wie Perikles nicht zulassen, dass seine Linie mit ihm ausstirbt, vor allem nicht seine politische.«

»Du willst damit sagen, dass er für ein Ausnahmedekret plädieren würde«, sagte Kallias. »Wir sind also noch nicht über den Berg. Denn das wird für neuen Wirbel sorgen.«

Sie überlegten einige Augenblicke schweigend. Dann fragte Kallias Alkibiades, ob er dieses Jahr an den großen Dionysien[19] teilnehmen werde.

»Sicherlich«, bestätigte Alkibiades, »ich reise in Begleitung von Sophokles. Als wir darüber gesprochen haben, sagte er mir, er werde dort seine neueste Tragödie aufführen.«

»Wie heißt sie denn?«, wollte Sokrates wissen.

»›König Ödipus‹. Es ist die Geschichte des Thebanerkönigs, spielt in einem Land, das von einer mysteriösen Geißel heimgesucht wird«, erwiderte Alkibiades. Ein Lächeln umspielte seine Mundwinkel. »Ödipus wird vom Schicksal verfolgt und begeht Morde, für die er nicht verantwortlich ist. Je mehr er sich auflehnt, desto ohnmächtiger wird er. Mehr weiß ich nicht.«

Sokrates lächelte ebenfalls. Er schien nachzudenken.

»Aber das ist ja die Geschichte von Perikles«, rief Kallias.

»Sophokles hat sein Stück erst vor kurzem geschrieben[20].«

»Tatsächlich«, stimmte Alkibiades zu. »Im Übrigen hat Sophokles Perikles eingeladen. Vergiss nicht, dass Sophokles vor zehn Jahren ebenfalls Stratege war. Er hat mir anvertraut, er sei froh, bei den Wahlen nicht vertreten zu sein.«

»Perikles verkörpert offenbar diese Stadt«, rief Protagoras. »Ganz gleich, worüber wir reden, immer kommen wir auf ihn zu sprechen.«

»Man hat mir berichtet, dass man bei den großen Dionysien viele Schönheiten sieht.« Kallias wollte das Thema wechseln.

»Was für eine Dreistigkeit!« Alkibiades spielte den Entrüsteten. »Jedenfalls können sie es mit deiner nicht aufnehmen, mein lieber Kallias. Letztes Jahr hat Sophokles dort den jungen Mann aus der Delegation von Phrygien kennen gelernt, dem jetzt sein Herz gehört.«

Die Stimmung war gelöst, aber dennoch zogen sich die Gäste früh zurück. Seit der Epidemie schienen die Menschen ihre Kräfte zu schonen. Bei seiner Ankunft zu Hause entdeckte Sokrates, dass Xanthippe und die Kinder der neuen Dienerin lauschten, die ihnen im Schein der Lampe aus der Odyssee vorlas.

»Nemesis bildet sich«, begrüßte Xanthippe ihren Gemahl. »Wir sind gerade mit Teiresias im Hades.«

Sokrates lächelte gerührt.

»Philippos hat uns gefragt, ob sein Vater dort sei. Und ich denke auch an die Schatten, die dort herumgeistern«, erwiderte sie und warf ihrem Gatten einen viel sagenden Blick zu.

Er zuckte die Achseln und zog sich zurück. Sie hatte also nicht vergessen. Aber wie würde sie es anfangen?

Einige Tage nach dem Gastmahl bei Kallias bestätigte sich die Bemerkung des Protagoras, Perikles stehe für die Stadt Athen. Der Stratege beantragte nämlich zu Beginn der Sitzung der Volksversammlung für seinen Sohn die Einbürgerung. Wenige Stunden später wusste es die ganze Stadt. Die Angelegenheit des »anderen Perikles« war in aller Munde. Man lud sogar Sekretäre ein, damit sie aus dem Plädoyer des Strategen rezitierten.

Und als die beiden Räte dem jungen Perikles das Privileg, das sein Vater für ihn beantragte, einräumten, versammelte sich auf der Agora eine Menschenmenge. Alle wollten miterleben, wie der Held mit seinem Sohn das Strategeion verließ, und seine Begleiter bahnten ihnen einen Weg.

»Der Lärm dieses Menschenmeers ist seltsam erschreckend«, murmelte Sophokles an seine Begleiter gewandt, unter ihnen auch Alkibiades. »Wir alle gleiten auf dem Meer dahin, auf der Suche nach einem Hafen.«

Das Licht der untergehenden Sonne erleuchtete die Szene. Bettler und Machthaber waren gleichermaßen in rotes Gold gehüllt, dessen Glanz sich nicht einmal Zeus hätte vorstellen können.

Nun konnte man aufatmen. Die öffentliche Gerechtigkeit war wiederhergestellt. Fünf Tage später, auf der Bühne des Dionysos-Theaters am Fuße der Akropolis, deklamierte der Chorführer die letzten Verse aus »König Ödipus« von Sophokles: »Drum, ist einer sterblich, achtet drauf, nach jenem letzten Tag/auszuschauen: keinen darf man glücklich preisen, eh er denn/an des Lebens Ziel gelangt ist und kein Leid erduldet hat.«

In der ersten Reihe des stufenförmigen Theaters saß die kleine Gruppe mit den Wortführern Sophokles, Sokrates und

Alkibiades. Ein Abgesandter tauchte auf und flüsterte Alkibiades etwas ins Ohr. Dieser neigte sich daraufhin zu Sophokles. Im gleichen Moment brandete Beifall auf. Der Gesichtsausdruck des Dichters verfinsterte sich. Er erhob sich, wandte sich den Zuschauern zu und hob die Arme, um ihrem Beifall Einhalt zu gebieten. Alle warteten überrascht auf seine Ankündigung. Sophokles stieg auf die Bühne. Ohne dem Schauspieler zu gratulieren, der die Rolle des Chorführers übernommen hatte, hob er erneut die Arme.

»Athener!«

Es wurde totenstill.

»Athener, soeben habe ich erfahren, dass Perikles vor einer Stunde für immer die Augen geschlossen hat. Seine Tragödie ist beendet! Ein Held ist von uns gegangen. Wir alle haben einen Vater verloren.«

Alkibiades hatte den Kopf in die Hände gestützt und kämpfte gegen die Tränen an.

II.

DER VERRAT DES SOHNES

1.

Allerhand Verwicklungen

Diese Ereignisse, die in den kommenden Jahrhunderten immer wieder analysiert wurden und die das Schicksal der Welt verändern sollten, standen auf den ersten Blick in keinem Zusammenhang mit Xanthippe und ihrem Racheplan. Und doch ...

Zwei voneinander unabhängige Elemente zeigten ihr einerseits die von Sophokles angeprangerte Bosheit der Götter und andererseits die Schwäche der menschlichen Kreatur, gemessen an den Plänen der olympischen Gottheiten.

Die Bosheit der Götter wollte es, dass der Mann, den Xanthippe nach der Ermordung von Philippidos am meisten auf der Welt hasste, nämlich Alkibiades, nach Perikles in Athen und im Reich der angesehenste Mann wurde. Die Götter schienen ihm gewogen. Er war erst zwanzig und ehemaliges Mündel des verstorbenen Strategen. Zudem war er ein Alkmäonide und diese Familie schien die Politik des Stadtstaates zu bestimmen. Seit fast zwei Jahrhunderten bekleideten die Alkmäoniden die höchsten Ämter, was ihnen bei einigen erbitterte Feindschaft einbrachte. Die Alten der Stoa würden es philosophisch so ausdrücken: Je größer die Verdienste eines Mannes, desto größer der Neid. Außerdem war Alkibiades tapfer, hatte sich in mehreren militärischen Unternehmen hervorgetan. Und er war schön, was bedeutete, dass ihm die Götter wohlgesonnen waren. Schließlich war er reich; also musste er ehrenwert sein.

Doch dieser Punkt gab Anlass zur Kontroverse.

Gewiss, Alkibiades war reich. Doch wenn man den Worten der Bankkaufleute lauschte, die sich während der Mittagspause, wenn der Rat der Fünfhundert seine Sitzung unterbrach, in der Schenke der Stoa einen kleinen mit Wasser vermischten Chios genehmigten, drängte sich der Verdacht auf, dass sein Vermögen vielleicht gar nicht so beträchtlich war.

»Sag«, fragte einer von ihnen seinen Kollegen, »wie denkst du über die finanzielle Lage des Alkibiades?«

»Das frage ich mich gerade selbst. Eben hat er mich gebeten, ihm zweihundert Goldstater zu leihen.«

»Dich auch?«

»Willst du damit sagen, dass er dich auch schon darauf angesprochen hat?«

»Ja, gestern.«

Die beiden tauschten einen besorgten Blick.

»Ich verstehe nicht, weshalb er so viel Geld benötigt«, erwiderte der Erste. »Die Einkünfte aus seinen Landgütern belaufen sich jährlich auf mehr als zweitausend Stater.«

»Und er besitzt zehn Rennpferde, die er bei allen möglichen Rennen anmeldet. Dann die Unterhaltskosten für Stallungen, Knechte und Stallmeister. Von seinem Hauswesen, den Köchen und Gastmählern ganz zu schweigen. Schließlich Kleider, Kunstgegenstände und vieles mehr! Er braucht nicht nur zweitausend Stater, er braucht das Vermögen aller Alkmäoniden.«

»Und hast du ihm das Geld gegeben?«

»Er hat mir die hundertachtzig Stater, die ich ihm letztes Jahr geliehen habe, noch nicht zurückgegeben. So frage ich mich, ob ich ihm erneut Geld leihen soll. Ich wollte erst mit dir darüber reden.«

»Man müsste wissen«, fuhr der Erste nach kurzer Überlegung fort, »bei wie vielen anderen Geldverleihern er Geld geliehen hat und in welcher Höhe.«

»Das Gleiche habe ich auch gedacht.«

Wieder warfen sie sich einen beunruhigten Blick zu.

»Ja, aber da es sich um Alkibiades handelt, dürfte es schwierig sein, ihm Geld zu verweigern.«

Kurzum, Alkibiades benötigte Geld. Und das machte die Runde. Sogar Xanthippe wusste es, da Leto sie reichlich mit Informationen versorgte.

Auch Teleklides erfuhr von den finanziellen Schwierigkeiten des Alkibiades. Er hatte sich nach Zea in der Nähe von Piräus zurückgezogen, denn Ktimenos hatte ihn unterrichtet, dass in der Stadt immer noch böse Gerüchte über ihn im Umlauf waren. Daraufhin hatte er sich ein bescheidenes Quartier im kleinen Fischerhafen besorgt. Er langweilte sich, erinnerte sich vor einem billigen Becher Wein an die vergangenen glanzvollen Zeiten, als er es sich mit zwei oder drei Zechkumpanen gut gehen ließ. Er hätte seine eigene Mutter verkauft, wenn er damit die Gunst von Alkibiades hätte zurückgewinnen können. Aber als er sich eines Nachts zum letzten Mal seinem Idol und Geliebten genähert hatte, hätte er sich fast eine der Ohrfeigen eingehandelt, für die Alkibiades bekannt war.

Ktimenos, der ihn ein- bis zweimal pro Woche besuchte und seine einzige Verbindung zur Stadt war, brachte eines Tages außerordentliche Neuigkeiten.

»Hör zu, gestern war ich im Büro für Zivilangelegenheiten im Rat der Magistrate, und man hat mich gefragt, ob ich wisse, wo du seist«, berichtete Ktimenos ihm.

»Und was hast du geantwortet?«, fragte Teleklides beunruhigt.

»Ich habe vorsichtig gefragt, was man von dir wolle.«

»Und?«

»Man hat mir erwidert, man suche dich aus zweierlei Gründen ... Nein, beruhige dich, es sind keine schlechten Nachrichten. Das Militärbüro des Strategeion möchte dir für deine Tapferkeit beim letzten Peloponnes-Feldzug eine Auszeichnung überreichen. Der Angestellte für Militärangelegenheiten hat sich, weil er dich nicht gefunden hat, an seinen Kollegen für Zivilangelegenheiten gewandt. Und dieser hat mich informiert, dass man dich wegen einer Erbschafts- und Vormundschaftsgeschichte suche.«

Teleklides' Augen funkelten.

»Erbschaft?«

»Nicht direkt. Aber hör zu. Da Philippidos sowie seine gesamte Familie tot sind, mit Ausnahme von Philippos, braucht dieser Junge einen Vormund.«

Teleklides richtete sich auf.

»Xeniados ist tot?«, fragte er.

»Xeniados, seine Frau und seine Tochter wurden von der Epidemie dahingerafft. Das Erbe ist beträchtlich.«

Ktimenos ließ Teleklides einen Augenblick zappeln.

»Fünftausend Stater Jahreseinkommen.«

»Fünftausend Stater«, wiederholte Teleklides verwirrt.

»Ja. Wenn man die Zinsen hinzurechnet, wird der junge Philippos nach seiner Volljährigkeit einer der reichsten Männer Griechenlands.«

»Wie alt ist er?«

»Acht. Sein Vermögen beläuft sich, die Zinseszinsen nicht gerechnet, auf fünfzigtausend Stater.«

»Fünfzigtausend Stater!«, rief Teleklides. »Ich muss nach Athen zurückkehren.«

»Warte«, sagte Ktimenos und biss in eine Olive. »So einfach ist es nicht. Du hast mir vorgeworfen, ich hätte dieser Megäre vom Tempel der Nemesis zu viel gesagt. Ich muss dich warnen. Als Vormund verwaltest du wohl das Vermögen des Jungen, hast aber kein Recht, dich daran zu bereichern. Du musst wissen, dass außer Alkibiades, der dir nicht eben zugetan ist, und der berühmten Priesterin der Nemesis in Athen noch andere vermuten, dass du ... du weißt schon. Aus diesem Grund hatte ich dir empfohlen, eine Zeit lang aus Athen zu verschwinden.«

Teleklides trank einen Schluck von dem säuerlichen Wein und fuhr fort: »Du musst dir der Gefahr bewusst sein, die dir droht, wenn du deine Auszeichnung und die Unterlagen für die Vormundschaft abholst: Vielleicht liegt eine Anklage gegen dich vor, die beides aufhebt, ja noch schlimmer, die dich zum Tode verurteilt.«

Teleklides ließ die Schultern hängen. Glück und Schwert erwarteten ihn gleichermaßen.

»Das sind ja Tantalusqualen«, brummte er. Dann belebte er sich. »Vielleicht kannst du herausfinden, ob eine Anklage vorliegt ...«

»Ja, das kann ich tun. Aber in der Zeit, da ich auf dem Weg zu dir bin, kann sie auf dem Schreibtisch des Büros für Zivilangelegenheiten landen.«

»Was soll ich also tun?«

»Ich weiß nicht. Ich beschränke mich darauf, dich zu informieren.«

Sie warfen einen langen Blick auf das wogende Meer. Plötzlich rief Teleklides: »Da wäre ja noch Alkibiades!«

»Was soll das bedeuten?«

»Hör zu«, fuhr Teleklides mit blitzenden Augen fort. »Du hast mir doch erzählt, dass Alkibiades Geld braucht. Wenn ich reich bin, kann ich ihm helfen. Ktimenos, du kehrst sofort nach Athen zurück, suchst Alkibiades auf und sagst ihm, dass ein großes Vermögen auf mich wartet. Ich kann ihm Geld leihen, sofern ...«

»Sofern?«

»Er mir hilft, mich beschützt.«

»Alkibiades? Aber er hasst dich! Er hat sehr an Philippidos gehangen, auch wenn sie Streit hatten. Und wie soll er dich beschützen?«

»Seine Hetärie ist mächtig. Er kennt alle Freunde von Perikles. Er gilt bereits als einflussreicher Mann. Er kann bewirken, dass ich als Vormund des Jungen auftrete ...«

Ktimenos überlegte kurz. Dann erwiderte er:

»Weder will ich dir falsche Hoffnungen machen, noch dich entmutigen. Aber denk daran, du verlangst von Alkibiades, seine neu erworbene politische Macht wegen einer unverzeihlichen Tat aufs Spiel zu setzen.«

»Ktimenos«, erwiderte Teleklides mit drohendem Unterton, »Alkibiades läuft gleichermaßen Gefahr, wenn ich verurteilt werde oder er mir hilft. Sein Ruf ist nun einmal angeschlagen.«

Ktimenos musterte den anderen missbilligend. »Ich halte es nicht für sehr diplomatisch, jemanden, von dem du einen Gefallen erbittest, zu bedrohen. Aber ich will tun, was ich kann.« Er erhob sich.

Teleklides begleitete ihn bis zur Tür und sah ihm nach, bis er hinter den Wacholderbeersträuchern verschwunden war. Dann nahm er wieder Platz. Er fühlte sich wie ein geprügelter Hund.

Zur gleichen Zeit erlebte Sokrates eine der schlimmsten Stunden seiner ganzen Ehe.

Mild gestimmt traf er beim Rat der Magistrate ein. Dort betrat er das Büro des mit Zivilangelegenheiten betrauten Beamten, um die Akte in Empfang zu nehmen, die ihn zum Vormund des jungen Philippos, Sohn und Alleinerben von Philippidos, Sohn und Alleinerbe von Xeniados, des Demos von Kolargos, benennen und damit beauftragen würde, das von Xeniados hinterlassene Vermögen mit Weisheit zu verwalten und zu mehren.

Aber der Beamte erklärte ihm, er habe aus gewichtigen Gründen diese Akte nicht angefertigt.

»Ich habe mich in Prytanäa und Kolargos, dem Demos, dem der Prytane Xeniados angehört hat, erkundigt. Der Tod von Xeniados und seiner Familie hat dort große Trauer erregt und man verfolgt die Erbschaftsangelegenheit mit Aufmerksamkeit. Der Landbesitz von Xeniados war nämlich beachtlich. Man hat mir geantwortet, es gebe noch ein lebendes Familienmitglied, das nach dem Brauch befugt ist, dem Kind als Vormund zu dienen.«

»Ah? Und wer ist das?«

»Der Cousin von Philippidos. Er heißt Teleklides.«

»Teleklides«, stieß Sokrates hervor.

»Ja. Er ist ein junger Mann von zwanzig Jahren, der während des letzten Feldzuges gegen den Peloponnes unter Skymnos und natürlich unter Perikles tapfer gekämpft hat. Er hat sich dabei hervorgetan. Das Büro für Militärangelegenheiten hat

mich unterrichtet, dass man ihn sucht, um ihm die Auszeichnung zu überreichen.«

Die Vorstellung, dass man einem Kind den Mörder seines
Vaters als Vormund an die Seite gab, raubte Sokrates den Atem.
Ihm fehlten die Worte.

»Nur wenn dieser Teleklides tot wäre oder auf die Vormundschaft verzichtete«, fuhr der Beamte fort, »würden wir uns an
dich wenden.« Bei diesen Worten lächelte er.

Sokrates stand bewegungslos im Gang und betrachtete diese
gleichermaßen unvorhergesehene wie verheerende Situation
von allen Seiten. Xanthippes Wutausbrüche waren voller unter-
schwelliger Vorahnungen gewesen: Wenn Teleklides der Justiz
gemeldet worden wäre, wie sie es immer gefordert hatte, befän-
de er sich nicht in dieser Lage. Aber was konnte er tun? Und
welche Beweise hatte er?

Das Schicksal scheint niemals so grausam zu sein, als wenn es
dem Menschen den ersten Schlag versetzt: Dann folgt ein
zweiter und dann ein dritter, um sicherzustellen, dass das Opfer
die Botschaft begreift. In diesem Augenblick tauchte Xanthippe,
wie in einem bösen Traum, am anderen Ende des Ganges auf,
gefolgt von Leto. Dieses Mal würde ihm seine ganze Redekunst
nichts helfen, dachte Sokrates bei sich.

»Was hast du?«, fragte sie. »Du bist so blass, als ob du einen
Schatten der Unterwelt erblickt hättest.«

»Was ... was tust du hier?«, stieß er mühsam hervor.

»Ich komme aus dem Büro für Militärangelegenheiten.«

Was mochte Xanthippe da zu tun haben?, fragte er sich
verdutzt.

»Warum denn das?«

Selbst Leto schien über das Verhalten ihres Herrn erstaunt.

Xanthippe wurde ungeduldig. »Was hast du denn heute? Hast du einen Kieselstein im Mund? Hast du getrunken? Ich komme regelmäßig hierher, um Informationen über diese Ratte Teleklides zu erhalten.«

»Ah ...«

»Und heute habe ich erfahren, dass dieser Mörder ...« Sokrates gab ihr ein Zeichen, die Stimme zu dämpfen.»... dass dieser Mörder eine Auszeichnung erhält. Aber ich werde den Führer der Hopliten höchstpersönlich aufsuchen und ihm sagen, was es mit Teleklides auf sich hat.«

Bei der Vorstellung, dass sich eine neue Komplikation ergeben könnte, weiteten sich seine Augen vor Entsetzen.

»Hast du die Vormundschaftsakte erhalten?«, fragte sie und näherte ihr Gesicht dem ihres Gemahls, vermutlich, um seinen Atem zu prüfen.

»Nein«, erwiderte er gepresst.

»Und warum nicht?«

»Weil es noch ein lebendes Familienmitglied gibt, das als sein Vormund berufen wird.«

»Ein Familienmitglied? Wer denn? Rede endlich!«

»Teleklides«, erwiderte er und hielt ihrem Blick stand.

Xanthippe stieß einen solchen Schrei der Entrüstung aus, dass mehrere Beamte aus ihren Büros kamen. Sokrates befürchtete, sie würde nun lautstark verkünden, was sie wusste, und zerrte sie mithilfe von Leto aus dem Gebäude.

Draußen ließ sie ihrem Zorn freien Lauf, packte Sokrates am Gewand und schrie: »Hör mir gut zu. Lieber sterbe ich, als dieses Kind dem Mörder seines Vaters auszuliefern! Verstehst du mich?«

Die Vorübergehenden wandten sich um.

»Ich bringe ihn eigenhändig um und dann bist du der Vormund von Philippos. Oder ich lasse ihn durch einen gedungenen Mörder umbringen und lege den Leichnam vor den Areopag. Dann veranlasse ich die Tötung des Alkibiades, des eigentlichen Schuldigen.«

Sokrates ballte die Faust.

»Frau, du erregst Aufsehen. Damit bewirkst du nur, dass du jene alarmierst, die nicht alarmiert werden sollen. Reiß dich zusammen!«, befahl er.

Sie hielt keuchend inne.

»Wir bringen sie zum Brunnen, damit sie einen Schluck Wasser trinken kann«, sagte Sokrates. »Sonst bekommt sie noch einen Herzanfall.«

Als Xanthippe Wasser getrunken und sich beruhigt hatte, brach sie in Schluchzen aus und klagte, dass die Götter sie im Stich gelassen hätten.

»O Nemesis, Nemesis«, rief sie und wies mit der geballten Faust zum Himmel. »Üb du für mich die Rache, wenn es dich gibt. Vernichte alle Schurken, die in diesem Land der Ungerechtigkeit frönen.«

Erneut wandten sich die Vorübergehenden um und lauschten. Einige blieben sogar stehen, denn sie hatten Sokrates erkannt. Schließlich versiegten Xanthippes Tränen und sie fragte Sokrates mit drohender, unheilvoller Stimme:

»Und was willst du jetzt unternehmen?«

»Das Ganze ist nicht so dringlich«, erwiderte er gemessen. »Niemand weiß, wo sich Teleklides aufhält. Vielleicht weiß er, dass mehrere Personen ihn des Mordes verdächtigen. Ich glaube nicht, dass er sich in den nächsten Stunden zeigen wird. Wenn jemand nach Philippos fragen sollte, sag einfach, dass du nicht weißt, wo er ist. Leto soll ihn bei den Nachbarn verstecken. Und ich werde mich darum bemühen, dass Teleklides verurteilt wird.«

»Wie denn? Ich dulde nicht, dass du ein Geheimnis daraus machst!«

»Ich suche Alkibiades auf«, erwiderte er düster.

2.

Herkules zwischen Tugend und Laster

Sokrates brauchte in der Diele des luxuriösen Hauses nicht lange zu warten. Kaum hatte der Diener Alkibiades seine Ankunft gemeldet, da kam dieser heraus.

»Welch seltene Ehre!«, rief Alkibiades und umarmte seinen Gast zur Begrüßung. »Ein unvorhergesehener Besuch! Sag mir schnell den Grund. Und verzeih mir, wenn ich mich erst von einem anderen Besucher verabschiede, den du bei einem unseligen Gastmahl in meiner Begleitung gesehen hast.«

Sokrates' Herz tat einen Sprung. War das Teleklides? Nein, es war Ktimenos. Die beiden Besucher sahen sich flüchtig, ohne sich zu grüßen. Hätte Sokrates auf seine innere Stimme gehört, wäre er gegangen. Aber er blieb.

Ktimenos richtete dann doch noch ein paar Grußworte an ihn, wirkte aber keineswegs ungezwungen.

Dem Hausherrn entging nicht, wie steif sich seine beiden Besucher verhielten.

»Ihr scheint euch zu erinnern. Aber ihr wirkt nicht gerade erfreut über das Wiedersehen.«

»Wir haben uns in der Zwischenzeit bereits einmal getroffen«, erwiderte Sokrates und griff nach dem Silberbecher, den ihm ein Diener reichte, während ein anderer Wein einschenkte.

»Ihr habt euch wiedergesehen?«, fragte Alkibiades überrascht.

»Es war am Tag, nachdem Ktimenos einer geheimnisvollen Fremden, seinen Worten nach eine Priesterin aus dem Tempel der Nemesis, gestanden hat, dass es ihm nicht gelungen war, Teleklides einzuholen, um ihn an der Ermordung des Philippidos zu hindern. Der Mörder befand sich in Begleitung von Ktimenos und versuchte verzweifelt, sich noch am gleichen Tag bei den Hopliten zu verdingen, um somit der strafenden Gerechtigkeit zu entgehen. Um einen Skandal zu vermeiden, hat Perikles dem Skymnos befohlen, ihn an Bord eines Schiffes zu nehmen, das zum Peloponnes fuhr.«

Alkibiades verlor plötzlich sein strahlendes Lächeln.

»Das wusste ich nicht. Ktimenos, warum hast du mir das alles nicht berichtet?«

»Weil es nichts mit meiner Begegnung im Gymnasium zu tun hatte.«

»So weiß also jemand über die Schuld von Teleklides Bescheid«, sagte Alkibiades düster. »Warst du im Tempel der Nemesis, um die Priesterin zu fragen, woher sie ihr Wissen hat?«

»Für nichts auf der Welt würde ich diesen Tempel betreten«, sagte Ktimenos mit Nachdruck. »Und ich glaube nicht mehr, dass diese Frau eine Priesterin war. Die Worte, die sie sprach ...«

»Was für Worte?«, wollte Alkibiades wissen.

»Sie hat gesagt, dass ich mich eines Tages daran erinnern würde, dass mich eine Frau geboren hat.«

Sokrates Augenbraue zuckte.

»Machen wir Schluss damit«, sagte er energisch. »Es wissen also fünf Personen Bescheid. Mykilos, Anführer der Späher von

Perikles. Du, Alkibiades, Ktimenos, ich und diese geheimnisvolle Frau. Früher oder später kommt die Wahrheit ans Licht. Ktimenos, weshalb bist du hier? Willst du dich für Teleklides einsetzen?«

»Woher weißt du das?«, fragte Alkibiades erstaunt. »Ist es ein Daimon[21], der dir das eingegeben hat?«

Seufzend nahm er Platz.

»Ja, Ktimenos ist seinen Freunden treu, im Unglück und auch, wenn der Überschwang eines Freundes aus ihm einen Mörder gemacht hat. Er hat mich gebeten, mich dafür einzusetzen, dass Teleklides beim Magistrat vorsprechen kann, um die Belohnung für seinen Mut während des Krieges in Empfang zu nehmen . . .«

». . . und die Urkunde, die ihn zum Vormund des Sohnes seines Opfers machen würde«, donnerte Sokrates.

»Du weißt wirklich alles, was auf Himmel und Erden vor sich geht«, rief Alkibiades. »Es stimmt. Durch die Vormundschaft verfügt er über das Erbe des Xeniados, das beträchtlich ist.«

»Und Teleklides kann dir Geld borgen«, fuhr Sokrates düster fort und stellte seinen Becher ab.

Es war zur Mittagszeit, die Meeresbrise brachte Kühlung. Sokrates trat ans Fenster.

»Ktimenos, deine Treue ehrt dich«, sagte er langsam. »Deren Nutznießer ist mir verhasst, aber ich achte deine Treue. Du betrachtest sie wie einen Eid und genauso muss sie verstanden werden. Aber dieser Eid wurde stillschweigend unter dem Schutz von Zeus vollzogen, und ich glaube nicht, dass die Götter damit einverstanden sind, dass ein achtjähriges Kind dem Mörder seines Vaters anvertraut wird.«

Er wandte sich um. Die beiden Männer hielten die Köpfe gesenkt.

»Alkibiades, ich weiß, dass du Teleklides bereits aus deinem Freundeskreis verbannt hast. Du hast seine Unfähigkeit, seinen Leidenschaften, vor allem den weniger edlen, zu widerstehen, erkannt. Er hat Philippidos aus Dummheit und Mordlust getötet, um dir seine Ergebenheit zu beweisen. Aber er hat dich verkannt. Außerdem bitte ich dich, Folgendes zu überlegen: Ein so verachtenswerter Mann könnte in einem Anfall von Wahnsinn das Kind töten, weil er dann sein einziger Erbe wäre.«

»Nein«, rief Ktimenos. »Gebt ihm eine Chance!« Und an Alkibiades gewandt: »Er hat an deinen Mahlzeiten teilgenommen, hat das Lager mit dir geteilt, genau wie ich, und nachdem Philippidos dich mit Vorwürfen überhäuft hatte, wollte er dir durch einen Bravourakt gefallen.«

»Auch Philippidos war mein Freund«, erwiderte Alkibiades und hob die Hand. »Und ich hatte Teleklides nicht gebeten, ihn zu töten. Er hat unter dem Einfluss von Alkohol und Eitelkeit gehandelt, nicht etwa aus Liebe.«

Sokrates schüttelte den Kopf. Der Einfluss der Liebe! Er kannte ihn.

»Gib ihm nur eine einzige Chance«, bettelte Ktimenos.

»Geben wir der Schlange die Chance, erneut zuzubeißen?«, warf Sokrates ein.

Alkibiades erhob sich und zog Sokrates heftig in die Arme. »Sokrates! Du bist mein Gewissen. Nein, ich werde Teleklides nicht decken.«

»Wohl gesprochen«, meinte Sokrates. »Nun wollen wir das Kind schützen. Wenn Teleklides erneut von dir zurückgewiesen wird, wird er alle Tricks anwenden, um Vormund zu werden.«

»Willst du damit sagen, dass ich ihn anzeigen soll? Sokrates, das kann ich nicht.«

»In diesem Fall«, erwiderte Sokrates, »müssen wir dafür sorgen, dass er sich selbst anzeigt.«

»Aber wie?«

Ktimenos hörte ihnen entsetzt zu. Schließlich ging er auf Alkibiades zu, küsste ihm die Hände und brach in Tränen aus.

»Durch dich werde ich zum Unglücksboten, aber ich bleibe dir ergeben.« Damit stürzte er hinaus.

»Lauft ihm nach!«, rief Alkibiades den Dienern zu. »Bringt ihn zurück!«

»Warum?«, fragte Sokrates, erstaunt über diese Kehrtwendung.

Und er entdeckte an Alkibiades einen listigen Zug, den er bisher nicht an ihm wahrgenommen hatte.

»Ich habe da so eine Idee. Das Tier muss aus seinem Bau gelockt werden«, erwiderte Alkibiades. »Man muss sich der Gefahr stellen, sonst kommen wir nicht zum Ziel. Ich werde es dir erklären.«

Und als man den fassungslosen Ktimenos zurückgebracht hatte, sagte Alkibiades zu ihm:

»Ktimenos, du hast mich nicht richtig verstanden. Ich kann Teleklides' Plan, Vormund zu werden, nicht unterstützen, aber ich denke, er sollte aus dem Schatten treten. Vielleicht können wir eine mildere Strafe erwirken. Sag ihm, er soll mich aufsuchen.«

3.

Die innere Gerechtigkeit

I n Athen kannten nur wenige den Namen des Teleklides. Die Stadt hatte mit Müh und Not die Epidemie überwunden, die Bedrohung durch die Lakedämonier abgewehrt, sich von den Erschütterungen, die die letzten Monate der Herrschaft des Perikles geprägt und die Bürger Gewissenskonflikten und endlosen Streitigkeiten ausgesetzt hatten, erholt. Nun sehnte sie sich nach Ruhe. Die Flüchtlinge kehrten auf ihre Ländereien zurück, kehrten einer Stadt den Rücken, in der ein grauenhafter Tod sie bedroht hatte und deren Lebensstil ihrer ländlichen Kargheit nicht entsprach.

Nach Perikles' Tod fühlten sich seine Anhänger verwaist, und sogar seine Feinde empfanden die Leere, die der Tod eines großen Mannes schafft. Mehrere ehrgeizige Männer strebten seine Nachfolge an. Der rührigste unter ihnen war Kleon, ein reicher Gerber, ein Großmaul, das Rohheit mit Charakter verwechselte, ein dreister Demagoge, zum Schlimmsten fähig – kurzum ein Mann, den Demokraten und Oligarchen gleichermaßen mit Misstrauen betrachteten. Und über Nikias, einen ewig Unentschlossenen, sagte Aristophanes: »Jedes Mal, wenn er pissen muss, fragt er sich, ob er gehen soll oder nicht.« Nein,

Perikles hatte keinen Nachfolger, und sein Schatten lag noch immer über der Stadt.

Athen erinnerte an ein Schiff ohne Befehlshaber. Mitglieder des Rats der Fünfhundert machten sich eines Morgens auf den Weg, um das Orakel in Delphi zu befragen, wer der weiseste Mann des Reichs sei. Dieser könnte dann vielleicht als Nachfolger dienen.

Die Böswilligen machten sich über die Sorgen der Fünfhundert lustig: Da sich das Orakel immer sehr sibyllinisch äußerte, würde man den gewünschten Nachfolger nie finden. Athen würde von Titelanwärtern überschwemmt werden.

Das Volk übrigens verspürte kein Verlangen nach Weisheit, sondern wollte die durch die Epidemie eingebüßten Vergnügungen genießen, vor allem die der Liebe. Kaum war die Sonne untergegangen, da hallten die Wälder, die Flüsse von Eridanos, die Strände und Felsen der Bucht von ekstatischen Schreien wider. Was spielte sich dort ab? Junge Männer genossen die Liebesfreuden mit einer Jungfrau, deren Brüste fest waren und deren Sinne entflammt. Die Händler von Epigrammen und Jasminhalsbändern freuten sich über klirrende Münzen, die Hetären ebenso: Ihnen galt die Leidenschaft jener, die das Alter von nächtlichen Unternehmungen in freier Natur ausschloss, weil Herz und Füße ihnen nicht erlaubten, über felsige Pfade zu klettern.

In dieser Zeit wurde Xanthippe manchmal von der Melancholie heimgesucht. Vor einiger Zeit hatte sie bemerkt, dass Leto, die gewöhnlich im Morgengrauen aufstand, später aus dem Bett fand, verträumt und verklärt wirkte.

»Wer ist es?«, fragte Xanthippe eines Morgens barsch.

»Ein Athlet«, erwiderte die Dienerin und lächelte unsicher.

Xanthippe verkniff sich eine Erwiderung. Sie hatte ganz vergessen, wie die Liebe zwischen Mann und Frau war, die Liebe, die einem den Atem raubte. Sie kannte nur noch die Mutterliebe.

»Was hat er Besonderes?«, fragte sie.

Letos Blick wurde undurchdringlich. »Seine Leidenschaft. Seine Hand auf meiner Brust ...«

»Will er dich heiraten?«

Leto schüttelte den Kopf. »Du müsstest mir die Frage stellen. Für mich ist er ein Geliebter. Was soll ich mit einem Ehemann, der von einer Blume zur nächsten flattert, da er ja eine Ehefrau zu Hause hat? Die Hochzeit feiere ich mit mir selbst. Ich habe noch ein paar Jahre, um diese Freuden zu genießen. Danach bleiben mir die Erinnerungen.«

Diese Antwort schien Xanthippe rätselhaft. Sie verriet eine Subtilität, die sie bei der ehemaligen Dienerin von Agariste nicht vermutet hätte.

»Was willst du damit sagen?«

Leto senkte den Kopf, als sei ihr die eigene Offenheit peinlich. »Dass ich meine Lust genießen will. Ich begehre einen Körper, der den meinen entflammt.«

Xanthippe schüttelte den Kopf. Sie erinnerte sich an die Worte ihrer Mutter, die sie einst aus der Fassung gebracht hatten: Die gebildeten Frauen sind dazu verdammt, Dirnen zu werden oder unfruchtbar zu bleiben. Leto war nämlich gebildet und eine solche Frau will sich nicht unterwerfen.

»Und wenn du ein Kind bekommst?«

Leto lachte. »Nicht umsonst gibt es die Schwämme.«

Die Schwämme! Xanthippe hatte durch ihre Mutter davon erfahren. Es waren kleine Schwämme, die mit einem Kräuterabsud getränkt wurden und den männlichen Samen auffingen. Diese Zeit war für sie vorbei; ihre Menses war versickert. Und was ihren Gemahl betraf . . .

Es wurden wieder Feste gefeiert. Die großen Dionysien schienen ein durchschlagender Erfolg zu werden, wenn man von der Zahl der Teilnehmer ausging, die die Vasallenstädte nach Athen entsandt hatten. Es galt, die misslungenen 86. Panathenäen im vergangenen Jahr, die sich in einer düsteren Atmosphäre vollzogen hatten, vergessen zu machen. Fremde strömten herbei, Honoratioren, Priester und vor allem junge Leute mit keckem Blick und bronzefarbenen, gold- und elfenbeinfarbenen Brüsten, die sich nicht zweimal bitten ließen, ihren athletischen Körper zur Schau zu stellen.

Die Gymnasien waren rund um die Uhr geöffnet, nicht nur in Athen, sondern auch in Delphi, Chalkis sowie in Amphipolis und sogar in Abydos, Ephesos und Milet in Kleinasien. Auf allen Inseln, Andros, Delos und Naxos, waren die Jünglinge begierig, ihr Können im Wettlauf, im Diskus- und Speerwurf, im Wagenrennen und im Faustkampf unter Beweis zu stellen. Und jene, die das nicht konnten, schworen sich tief enttäuscht, an den nächsten Dionysien teilzunehmen, an den delphischen Wettkämpfen oder an den Isthmischen Spielen. Beim Gedanken an den Lorbeerkranz oder die geheiligten Zweige des Olivenbaums zitterten ihre Glieder vor Ungeduld und ihre Muskeln spannten sich.

Von den fieberhaften Vorbereitungen wurden alle erfasst. Jeder hatte einen Bruder oder einen Sohn, der an den Festen teilnahm. Xanthippe musste Letos Unruhe ertragen, deren Liebhaber Eumenis am Diskuswurf teilnehmen würde. Sie verschwand abends, nachdem sie den Kindern vorgelesen hatte. Wenn Xanthippe eine Weidenrindensalbe gegen Rheuma kaufen wollte, musste sie sich energisch ihren Weg bahnen.

»Orthoxos, kannst du mir einen Tiegel von deinem Arnikabalsam zubereiten? Sieh nur die blauen Flecken«, sagte ein Faustkämpfer und zeigte seine Rückseite.

»Ich bereite ihn jetzt mit der Wurzel der Schlüsselblume zu. Das ist teurer, aber sparsamer im Verbrauch. Keine Arnika für Blutergüsse, ich gebe dir drei Eibisch-Kompressen, die du jede Stunde wechselst.«

Und ein anderer: »Orthoxos, machst du immer noch deinen Holunderwein? Ich brauche eine Flasche.«

»Ja, aber trink nicht zu viel. Einen kleinen Löffel morgens vor dem Training, mehr nicht.«

Sie kamen in Scharen, hatten alle möglichen Verletzungen: einen verletzten Zeh, eine Quetschung des Armmuskels, eine schmerzende Schulter. Sie betatschten, berührten und streichelten sich öffentlich. Nicht nur dass sie da waren, sie beschäftigten auch die Gemüter.

Seit Sokrates ihr versprochen hatte, Teleklides festnehmen zu lassen, wartete Xanthippe – wie die Katze vor dem Mauseloch.

Der Philosoph war von seiner Begegnung mit Alkibiades aufgeheitert zurückgekehrt.

»Alkibiades ist dagegen, dass Teleklides der Vormund von Philippos wird«, hatte er verkündet.

»Wie schön. Und was weiter?«

»Er hat einen Plan.«

»Einen Plan? Nicht schlecht. Und was für einen?«

»Er hat ihn mir nicht verraten wollen.«

»Erneut ein Ausweichen.«

»Das glaube ich nicht.«

»Was ist Ziel des Plans?«

»Zu erreichen, dass Teleklides Selbstjustiz übt.«

Sie blinzelte. »Was soll das? Will er, dass Teleklides Selbstmord begeht?«

»Ich weiß es nicht, Xanthippe.«

»Und wann will er den Plan verwirklichen?«

»Demnächst.«

»Das ist alles recht vage. Aber ich bin entschlossener denn je. Ich werde nicht ewig warten und ändere niemals meine Meinung.«

Er zuckte mit den Achseln. Schließlich kannte er seine Frau.

Wenn es einen Bürger gab, der sich lebhaft an den Vorbereitungen beteiligte, dann war es Alkibiades. Als neuer Stern am politischen Himmel Athens, noch unter dem Eindruck des Glanzes von Perikles, war er auch in der Welt des Sports wegen seiner Wettkampfrösser bekannt, die ihm hohe Kosten verursachten, und für seine »olympischen Gastmahle«. In Begleitung zweier ergebener Freunde gelangte er an jenem Tag zum Gymnasium. Dort schlenderte er über die Bahn, vom Ephebion, dem großen Gemeinschaftssaal, zu den Thermen, dem Stadion und von dort in den Saal der Faustkämpfer. Er schaute den Athleten zu, die gemeinsam und einzeln übten. Die einen trugen Gewichte, die ihren Bizeps hervortreten ließen, die anderen schlugen mit Fäusten auf kiesgefüllte Säcke ein. Er beobachtete die Athleten aus Athen und der verbündeten Staaten und interessierte sich vor allem für die Gesichter.

»Du scheinst jemanden zu suchen«, bemerkte einer seiner Begleiter. »Das ist dein dritter Besuch in zwei Tagen.«

»Ja, ich suche jemanden«, gab Alkibiades zu und klang sehr geheimnisvoll. »Jemanden, den ich nicht kenne.«

»Du suchst also ein Bild«, meinte der andere. »Wenn du uns verraten würdest, welches: Drei Augenpaare sehen mehr.«

»Das stimmt. Ich suche einen Jungen, der als Doppelgänger von jemandem gelten könnte, den ihr beide kennt. Ihr habt öfter mit ihm gespeist. Philippidos.«

Seine beiden Begleiter blieben stehen und musterten ihn ungläubig.

»Fragt mich nicht warum«, erklärte Alkibiades. »Ihr erfahrt es früh genug. Das Gesicht des jungen Mannes, den ich suche, soll ihm so ähnlich wie möglich sein. Er soll auch das gleiche Alter haben und die gleiche Figur.«

»Warum hast du das nicht früher gesagt«, rief einer der jungen Männer. »Ich habe vorhin einen gesehen, der Philippidos zum Verwechseln ähnlich sah.«

»Wo?«, rief Alkibiades.

»Als wir an den Thermen vorbeikamen.«

»Bei Dionysos! Inzwischen wird er sich gewaschen haben und gehen. Vielleicht ist er bereits fort.«

Alle drei eilten zu dem Gebäude, in dem die Thermen untergebracht waren. Kaum waren sie dort angelangt, als der Gefährte des Alkibiades, der den Doppelgänger entdeckt hatte, rief: »Dort ist er! Er bricht gerade auf!« Er deutete auf einen jungen Mann, der sich zwischen den Zypressen entfernte.

Sie holten ihn im Laufschritt ein.

»He, du da, bleib stehen.«

Der junge Mann wandte sich um, blieb stehen, überrascht und leicht abwehrend. Alkibiades ging auf ihn zu.

»Keine Angst, wir sind Freunde.«

Der andere schwieg. Er musterte die Unbekannten, deren Aufmerksamkeit ihm unheimlich war. Er sagte lediglich:

»Ich kenne dich, du bist Alkibiades.«

»Bemerkenswert«, murmelte Alkibiades und nickte zustimmend. Wirklich verblüffend – Größe, Gesicht, Haarfarbe, Augen und Mund, er war wie ein Zwilling des Philippidos. Und ein breites Lächeln breitete sich über sein Gesicht aus.

»Was wollt ihr von mir?«, fragte der Unbekannte voller Ungeduld.

»Nichts Böses. Möchtest du etwas Geld verdienen?«

Und als der junge Mann den Mund verzog, beeilte sich Alkibiades, ihm zu versichern: »Nein, nicht das, woran du denkst. Komm, ich erkläre es dir.«

Einige Tage später war die Residenz von Alkibiades hell erleuchtet, wie immer, wenn er ein Gastmahl gab.

Aber es war kein gewöhnliches Gastmahl, denn er erwartete einen von ganz Griechenland bewunderten Gast. Es war Sophokles höchstpersönlich, den der Hausherr überredet hatte, seiner Einladung »aus einem ganz geheimen Grund« zu folgen. Er kam in Begleitung seines phrygischen Geliebten. Außer Sokrates war ein Mann geladen, der allen unbekannt war. Er war hochgewachsen, mager und hatte im Unterschied zu den Athenern, die ihren Bart gestutzt trugen, einen langen Bart. Mit seinem kupferfarbenen Teint erinnerte er an jene Fremden aus dem fernen Orient, die man manchmal am Hafen von Piräus oder Lindos antraf. Alle Gäste, einschließlich Sophokles und Sokrates, betrachteten ihn fasziniert. Als vor dem Essen einige das Wort an ihn richteten, während die Diener Becher mit gekühltem Wein verteilten, antwortete er mit tiefer Stimme und wohl gesetzten

Worten. Alkibiades behandelte ihn wie jeden anderen Tischgenossen auch. Er hieß Bailur und kam aus Ägypten.

»Mir sind die Grillen unseres Gastgebers hinlänglich bekannt«, flüsterte Sophokles dem Sokrates ins Ohr. »Aber dieser Mann wirkt ausgesprochen exzentrisch.« Auch Ktimenos und Teleklides waren anwesend. Der Letztere strahlte vor Dankbarkeit gegenüber Alkibiades, sodass er die wenigen Male, da er das Wort ergriff, ins Stottern geriet. Sokrates schnappte auf, wie Alkibiades ihm im Vorübergehen sagte, dass er sich nach dem Mahl mit ihm unterhalten würde.

Dann begab man sich zu Tisch. Es gab fünf Ruheliegen. Die zur Rechten des Hausherrn war für Sophokles und seinen phrygischen Freund gedacht. Die zur Linken für Sokrates und einen jungen Dichter, den die Begegnung mit Sophokles und dem Philosophen sichtlich bewegte und freute. Alkibiades nahm mit Bailur in der Mitte der Tafel Platz. Teleklides besetzte mit Ktimenos die Liege neben Sokrates. Zwei Athleten aus Delion schließlich nahmen die fünfte und letzte Liege ihm gegenüber ein.

Die Unterhaltung drehte sich zuerst um die Vorbereitung der Dionysien und den Eifer, mit dem Athen und seine Verbündeten sich bemühten, die Traurigkeit, die alle nach Perikles' Tod erfasst hatte, vergessen zu machen. Wer den Strategen gekannt hatte, erzählte Anekdoten über ihn, die seine Großzügigkeit, seinen Scharfblick, seinen Mut oder andere Tugenden unter Beweis stellten. Sokrates befürchtete, dass Teleklides ihm ebenfalls huldigen würde, obwohl seine einzige Begegnung mit dem Helden keineswegs erfreulich gewesen war. Aber der junge Mann verhielt sich ruhig und wirkte verlegen. Der Hausherr schlug vor, seinem ehemaligen Vormund ein Trankopfer darzubringen. Jeder führte den Becher an die Lippen.

»Sag, Sophokles«, bat Alkibiades, »glaubst du, dass der Geist der Verstorbenen unter uns weilt?«

»Ich weiß es nicht«, erwiderte der Dichter, »aber genau wie ihr habe ich gelesen, dass Odysseus die Toten angerufen hat. Als er in die Unterwelt hinuntersteigt, begegnet er dem Seher Teiresias, dann seiner Mutter, die ihn fragt, ob er gerade von der Belagerung Trojas kommt ...«

»Er begegnet auch den Schatten des Agamemnon, dann denen des Patroklos, des schönen Antilochos und schließlich von Achilles«, fuhr Alkibiades fort.

»Und dieser lobpreist den Hades«, fügte der junge Dichter hinzu. »Dann stößt er auf weitere Totengeister, die Manen von Ajax, Alkmene, der Mutter von Herakles, Chloris ...«

Teleklides riss die Augen auf; von der Odyssee waren ihm lediglich die Stockschläge auf die Finger in Erinnerung geblieben. So viel geballte Bildung brachte ihn aus der Fassung.

»Und du, Sophokles, bist du schon den Manen von Verstorbenen begegnet?«, wollte Alkibiades wissen.

»Ich bin noch nicht hinab in den Hades gestiegen!«, erwiderte Sophokles und lachte. »Aber ich habe schon einige denkwürdige Phänomene erlebt. So habe ich vor kurzem den Sohn eines Freundes besucht, der gegen die Lakedämonier kämpfte. Plötzlich fiel die Lieblingsvase dieses Freundes zu Boden und zerbrach in tausend Stücke. Ein paar Tage später haben wir erfahren, dass der Vater des Jungen, also mein Freund, genau in diesem Augenblick gestorben ist.«

»Wie erklärst du dir das?«

»Da müsste ich die Geheimnisse der olympischen Götter kennen oder mir eine Erklärung anmaßen. Erzählt man sich nicht, dass sich, als die Perser vor Attika standen, eine geheimnisvolle Staubwolke erhob, um sie auf dem Weg, der nach Eleusis führte, zu blenden, und dass man die Stimme von Iakchos vernommen hatte? Ich war nicht dabei, aber ich kann mir Folgendes vorstellen: Wenn die Götter in unser Leben eingreifen, ist es möglich, dass die Manen der Verstorbenen ebenfalls Einfluss auf unser Dasein ausüben.«

Sokrates beobachtete aus dem Augenwinkel Teleklides, der sich auf seiner Liege herumdrehte und einen Diener bat, ihm Wein einzuschenken.

»Und du, Sokrates, wie denkst du darüber?«, wollte Alkibiades wissen.

»Ich gebe als Antwort die letzten Verse aus der großartigen Tragödie wieder, die unser Freund Sophokles durch einen verblüffenden Zufall, am Abend des Todes von Perikles, hat aufführen lassen. Ich bin glücklich, dass Perikles noch zu Lebzeiten Gerechtigkeit widerfahren und er wieder in sein Amt eingesetzt worden ist. Und ich denke, wenn Manen der Verstorbenen unter uns weilen, dann deshalb, weil diese auf dieser Welt noch etwas zu erledigen haben und hier nicht glücklich waren.«

»Wenn es aber keinen einzigen glücklichen Menschen gibt«, unterbrach der junge Dichter, »wie Sophokles behauptet, dann irren die Manen aller Verstorbenen auf dieser Welt herum.«

Ein Becher rollte auf den Boden; es war der des Teleklides. Ein Diener brachte ihm einen neuen und schenkte ihm ein, ein anderer wischte den Boden. Man brachte Platten mit Fleisch und Fisch. Sokrates bemerkte, dass Teleklides keinen Bissen anrührte. Sein noch vor kurzem strahlendes Gesicht war jetzt aschfahl. Er klammerte sich mit der Hand an die Kante seiner Liege.

»Mein Freund Bailur«, fuhr Alkibiades fort, »versichert, dass man die Totengeister anrufen kann, sofern sie nahe sind und bereit, sich zu zeigen.«

»Es gelingt nicht immer«, wandte Bailur ein. »Die Lebenden beherrschen die Geister nicht. Es kommt vor, dass man den Schatten eines Verstorbenen anruft und der eines anderen in Erscheinung tritt. Die Manen können zudem völlig unberechenbar und angriffslustig sein.«

Er beugte sich über den Tisch, fischte sich aus einer Dickmilch mit Honig eine Feige und schob sie genüsslich in den Mund. Sein Gesicht aber wirkte düster.

»Und wie sehen diese Schatten aus?«, fragte ein Athlet.

»Bleich wie am Tage ihres Todes!«, erklärte der Ägypter, der genießerisch seine Feige kaute.

»Du sprichst wie ein Zauberer, der die Wissenschaft solcher Anrufungen beherrscht«, bemerkte Sokrates.

»Er hat diese Wissenschaft in Ägypten studiert«, erklärte Alkibiades.

»Hast du die Götter angerufen?«, wollte Sophokles wissen.

»Wie könnte ich mir das erlauben?«, versetzte Bailur. »Die Ehrerbietung verlangt, dass man sich nur im Rauch eines Opfers an sie wendet. Wenn sie sich manchmal dem Opfernden zeigen, ist das eine außerordentliche, beängstigende Ehre!«

»Ich frage mich, ob sie gut aussehen«, bemerkte Sophokles schalkhaft.

Einige lachten, die Atmosphäre entspannte sich.

»Und ich«, sagte Alkibiades, »ich frage mich, ob die Manen des Perikles noch in dieser Stadt weilen, deren Größe er sein Leben gewidmet hat.«

»Aber bestimmt«, rief Sokrates und kostete von den in Wein eingelegten Granatapfelkernen. »Wie könnte der Geist dieses

Mannes jemals diese von Künstlern und Architekten errichteten Landschaften aus Marmor und Stein im Stich lassen?«

»Sagen die Totengeister die Zukunft voraus?«, fragte der Dichter.

»Manchmal.« Bailur leerte mit finsterer Miene seinen Becher.

»Was wäre, wenn wir die Manen von Perikles anriefen, und er uns die Zukunft voraussagen würde?«, rief Alkibiades.

»Müssten die Manen dafür in die Geheimnisse der Götter eingeweiht sein?«, fragte der Dichter.

»Sind sie das denn nicht? Schließlich sind sie bei den Göttern«, warf Sokrates ein. Er ließ Teleklides nicht aus den Augen. Dieser war starr vor Angst.

»Bailur, könntest du die Manen von Perikles anrufen?«, meinte Alkibiades.

»Hier?«

»Ja, heute Abend«, bestätigte Alkibiades voller Eifer.

Der Ägypter glättete seinen Bart und kratzte sich am Hals. Sophokles verfolgte die Unterhaltung mit Erstaunen.

»Ich bin darauf nicht vorbereitet. Dann hätte ich gefastet . . .«

»Du hast ohnehin kaum etwas gegessen«, beruhigte ihn Alkibiades.

»Ich will es versuchen«, willigte Bailur schließlich ein. »Aber es müssen ein paar Lampen entfernt werden, denn die Schatten der Unterwelt mögen kein Licht.«

Auf einen Wink des Alkibiades trugen die Diener Fackeln und Leuchten hinaus. Es blieben nur drei kleine Lampen, die ein düsteres Licht verbreiteten und die Schatten der Gäste an die Wand warfen.

»Das reicht nicht«, sagte Bailur. »In den anderen Räumen ist es zu hell.«

Also wurden auch die anderen Lichter gelöscht und das Haus war in Dunkelheit gehüllt. Es blieben nur die drei kleinen Lampen im Speisesaal. Die Dunkelheit erstickte die Unterhaltung.

»So ist es besser«, erklärte Bailur. »Ich brauche jetzt ein Kohlenbecken sowie Reisig, um die Flamme zu entzünden, die die Manen anlockt.«

Die Diener beeilten sich, als hätten sie nur auf den Befehl gewartet. Sie brachten ein Kohlebecken aus Bronze und ein Reisigbündel herbei und stellten es in die Mitte der in Hufeisenform angeordneten Tische. Bailur erhob sich, stellte sich barfuß vor das Becken. Seine Arme hingen herab, sein Gesicht war nach oben gerichtet, die Augen halb geschlossen. Der Schatten der langen, schlanken Gestalt hob sich von der Decke ab. Er breitete die Arme aus und seine Stimme klang jetzt noch tiefer:

»Ihr Götter der Unterwelt, vergebt den Sterblichen, die eure Bewohner anrufen. Ihr Götter der Unterwelt, erlaubt, dass sich die Manen des Perikles zeigen und uns in der Finsternis den Weg weisen!«

Er kniete nieder und warf Reisig in das Becken. Kurz darauf erhob sich dichter Rauch. Bailur summte mit erhobenen Armen eine düstere Melodie.

Der Dichter reckte den Hals. Die Sicht wurde immer schlechter, der Rauch färbte sich grünlich.

»Ah! Ah!«, stieß der Magier hervor, »ich spüre eure Nähe, ihr Manen des Perikles. Ich fühle euch. Seid ihr es wirklich? Ich spüre eure Anwesenheit. Könnt ihr sprechen?«

Der Rauch hatte sich jetzt im ganzen Raum verteilt; nur mit Mühe konnte man die Umrisse des Tischnachbarn erkennen.

»Alkibiades«, donnerte die Stimme Bailurs, »bittet, dass ihr ihn unterrichtet ... Aber, was ist denn das? Das ist ja gar nicht Perikles!«

Und die Stimme Bailurs verriet Angst.

Durch den Rauch hindurch erkannte Sokrates, dass sich Teleklides, von Grauen erfasst, auf seiner Liege aufgesetzt hatte. Ktimenos versuchte, ihn zu beruhigen. In diesem Augenblick erschien auf der anderen Seite des Saals eine helle Gestalt, die über den Boden zu schweben schien. Zwei Schreie durchbrachen die Stille – Alkibiades und Teleklides hatten gleichzeitig aufgeschrien.

»Das ist ja Philippidos!«

»Ihr Götter, habt Mitleid mit den Sterblichen!«, rief Bailur, im Rauch kaum sichtbar. »Du Unbekannter, nenn uns deinen Namen, ich beschwöre dich ...«

Auch Sokrates starrte verblüfft auf die Gestalt. Er hätte schwören können, dass es Philippidos war, aber ein gespenstischer Philippidos, der sich in einer mit Erde beschmutzten Leichentunika näherte. Der Geist glitt auf Teleklides zu, den Arm anklagend erhoben. Ein weiterer Schrei ertönte. Teleklides war aufgesprungen und jagte wie ein gehetztes Tier dem Ausgang zu, von dem Geist verfolgt. Man hörte Schreie, dann von der Treppe her ein Poltern. Alkibiades griff sich einen Leuchter, um nachzusehen, was los war. Alle folgten ihm.

»Eine Fackel! Schnell, bringt mir eine Fackel!«, befahl Alkibiades.

Ein Diener reichte sie ihm. Dann sahen sie die Szene und begriffen. Da die Treppe in Dunkelheit gehüllt war, hatte der Flüchtige ein paar Stufen übersehen, war gefallen und hatte sich unten an der Mauer den Kopf gerammt. Die Augen des Toten waren vor Entsetzen geweitet, Blut rann aus einer Wunde.

»Tragt ihn hinein!«, befahl Alkibiades den Dienern, welche die

Szene vom Treppenabsatz aus beobachtet hatten. »Und macht überall Licht!«

Ktimenos kauerte neben dem Leichnam. »So ist also Gerechtigkeit geschehen. Es ist besser so«, murmelte er.

Die Gäste kehrten in den Saal zurück, die Diener hatten die Fenster aufgerissen, der Rauch verschwand. Bailur war ebenfalls verschwunden. Sophokles warf seinem Gastgeber einen fragenden Blick zu. Alkibiades reichte ihm einen Becher mit Wein. Dann griff er nach seinem eigenen und führte ihn an die Lippen.

»Das war doch geplant, nicht wahr?«, fragte Sophokles.

»Hast du es geahnt?«

»Und wenn er nicht sofort gestorben wäre?«, fragte Sokrates.

»Hätte er den Verstand verloren.«

»Aber warum das alles?«, rief Sophokles.

Alkibiades zuckte mit den Achseln.

»Erinnerst du dich an eine Rede, die du mir gehalten hast? Du hast behauptet, das Theater sei wahrheitsgetreuer als die Wirklichkeit, da es sich in unserem Inneren abspielt. Ich habe es nicht vergessen, wie du dich ja hast überzeugen können.«

»Aber wer war dieser Mann, dass du ihn derart verfolgt hast?«

»Ein Verbrecher, der nur durch innere Gerechtigkeit überführt werden konnte.«

Sokrates hörte nachdenklich zu. Die innere Gerechtigkeit! Er glaubte, das Echo seiner eigenen Worte zu vernehmen. Ja, er hatte das oft seinem Schüler vorgetragen, ihn aufgefordert, auf seine innere Stimme zu hören, die ihm das richtige Verhalten eingeben würde. Aber nie hätte er sich vorstellen können, dass die Wahrheit durch einen Kunstgriff wie diesen den Sieg davontragen könnte. Auch nicht, dass sein Schüler zu solcher Grausamkeit fähig war.

Nun, Xanthippe zumindest würde zufrieden sein.

4.

Der weiseste Mann Griechenlands

K onnte er sie zu dieser vorgerückten Stunde aufwecken? Oder sollte er noch warten? Vielleicht schlief sie gar nicht. Sie litt oft unter Schlaflosigkeit, die sie mit einem Mittel von Orthoxos behandelte, schwarze Pillen, zubereitet aus Lehm und Mohnsaft. Sokrates blieb im Patio stehen, unter einem Himmel, an dem der Mond an die Mondgöttin Hekate Trioditis erinnerte, »Jene, der man begegnet«, die verrückte Göttin der Dreiwege, der Xanthippe einen kleinen Altar vor dem Haus errichtet hatte. Warum war diese Göttin des Zaubers und der Gespenster, der man Hunde opferte, mit den Attributen Geißel, Fackel und Schlange, in Athen so beliebt?

Schließlich schlüpfte er aus seinen Sandalen und näherte sich barfuß den Frauengemächern auf der anderen Seite des Patio. Er wusste nicht mehr, ob die Tür knarzte oder nicht, und öffnete sie so behutsam wie möglich. Sie machte kein Geräusch, und er trat ein und wandte sich dem Lager zu, einem schlichten Eichengestell mit einer in einen Sack eingenähten Matratze. Seine Frau lag da wie eine Tote.

In eine leichte Leinendecke gehüllt, hatte sie sich dem Fenster zugewandt, wie um die Geräusche der Nacht zu hören. Der helle Mond tauchte ihre Gesichtszüge in einen silbernen Schein. Sie atmete geräuschvoll. Einen Moment lang betrachtete er dieses Geschöpf, das ihm am nächsten stand und ihm gleichzeitig zutiefst fremd war. Er überlegte. Jede Frau glich einem verzauberten Tier, das Menschengestalt angenommen hatte. Eine Pythia, aber voller Gefühle, welche die Männer nicht teilen konnten. Welche Gefühle bewegten Xanthippe? Sie wollte ihre Familie beschützen, aber nicht im herkömmlichen Sinne, sondern wie eine chthonische Gottheit, von den Mächten der Erdentiefe geleitet. Dieses geheimnisvolle Gefühl, das die Mysterien von Eleusis, die sich mit den Mächten der Unterwelt vermählen, jedes Jahr erneuern. Es sah aus wie Liebe, war aber keine. Es sei denn, man änderte den Sinn des Wortes. Denn nicht Mutterliebe war es, die Xanthippe mit so hartnäckigem Rachedurst an dem elenden Teleklides erfüllte. Es kam noch etwas hinzu, ein Gefühl, das er sehr wohl erkannte: eine geduldige Überlegenheit gegenüber den Männern. Xanthippe war nicht zur Liebenden geboren, sondern zur Mutter. Die Götter verteilen die Rollen ein für alle Mal.

Xanthippe war also Rächerin und Mutter und sie glaubte weder an die Gerechtigkeit noch an die männliche Vernunft.

Sie seufzte, schlug die Augen auf und erblickte ihren Gemahl. Er lächelte. Sie setzte sich auf und stieß einen kleinen Schrei aus, der erstaunlich jugendlich klang.

»Sokrates«, stammelte sie. »Was ist ...« Sie räusperte sich und sah ihn an. »Was willst du mir sagen?«

»Teleklides ist tot«, verkündete er gelassen.

»Wer hat ihn getötet?«

»Niemand. Er hat es selbst getan.«

Und er berichtete von den Ereignissen des heutigen Abends.

Sie hörte ihm verwundert zu. Dann stand sie auf, um sich etwas Milch aufzuwärmen.

»Was für ein grauenhafter Plan«, rief sie, als sie aus der Küche zurückkehrte, in jeder Hand einen Becher warme Milch. »Dieser Alkibiades ist ein Teufel!«

»Er hat dir deinen innigsten Wunsch erfüllt und du bezeichnest ihn als Teufel?«, sagte er vorwurfsvoll. Sie schlürfte ihre Milch in kleinen Schlucken, wie eine Katze. »Warum hat er ihn nicht beim Areopag angeklagt, da er doch die ganze Wahrheit kannte?«

Selbst dieser günstige Ausgang des Falls erfüllte sie Alkibiades gegenüber keineswegs mit mehr Nachsicht.

»Er hätte den Grund nennen müssen, weshalb Teleklides seine Tat begangen hatte«, bemerkte Sokrates mit Bedauern.

»Wenn man sich vorstellt, dass diese elende Ratte ihm durch einen Mord imponieren wollte.«

»Du hast es gewusst?«, fragte Sokrates verwundert.

Er wurde sich erneut bewusst, dass sie genauso logisch dachte wie er.

»Also fassen wir zusammen. Alkibiades verführt Teleklides durch seine Schönheit, seinen Überfluss, seine Art, sich wie ein Halbgott aufzuführen. Eines Abends, vom Alkohol benebelt, nimmt sich Teleklides vor, Alkibiades mit seiner Unerschrockenheit und Ergebenheit zu beeindrucken. Er begeht einen Mord. Ich kenne mich, mit euren Männergeschichten nicht aus, aber anscheinend erweist ihm Alkibiades dafür keinerlei Dankbarkeit; und ich kann mir denken, weshalb: Wenn der Schuldige entdeckt und bekannt wurde, dass er mit Alkibiades befreundet war, würde dieser Mord die öffentliche Aufmerksamkeit auf den unmoralischen Schönling lenken. Alkibiades war noch nicht lange aus der Vormundschaft des Perikles entlassen. Der Skandal hätte nicht nur sein Ansehen geschmälert, sondern wäre auch auf Perikles zurückgefallen. In diesem Augenblick rätst du mir, mich nicht einzumischen, da die Interessen hoch gestellter Persönlichkeiten auf dem Spiel stehen.«

»Ja, das ist richtig«, räumte Sokrates ein.

»Aber ich brauche deine Ratschläge nicht. Ich habe meine Nachforschungen mithilfe von Agariste, der Großmutter von Philippos, fortgesetzt. Schließlich habe ich den Namen des Mörders herausbekommen und konnte rekonstruieren, was geschehen war, nachdem Teleklides das Gastmahl bei Alkyros verlassen hatte. Alkibiades hatte Ktimenos befohlen, ihm hinterherzugehen, um ihn an einem Verbrechen zu hindern. Ich habe Ktimenos im Gymnasium aufgesucht.«

»Du hast mir gesagt, du habest meine Methode befolgt. Aber wie hast du den Namen des Teleklides erfahren? Wer hat dir dieses Wissen vermittelt?«

Xanthippe blickte durch das Fenster zum Himmel hoch. Im Osten dämmerte es.

»Jetzt kann ich es dir sagen: Es war Leto.«

»Leto?«

»Sie hat sich bei Alkyros um die Garderobe gekümmert und gesehen, wie Teleklides das Gastmahl verließ, nachdem sie ihm seinen Dolch gegeben hatte. Ktimenos folgte ihm kurz danach.«

»Frauen halten zusammen.« Sokrates seufzte.

»Ja, das tun sie. Denn du warst bereit, den Skandal zu unterdrücken und den Mörder ungestraft davonkommen zu lassen.«

Sokrates saß mit gesenktem Haupt da.

»Aus Treue gegenüber Perikles oder aus Liebe zu Alkibiades?«

»Beides«, erwiderte er. »Ich habe immer versucht, Alkibiades den Weg der Tugend zu zeigen, und der Skandal hätte Perikles geschadet. Xeniados hätte eine Intrige gegen ihn gesponnen und das hätte Athen zum Nachteil gereicht.«

»Die Tugend!«, rief Xanthippe. »Ich fürchte, deine Lehren werden nicht befolgt. Und solange Alkibiades in Athen lebt, wird das Gemeinwohl verhöhnt.«

»Wie meinst du das?«, fragte er ärgerlich.

»Er macht sich über das Gemeinwohl lustig, er will sich nur selbst im Glanz sehen. Er ist ein Hitzkopf, siehst du das denn nicht?« Sie erhob sich und hüllte sich in ihre Decke. »Überleg doch mal: Zwei Männer sind wegen seiner Eitelkeit umgekommen. Philippidos, der Alkibiades zu mehr Zurückhaltung aufgefordert hatte, und der elende Teleklides. Findest du das Verhalten dem einen und anderen gegenüber mutig?«

»Ich habe es dir schon gesagt, Xanthippe, eines Tages werde ich vorschlagen, dass du in den Rat der Fünfhundert gewählt wirst.« Sokrates lächelte verkrampft.

»Hör mir lieber zu, statt dummes Zeug zu reden. Und sieh deinen Alkibiades so, wie er ist. Statt auf die Ermahnungen des Philippidos zu hören, beschimpft er ihn in aller Öffentlichkeit. Und statt später Teleklides offen anzuklagen, greift er zu einer tückischen List, um ihn in den Selbstmord oder in den Wahnsinn zu treiben. Erkennst du darin deine Lehre?«

»Nein«, gab Sokrates zu.

»Dann halte Abstand zu dem Kerl, denn wir sind noch nicht mit ihm fertig. Ich sage dir, Sokrates, dieser Mann ist gefährlich. Er ist der Untergang Athens. Jetzt schlafe ich noch ein wenig. Und du auch, denn morgen gehst du zum Magistrat, um die Vormundschaft für Philippos zu beantragen.«

Sokrates zog sich nachdenklich zurück. Als er sich zu Bett begab, klangen noch Xanthippes Worte in seinem Ohr: Ich sage dir, Sokrates, dieser Mann ist gefährlich. Er ist der Untergang Athens! Er hatte sich angewöhnt, die Worte seiner Frau nicht auf die leichte Schulter zu nehmen. Auch nicht ihre Gefühle, denn es war offensichtlich, dass sie für Alkibiades tiefen Hass empfand.

Sokrates schreckte durch einen Höllenlärm hoch, verursacht durch Flöten, Sistren und Tamburine. Zuerst vermutete er, dass es sich um einen Trauerzug handelte, aber nun erklang direkt vorm Haus ohrenbetäubendes Geschrei. Er hüllte sich schnell in seine Decke und eilte barfuß zur Tür. Dort erwarteten ihn Xanthippe, Leto, der Sklave und die verdutzten Kinder.

»Sokrates! O Gefäß der göttlichen Weisheit«, riefen die Leute.

Er glaubte, es handelte sich um eine Posse, änderte aber seine Meinung, als er zwei Dutzend Mitglieder des Rats der Fünfhundert erkannte. Sie alle wirkten sehr feierlich. Das ganze Viertel war zusammengeströmt. Der höchste Berater trat vor, eine Krone aus Olivenblättern in der Hand, vermutlich vom heiligen Olivenbaum.

»Sokrates«, erklärte er, »eine Gesandtschaft der Stadt hatte sich auf den Weg gemacht, um, wie du ja weißt, das Orakel des Apollon in Delphi zu befragen. Ich war ihr Anführer. Das Orakel hat deutlich gesprochen: ›Der weiseste Mann Griechenlands ist Sokrates.‹ Nimm die Ehrung der Stadt entgegen, die heute Abend ein Gastmahl zu deinen Ehren gibt.«

Damit setzte er dem verdutzten Sokrates die Krone auf:

»Meine Freunde«, stammelte der Philosoph, »die Ehre ... des göttlichen Orakels ... verwirrt mich. Ich möchte euch versichern, dass die Weisheit, die das Orakel mir zuspricht, zum Nutzen der Stadt dienen soll.«

Er verneigte sich und eine Fanfare ertönte. Allmählich zog sich die Menge zurück. Sokrates stand Auge in Auge mit Xanthippe. »Das alles ist schön und gut«, sagte sie, »aber es ändert nichts an meiner Meinung. Im Übrigen sollte man überprüfen, ob es nicht noch einen zweiten Sokrates in Athen gibt.« Er lachte schallend.

Zu den Ehrungen gesellte sich eine unvorhergesehene Belohnung. Als Sokrates am Abend des nächsten Tages nach Hause kam, lag Leto nackt auf ihrem Lager. Das schwache Licht einer kleinen Lampe ließ die Umrisse ihres schlanken und doch betont weiblichen Körpers erkennen. Er blieb überrascht stehen.

»Ich würde gern die körperlichen Tugenden der Weisheit kennen lernen«, sagte sie ohne sich zu rühren.

Er musste innerlich lachen. Diese Verschwörerin hatte die Bestrafung von Teleklides erwirkt. Er hängte seinen Umhang an den Haken und schlüpfte aus seiner Tunika. Sie rückte zur Seite, um ihm Platz zu machen. Er stützte sich auf die Ellbogen und strich ihr behutsam über die Stirn, über Nase, Mund und Kinn. Sie verfolgte jede seiner Bewegungen. Seine Hand liebkoste ihre Brustwarzen, bis sie sich erhärteten. Sie öffnete leicht die Lippen. Dann glitt die Hand weiter, spielte mit ihrem Bauchnabel und entflammte Letos Sinne. Ihr Atem ging schneller. Seine Hand erforschte jetzt voller Neugier und Behutsamkeit ihre Vagina, streichelte ihre Schenkel. Leto öffnete langsam die Beine und warf den Kopf in den Nacken. Seine Hand widmete sich ihrem Geschlecht, und sein Finger glitt wie ein männliches Glied langsam zwischen ihre Schamlippen, reizte ihre Klitoris, zog sich kurz zurück, um dann noch kühner vorzudringen.

Leto wand und bog sich unter den Berührungen ihres Herrn. Sie griff nach dem Glied der Weisheit und erforschte dieses erstaunlich schlichte Gebilde.

»Jetzt«, stöhnte sie.

Ihr war, als konzentriere sich ihr ganzes Bewusstsein auf ihre Körpermitte. Die Sinne gaben ihr die Bewegungen ein. Sokrates spürte ihre Knie an seinen Schultern, betrachtete ihre üppigen Brüste. Seine ganze Liebeskunst beschränkte sich darauf, seine Bewegungen in ihr unter Kontrolle zu halten. Sie hatte die Hände hinterm Kopf verschränkt. Ihr Mund stand weit offen, wie bei einer tragischen Maske. Ihr Atem ging keuchend. Sokrates ließ sich jetzt von seinem Gefühl treiben, ein weiteres Mal fasziniert von der Stärke und Fremdartigkeit dieser Art von Vereinigung.

Dann wurde es Nacht und ihrer beider Atem ging wieder gleichmäßig. Sie lösten sich voneinander. Er streckte sich lang aus, berührte erneut ihre noch immer erregte Vagina.

»Die Weisheit«, murmelte sie, »ist also eine Strategie.«

»Hat dein Geliebter denn keine Strategie?«

»Eumenis ist wie ein Hoplit«, sagte sie und erhob sich. »Er kennt nur das Schwert.«

Er lächelte. Dann zog er sich die Tunika über und schlich aus dem Gemach. Bevor er einschlief, fragte er sich verwirrt, ob Worte, Schläge und männlicher Samen die einzige Form der zwischenmenschlichen Verständigung waren.

5.

Ein Abend bei dem Lockenkopf

Der Frühlingswind erfüllte die Luft mit dem Duft der blühenden Wiesen. Wehte er vom Meer, brachte er die Gerüche des Hügels der Nymphen und der Musen mit sich, und wenn er vom Osten kam, die des Hymettos und Lykabettos. Die Hügel standen in üppiger Blüte, die Bienen hatten reichlich zu tun. Aber wenn man sich in der Stoa oder am Hafen von Piräus aufhielt, hätte man glauben können, die Düfte kämen von weit her. Denn seit ein paar Jahren nahmen die Blumenhändler überhand. Meistens waren es junge Mädchen, manchmal auch Jungen oder alte Männer, die einen lädierten Blumenkasten aufstellten, eine Jasmingirlande flochten oder einen Strauß Reseden zusammenstellten – für einen halben Obolos mit einem Grashalm zusammengebunden, für einen ganzen mit einem Band, für zwei Obolen mit zu einem Kranz geflochtener Girlande. Seit einiger Zeit schmückten die Reichen ihre Säle, in denen Gastmahle abgehalten wurden, mit Blumen. Junge Stutzer spazierten mit einer Narzisse in der Hand durch die Gegend oder trugen sogar einen Kranz von Vergissmeinnicht auf dem Kopf.

Perikles war jetzt dreizehn Jahre tot. Taki und Demis verkehrten immer noch in der Schänke auf der Stoa, die erweitert worden war und den Pächter gewechselt hatte. Ein Jahr nach Perikles' Tod war der Pächter einem Herzanfall erlegen. Sein Neffe mit dem Beinamen der Lockenkopf übernahm die Schänke. Er war weniger großzügig als sein Onkel und schaffte das kostenlose so genannte »kleine Glas für Dionysos« ab. Dagegen hatte er sein Getränkeangebot erweitert. Außer zwei Sorten Bier servierte er Vesuvwein, beinahe schwarz mit einem Hauch violett, und Wein aus Sardinien, goldgelb und so stark, dass man ihn nur in kleinen Schlucken zu sich nehmen konnte. Aber der Lockenkopf hatte außerdem zwei weitere Neuheiten eingeführt. Die erste bestand darin, die wertvolleren Getränke gekühlt zu lagern. Sie wurden in verschlossene Krüge geleert, die bis zum Hals in einer Salzlake lagen; die Ausdünstung des Salzes senkte die Temperatur, was bedeutete, dass man jetzt besser seinen Durst löschen konnte als zuvor. Die zweite Neuerung war den Qualitätsweinen vorbehalten. Sie bestand in einem Glasbecher mit flachem Boden, den man auf dem Tisch abstellen konnte. Man war nicht mehr gezwungen, den Becher in der Hand zu behalten oder auf einmal zu leeren. Der Pächter hatte Alkibiades solche Gläser anempfohlen. Dieser hatte gleich zwei Dutzend mit Gold verzierte Glasbecher bestellt. Der Lockenkopf riet auch davon ab, Qualitätsweine mit Wasser zu mischen. Stattdessen sollte man sie in kleinen Schlucken trinken. Er ließ auch von einem Töpfer Lampen mit vier Schnauzen anfertigen, die auf den Tischen standen und Speisen und Gäste in warmes Licht hüllten. Auf einen Schlag strömten die Gäste scharenweise in seine Schänke, die bis spät in den Abend geöffnet war. Menschen sind wie Schmetterlinge, sie werden von dem angezogen, was glänzt. Daraus entsteht die Mode.

Um seinem Lokal noch mehr Ansehen zu verleihen, hatte sich

der Lockenkopf eine bronzene Wasseruhr angeschafft. Dieses kostspielige Instrument stand auf einem Dreifuß vor seiner Schänke und zeigte an, wann er sein Lokal schließen musste. Im Herbst um neun Uhr abends und im Frühjahr um elf.

Taki und Demi waren nun um die sechzig. Sie hatten einige Zähne verloren und ihr Gang war schwerfälliger, aber sie hatten an geistiger Beweglichkeit gewonnen. Seit drei Jahren hatte sich ihnen Kleanthis angeschlossen, der Beamte beim Rat der Magistrate, der eine reiche Witwe geheiratet hatte, von denen es nach der Epidemie einige gab. So war er aufgestiegen und aufgrund seines Vermögens und seiner Erfahrung Leiter des Büros für Zivilangelegenheiten geworden. Er gab keine Feste, denn er war sowohl faul als auch geizig, aber er war durchaus bereit, für den Unterhalt von ein paar Freunden in der Stoa aufzukommen. Man bestellte ein paar Speisen in der Nähe der Schänke, kaufte etwas bei den Händlern, die Fleischpasteten oder sonstige Köstlichkeiten anboten. Mit ein paar Drachmen war alles abgetan. Es bedurfte weder eines teuren Kochs noch irgendwelcher Diener oder Akrobaten und Tänzer.

»Hast du dir angesehen, wie weit sie mit dem Erechtheion sind?«, fragte Taki, der sich nicht gern von der Stelle bewegte.

»Ich war mit einer Abordnung des Rats der Fünfhundert dort«, erwiderte Kleanthis und biss in eine Essiggurke, »als die berühmte Grabstätte entdeckt wurde. Jeder stellt Vermutungen über die Identität des Toten an.«

»Bestimmt ein König.«

»Ja, sicherlich, aber welcher?«

»Ein mykenischer«, vermutete Demis.

»Und das ist alles, was von seinem Königreich geblieben ist. Aber das Gebäude ist wunderschön.«

»Es zieht sich hin«, krittelte Taki. »Sie haben vor fünf Jahren angefangen und das Ende ist noch nicht abzusehen.«

»Immerhin kann man diesmal nicht behaupten, Perikles habe sich daran bereichert«, bemerkte Kleanthis.

»Keine Sorge, das werden andere tun.«

»Zum Beispiel?« Kleanthis runzelte die Stirn.

»Zum Beispiel Alkibiades. Er wurde gerade zum Strategen gewählt und leidet ständig unter Geldmangel.«

»Es ist auf jeden Fall ungewöhnlich, dass es ihm gelungen ist, zum Strategen gewählt zu werden«, spöttelte Taki. »Neulich habe ich bei Orthoxos eine Salbe gegen Rheumatismus gekauft. Und wen sehe ich dort? Unseren Alkibiades, der sich in seiner Purpurrobe mitten auf der Agora sonnt. Wie ein Kaiser! In seiner Begleitung befanden sich einige Athleten, die ihn umgaben, als wäre er wirklich ein Monarch. Für wen hält er sich eigentlich? Sieht er seiner eigenen Krönung entgegen? Und woher nimmt er all das Geld? Demis, ich teile deine Meinung: Wenn Alkibiades in die Staatskasse greifen kann, schont er den eigenen Geldbeutel.«

»Keine Angst, Freunde, wir in der Magistratur sind auch noch da, um die Staatsausgaben zu überwachen. Alkibiades hat seine Leute aus dem Bankwesen. Und mit Sparta und Argos hat er im Augenblick andere Katzen zu peitschen.«

»Was spielt sich da mit Sparta und Argos ab?«, fragte Taki. »Gestern habe ich in der Stadt einige Lakedämonier gesehen, und niemand konnte mir erklären, was sie hier ungestraft taten ... Jeder hat so seine Vorstellung, aber niemand weiß Genaueres.«

»Wie meistens«, bemerkte Kleanthis.

Die beiden anderen neigten sich vor, um besser hören zu

können. Kleanthis hatte Zugang zum Strategeion und gehörte nun zu den bestinformierten Männern der Stadt.

»Tatsache ist«, begann er, »dass alle Frieden wollen: Athen und Sparta gleichermaßen. Nur ist da das Problem mit Argos, das mit Sparta einen Friedensvertrag geschlossen hat, der jetzt ausläuft. Wird Argos ihn erneuern oder mit uns einen neuen aushandeln? Niemand weiß das. Korinth misstraut uns und hätte Argos gern aufseiten Spartas. Wir misstrauen beiden und würden diesen Vertrag gern mit Argos abschließen. Aber wenn wir einen solchen Vertrag aufsetzen, wird uns Sparta unehrenhafte Absichten unterstellen, und zwar umso mehr, als Argos Korinth, Elis und Mantineia in sein Bündnis mit uns aufnehmen könnte. Und wenn Sparta den Vertrag erneuert, werden wir das Gleiche unterstellen. Das ist der Stand der Dinge.«

»Und welche Rolle spielt Alkibiades dabei?« Taki legte behutsam ein Stück Fisch auf ein Sesambrot.

»Er stellt die feindliche Strömung gegenüber Sparta dar und strebt einen Vertrag mit Argos an. Aber er darf seinen Gegner Nikias nicht unterschätzen, dem dieser Krieg schon viel zu lange dauert. Nikias hat übrigens Sparta die Gefangenen, die wir in Pylos gemacht haben, ausgeliefert. Als Zeichen seines guten Willens. Die Spartaner haben großen Wert auf ihre Freilassung gelegt, denn es sind Elitesoldaten, keine Böotier oder Hiloten.«

»Alkibiades ist also gegen den Frieden«, bemerkte Demis.

»Ich kann seine Gedanken nicht lesen.« Kleanthis zuckte mit den Schultern.

»Und jetzt?«, fragte Taki. »Was ist mit den Lakedämoniern, die ich gesehen habe?«

»Das ist nicht klar«, antwortete Kleanthis ausweichend. »Alkibiades hat insgeheim die Argiver gebeten, eine Gesandtschaft nach Athen zu schicken, damit diese ein Bündnis vorschlägt. Sparta hat zweifellos Wind davon bekommen, denn es hat uns ebenfalls eine Delegation geschickt, die um Beendigung des Krieges und aller Feindseligkeiten bitten sollte. Das sind die Lakedämonier, die du gesehen hast. Niemand kennt den Ausgang. Weder Alkibiades, Nikias noch sonst jemand.«

»Was für ein Durcheinander!«, rief Taki. »Nimmt das denn nie ein Ende? Sag, Kleanthis, warum lässt du dich nicht zum Strategen ernennen? Du weißt genug, um das Amt ausfüllen zu können.«

Der Angesprochene trank gerade einen Schluck Vesuvwein und stellte den Becher auf den Tisch. Gedankenverloren starrte er in die rubinrote Flüssigkeit.

»Mein Ehrgeiz ist nicht so groß«, erwiderte er schließlich. »Ein Stratege schafft sich Feinde und das reizt mich wenig. Außerdem muss er in den Krieg ziehen, sein Leben oder zumindest schlimme Verletzungen riskieren. Er muss auf dem Boden schlafen, schlecht essen, ist von früh bis spät schmutzig, muss sich Soldatenzoten anhören und fängt sich alle möglichen Krankheiten ein. Dafür ist meine Liebe zu Athen nicht groß genug. Ich möchte bis ins hohe Alter alle Gliedmaßen behalten, mein Augenlicht, ich will weder die Ruhr noch Narben von Lanzen oder Furunkel.«

Er schenkte seinen Zuhörern ein fast treuherziges Lächeln.

Die beiden anderen amüsierten sich köstlich.

»Du solltest Philosoph werden«, rief Demis.

»Auch das ist ein gefährlicher Beruf, zumindest in Athen«, bemerkte Kleanthis und bestellte Wein nach. Und da Reden hungrig macht, rief er einen Händler für Nachspeisen herbei und kaufte ihm drei runde mit Rosinen und Sahne gefüllte Brote ab, die er auf den Tisch legte. Dann fuhr er fort:

»Anaxagoras wurde, obwohl Perikles ihn leidenschaftlich verteidigt hat, aus Athen verjagt, und seinem Schüler Protagoras wird es bald genauso ergehen. Von allen Seiten höre ich, dass man auch ihm vorwirft, den Zorn der Götter hervorzurufen. Bleibt nur der ehemalige Berater von Perikles, der Philosoph Sokrates. Und ein paar Unbedeutende.«

»Ah, Sokrates.« Demis grinste. »Der weiseste Mann Griechenlands. Und der Geliebte von Alkibiades.«

Kleanthis runzelte die Stirn. »Ist er das immer noch? Ich zweifle daran. Alkibiades verbringt seine Nächte bei Hetären. Er braucht Abwechslung.«

Die Dreistigkeit seiner Worte fiel ihm erst jetzt auf. Seine beiden Kostgänger lachten schallend, er selbst verbiss sich das Lachen.

»Er ist jetzt neunundzwanzig«, bemerkte Demis. »Und damit für Sokrates schon fast zu alt.«

»Für Sokrates ist das Alter nicht so wichtig«, widersprach Taki. »Er bedient sich unter den Jungen, denen er Unterricht gibt und die ihn großzügig entlohnen. Sogar der Sohn von Orthoxos ist unter ihnen. Der Junge will die Philosophie lernen, und da Orthoxos reich ist, kann er Sokrates bezahlen. Der Apotheker hat mir übrigens verraten, sein Sohn habe die Nachfolge von Alkibiades angetreten.«

»Aber Alkibiades ist nun verheiratet, nicht wahr?«, fragte Taki.

»Ich meine richtig verheiratet.«

»Was soll das heißen?«

»Erinnerst du dich an diese seltsame Ehe, die sein Onkel und er vor zehn Jahren mit derselben Frau in Chalkidike eingegangen sind?«

Kleanthis hob die Arme zum Himmel. »Nicht in Chalkidike, sondern in Abydos, auf dem Hellespont.«

»Was er in Abydos verbreitet hat, wissen alle. Nämlich die Kunst, Orgien zu veranstalten. In Athen hatte er so viele Liebespartner, dass es ein offenes Geheimnis ist. Nicht jeder ist so zurückhaltend wie du, Kleanthis. Alkibiades ist unfähig, nur einen Menschen zu lieben. Das langweilt ihn. Am liebsten treibt er es zu dritt, vorn ein Mädchen und hinten ein Junge. Und er mag es, anderen zuzusehen. Deshalb geht er so gern ins Hurenhaus.«

Kleanthis hörte sich das alles etwas bekümmert an. Langsam kaute er an einer Lammfleischfrikadelle mit Kräutern.

»Und?«, fragte er schließlich.

»Nichts und. Das ist eben der schöne Stratege, den wir haben.«

»Die Mäßigung in der Liebe ist nicht unbedingt Voraussetzung für politischen Verstand«, wandte er ein. »Wenn man ihn gewählt hat, besitzt er Letzteren wohl.«

»Aber das alles verrät nicht, ob er verheiratet ist oder nicht«, nahm Taki den Faden wieder auf.

»Seit einem Jahr ist er offiziell verheiratet.«

»Mit wem?«

»Mit einem schönen, ernsten, gebildeten Mädchen. Sie ist die Tochter von Hipponikos, dem ersten Mann von Perikles' Witwe.«

»Ah ja«, rief Taki. »Aber am Tag nach der Hochzeit soll er Hipponikos eine Ohrfeige versetzt haben, weil er eine Wette gewonnen hat.«

Taki bog sich vor Lachen; Kleanthis dagegen versuchte, ernst zu bleiben.

»Der Gipfel ist«, fuhr Taki fort und wischte sich über den Mund, »dass er am nächsten Tag seinen Schwiegervater aufgefordert hat, ihn zu peitschen. Allerdings hat dieser es vorgezogen, ihm zu vergeben. Was für ein Hanswurst.«

Kleanthis hielt sich immer noch zurück.

»Zumindest bleibt es in der Familie«, bemerkte Demis. »Dieses Mädchen ist die Schwester von Kallias, der anscheinend sehr reich ist.«

»Das stimmt«, bestätigte Kleanthis.

Ein junges Mädchen, das sich so eng in seinen Umhang gewickelt hatte, dass man seine Anatomie sehr gut erraten konnte, näherte sich mit wiegendem Schritt der Tischgesellschaft. Die Blicke der drei Männer wanderten an ihr herauf und herunter. Auch der Lockenkopf hatte sie bemerkt, verjagte sie jedoch mit einer Geste.

»Sie ist zu jung für mich«, murmelte Demis mit Bedauern.

»Fünfzehn und bereits einen Schwamm in der Scheide«, bemerkte Kleanthis verächtlich.

»Niemand kann behaupten, dass diese Menschen vor Gefühlen zerfließen«, erklärte Taki. »Geld und Ehrgeiz, das ist alles, was für sie zählt. Aspasia, nach dem Tod von Perikles zunächst vor Trauer aufgelöst, hat ein paar Monate später auch einen neuen Gefährten gefunden. Ich nehme an, die Manen von Perikles erfüllen den Hades mit ihrem Hohngelächter: Sein Nachfolger ist ein reicher Schafhändler.«

»Sie hat versichert, sie würde ihn zum geistvollsten Mann Athens machen«, bemerkte Kleanthis.

»Vielleicht leiht er Alkibiades Geld?«, vermutete Demis.

»Zumal der junge Perikles jetzt zum Freundeskreis des Alkibiades gehört«, fügte Taki hinzu.

»Seid ihr es immer noch nicht leid, ständig über Alkibiades zu klatschen?«, fragte Kleanthis ungeduldig.

»Und du«, konterte Taki, »bist du es immer noch nicht leid, die ganze Zeit den Mund zu halten, wenn wir über ihn reden?«

Die drei grinsten einvernehmlich. Als der Lockenkopf ostentativ einen Blick auf seine Wasseruhr warf, erhoben sie sich und wünschten sich gute Nacht.

6.

Eine Szene in der Öffentlichkeit

Selbst die beste Meinung über jemanden ist auf die Dauer wie abgestandener Wein: Sobald das Bouquet entwichen ist, wird er bitter. In den Wochen, die der Erklärung der Pythia von Delphi über die Weisheit des Sokrates folgten, überschlugen sich die Lobreden und Schmeicheleien. Dann wurde man es leid und wandte sich vergnüglicheren Dingen zu. Jene, denen der Anstand am wenigsten bedeutete, behaupteten, die Pythia sei wohl vom Philosophen im höchsten Maße geehrt worden, weil sie ihn so sehr in den Himmel gehoben hatte.

Auf jeden Fall hatte der Orakelspruch Sokrates lediglich einen Kranz aus Blättern vom heiligen Olivenbaum, ein halbes Dutzend Gastmahle, eine Amphore Wein und eine von Alkibiades angebotene Geldsumme eingebracht. Aber er musste eine Ehefrau und zwei Söhne versorgen und der Geldsegen von Alkibiades erfolgte höchst unregelmäßig. Deshalb hatte Sokrates im Jahr der 88. Olympiade[22] den Rat von Xanthippe befolgt und beschlossen, die jungen Männer, die er bisher einzeln und unregelmäßig unterrichtet hatte, wie ein Lehrer zu unterweisen. Insgeheim hoffte Xanthippe, dass die Schüler, in Gruppen unterrichtet, den Ruhm des Philosophen begründeten und andere

Schüler anlockten. Diese Hoffnung sollte sich erfüllen. Anfangs waren es drei bis vier, dann stieg ihre Zahl auf sieben bis acht und manchmal waren es sogar mehr als zehn.

Unter den eifrigsten befand sich der junge Kallias; ein junger Mann aus der Partei der Oligarchie, Xenophonos; ein Aristokrat namens Kritias, der seinen Cousin und Stiefbruder mitbrachte. Ein junger Kerl namens Platon zeichnete sich im Faustkampf aus und dann war da noch der junge Charmides. Einige junge Männer wollten Anwalt, Politiker oder Dichter werden wie zum Beispiel Kallikles, Cherephonos, Polos, Echekrates ... Sokrates hatte gehofft, den jungen Philippos, für den er tiefe Zuneigung empfand, in diesen Kreis aufnehmen zu können. Aber auf Betreiben von Xanthippe ließ sich Philippos, im Besitz seines Vermögens und der von seinem Vormund klug angehäuften Zinsen, in Kolargos nieder. »Kehr Athen den Rücken, du bist schön und reich«, hatte sie ihm erklärt. »Hier verschlingt man dich bei lebendigem Leibe. Achte auf dein Vermögen und heirate, bevor du dir angewöhnst, dir die Nächte um die Ohren zu hauen und dem dunklen Wein zuzusprechen.« Sie hatte ihn gut erzogen und so befolgte er ihren Rat.

Unter den jungen Leuten befand sich auch ein junger Phryger, den Sokrates für den begabtesten von allen hielt, auch wenn er gleichzeitig der aufsässigste war. Er war achtzehn, blond und breitschultrig wie Herkules, das Haar kurz geschnitten, ein kantiges, schlaues Gesicht und eine Narbe, die der Bart kaum überdeckte. Vor drei Jahren, mit fünfzehn, hatte er sich durch seine ungewöhnliche Tapferkeit in der Schlacht von Tanagra einen Namen gemacht. Er hieß Antisthenes und war Schüler des Sophisten Gorgias gewesen, den er wegen Sokrates verlassen hatte. Als der Stratege Nikias sich an einem Nachmittag zum

Strategeion begab, entdeckte er Antisthenes in Begleitung von Sokrates und einigen jungen Männern. Er ging auf sie zu und begrüßte Antisthenes mit besonderer Herzlichkeit. Dann wandte er sich an Sokrates.

»Ist er dein Schüler?«

Und als Sokrates lächelnd nickte, fuhr der Stratege fort: »Hör mir gut zu, dieser Junge sollte eine Hopliten-Schule eröffnen. Er allein hat zehn Böotier in Schach gehalten, die Hälfte getötet und die anderen in die Flucht geschlagen. Und das mit erst fünfzehn Jahren.«

»Dann ernenne ihn, Stratege«, scherzte Sokrates.

»Ich hätte ihn gern bei mir behalten«, erwiderte Nikias, »aber er will nichts mehr von Waffen wissen. Er hat beschlossen, sich der Philosophie zu widmen. Aber sei auf der Hut, er hat ein scharfes Mundwerk. Eines Tages, auf dem Rückweg, haben einige Athener ihm vorgeworfen, er sei kein gebürtiger Staatsbürger. Da konterte er, sie selbst seien kaum edler als Schnecken und Heuschrecken.«

Nikias musste selber lachen und die anderen stimmten in sein Lachen ein.

Antisthenes hatte noch mehr zu bieten. Bei einem Gastmahl, das wie so oft mit sexuellen Ausschweifungen endete, hatte er sich erhoben und war gegangen. Die Gastgeber nahmen es ihm übel und beklagten sich am nächsten Tag bei Sokrates.

»Hält er sich für tugendhafter als uns?«

Antisthenes erwiderte ruhig: »Ich halte mich nicht für tugendhafter, aber ich ziehe die Dummheit den Höhepunkten, nach denen euch gelüstet, vor.«

»Warum?«

»Weil ihr euch am anderen Morgen wegen der Exzesse, auf die

ihr hättet verzichten können, erschöpft erhebt, den Kopf voller
wirrer Gedanken, mit schwerer Zunge und leerer Geldbörse. Im
Krieg braucht man auch keinen Alkohol oder Ausschweifungen.
Nur wenn sich die Gelegenheit bietet, nutzt man sie.«
Die anderen Schüler lauschten überrascht.
»Wovon redet er?«
Sokrates lächelte und zuckte mit den Achseln.
»Von der Freiheit.«
Aber auch er wurde überrascht, nämlich als er von der
Notwendigkeit sprach, zwischen Ethik einerseits und der Moral
der Stadt und des Volks andererseits zu unterscheiden. Antisthenes schien seine Worte bereits im Voraus zu kennen und stellte
die meisten Fragen. Aber die Hochachtung, die er für Antisthenes wegen seiner geistigen Beweglichkeit empfand, verstärkte
sich noch durch geheime Zuneigung: Dieser Junge hatte nicht
nur den Großteil seines Vermögens eingelöst, um seinen Unterricht bezahlen zu können, sondern nahm zudem jeden Morgen
einen Weg von vierzig Stadien[23] von Piräus, seinem Wohnort,
bis Athen auf sich – nur, um Sokrates zuzuhören.

Manchmal mischte sich Alkibiades unter die Schüler. Aber
außer der Tatsache, dass er berühmt und Stratege war, von
seiner vermeintlichen Liaison mit seinem Lehrer ganz zu schweigen, hatte er mit den anderen nichts gemein. Antisthenes fasste
seine Haltung gegenüber Sokrates wie folgt zusammen: »Alkibiades ist nicht bestrebt, dank der Unterweisung durch Sokrates
seinen Geist zu entwickeln. Er möchte Sokrates sein.« Der
Philosoph lächelte über diese Überlegung. Ja, das war vermutlich das Geheimnis der Faszination, die er auf Alkibiades ausüb-
te. In seiner Gier wollte Alkibiades außer der Schönheit, des
Reichtums und der Berühmtheit auch noch das Gehirn seines

Lehrers. Xanthippes Abneigung gegenüber dem jungen Mann, den »wahren Mörder von Philippidos«, wie sie zu sagen pflegte, war nicht schwächer geworden, aber die Leidenschaft des Philosophen war im Laufe der Jahre etwas abgekühlt. »Dieses ganze Durcheinander«, murmelte er vor sich hin, wenn man ihm von den Exzentrizitäten des Alkibiades berichtete. »Und diese Eitelkeit!« Er dachte an all die Ratschläge, die er dem jungen Mann erteilt hatte und die dieser offenbar alle in den Wind geschlagen hatte.

Sokrates wählte den Versammlungsort für seinen Unterricht je nach Jahreszeit und Wetter. Im Frühling und Sommer fand der Unterricht entweder im großen Gymnasium, in der Nähe der Akademie, wo viele Bäume Schatten spendeten, oder im kleinen Gymnasium am Ufer des Eridanos statt. Aber ab Herbst und bei Regenwetter trafen sie sich auf der Agora, in der Nähe vom Austragungsort der Panathenäen und der großen Stoa. So konnten sie im Notfall Unterschlupf suchen und einen Becher heiße Milch trinken.

Eines Tages, als das Wetter genau das notwendig machte, musste Sokrates seine Unterweisung unterbrechen, weil eine Frau in der Nähe des Buleuterion heftige Schreie ausstieß. Es war unmöglich, ihre Worte zu überhören:

»Du bist kein Ehemann, sondern ein Landstreicher. In einem ganzen Jahr Ehe warst du keine Woche zu Hause.«

Die Athenerinnen pflegten ihren ehelichen Verdruss nicht lautstark auf der Agora zu verkünden. Das eigentlich Pikante aber war, dass der Beschimpfte kein anderer als Alkibiades war. Er versuchte, die junge Frau am Arm zu ergreifen, um sie wegzuführen, aber sie wehrte sich heftig.

»Die Nächte verbringst du bei den Dirnen, an die du die Mitgift meines Vaters verteilst. Und, noch schlimmer, bei den Lustknaben. Nein, lass mich los, ich will die Scheidung!«

Die Gaffer höhnten. »So also ist es um das Eheleben unseres Strategen bestellt!« Sokrates und seine Schüler beobachteten den Streit, fassungslos.

»Dem Himmel sei Dank, dass Kallias nicht in Athen ist«, murmelte Sokrates.

Wäre der Bruder Zeuge der schlechten Behandlung, die Alkibiades seiner Schwester angedeihen ließ, geworden, hätte er die Familienehre verteidigen müssen, und der Skandal hätte noch erschreckendere Ausmaße angenommen.

Die Tochter von Hipponikos wurde immer ausfälliger. »Du willst mit Athen wie mit einer Hetäre spielen! Ich will die Trennung und ich werde sie bekommen.«

Das war zu viel. Alkibiades versetzte der aufsässigen Gattin eine Ohrfeige und zerrte sie mit sich. Sie überquerten unter ihrem lautstarken Protestgeschrei die Agora. Niemand wagte es, sich einzumischen. Der Philosoph und seine Schüler waren einen Augenblick wie versteinert. Sokrates fuhr gerade in seinem Vortrag fort, als er unter den Gaffern eine Frau erblickte, die ihn gründlich musterte. Es war Xanthippe. Sie schüttelte missbilligend den Kopf und verschwand in Richtung Stoa. Nichts auf der Welt hätte sie mehr in ihrer Verachtung für Alkibiades bestärken können. Sokrates wunderte sich wieder einmal über die Weitsicht seiner Frau.

»Wo waren wir stehen geblieben?«, fragte er.

»Dass die Rede die Subjektivität des Redners widerspiegelt«, sagte Kallikles. »Und dass ich in keiner Weise die gleiche Rede wie Kriton halten kann.«

»Und wieso das?«

»Weil jeder die Welt entsprechend seiner Erfahrung deutet und keine Erfahrung der des anderen gleicht.«

»Sehr gut. Glaubst du, dass alle Deutungen der Welt falsch sind?«

»Nein.«

»Selbst wenn das, was Kallikles sagt, anders ist als das, was du sagst, liegt er deiner Meinung nach nicht ganz falsch?«

»Genau.«

»Aber du denkst auch, wenn die Rede von Kallikles ein Körnchen Wahrheit enthält, enthält sie genauso gut ein Körnchen Unwahrheit?«

»Genau das denke ich.«

»In diesem Fall glaubst du sicherlich, dass es für dich nützlich ist, sofern deine Rede sowohl ein Körnchen Wahrheit als auch Unwahrheit enthält, das gemeinsame Körnchen Wahrheit in dem, was du und Kallikles gesagt habt, zu finden?«

»Genau.«

»Nun«, sagte Sokrates, »darin liegt der Nutzen des Dialogs.«

Kallikles fragte spöttisch: »Es wäre also für Alkibiades nützlich gewesen, herauszufinden, wo das Körnchen Wahrheit in den Worten seiner Frau lag?«

Die anderen amüsierten sich, weil der Schüler seinen Lehrer mit dessen eigener Methode geschlagen hatte.

»Aber sicher«, gab Sokrates zu, den diese Frage ebenfalls erheiterte.

»Alkibiades war dein Schüler. Warum hat er es nicht geschafft?«, fuhr Kallikles fort.

»Weil er ein Opfer seiner Leidenschaften ist«, erwiderte Sokrates und warf Antisthenes einen fragenden Blick zu.

»Du glaubst also, seine Leidenschaft hat sein Urteilsvermögen überschattet?«

»Ja, das glaube ich.«

»Was soll deiner Meinung nach bei deinen Schülern gefördert werden: das Urteilsvermögen oder die Beherrschung der Leidenschaften?«

Sokrates richtete seine leuchtenden blauen Augen auf seinen Gesprächspartner. »Ich lehre, wie man sein Urteilsvermögen schult. Aber ich kenne nur zwei Lehrer, die die Beherrschung der Leidenschaften lehren.«

»Wer ist das?«, wollte Kallikles wissen.

»Das Alter und der Misserfolg. Vorausgesetzt, der Misserfolg verkürzt das Leben nicht.«

Am nächsten Tag erfuhr Sokrates, dass die Gespräche zwischen den Strategen und den Lakedämoniern sowie zwischen ihnen und den Argivern wieder aufgenommen worden waren. Er genehmigte sich bei dem Lockenkopf einen guten Wein, als ein schreckliches Grollen zu hören war und der Boden unter ihm zu schwanken begann. So gut man den Grund auch kannte, es war unmöglich, sich den Klauen der Angst zu entwinden. Der Lockenkopf und seine Gäste wurden aschfahl. Hunde bellten. Die Vorübergehenden eilten zur Agora, als ob es dort sicherer wäre als sonst wo. Als das Erdbeben vorüber war, blickten alle zur Akropolis hoch. Aber die erhabenen Gebäude sowie die Statue der Athene hatten nicht gelitten. Dieses Ereignis ließ die peinliche Szene zwischen Alkibiades und seiner Frau vergessen.

Die folgenträchtigste Wirkung dieses Erdbebens, das von jeher als ein Omen angesehen wurde, vergleichbar mit der

Sonnenfinsternis, war, dass die Verhandlungen mit den Lakedämoniern unterbrochen wurden, ohne dass eine weitere vereinbart worden war. Ein Mitglied des Rats der Fünfhundert unterrichtete Sokrates darüber am Nachmittag.

»Also trägt das Bündnis mit den Argivern den Sieg davon?«,
fragte Sokrates.

Der andere zuckte mit den Achseln.

Sokrates erkannte, dass das Schicksal dem Alkibiades wieder
einmal gnädig war.

»Du wirkst nicht gerade erfreut«, stellte der Prytane fest. »Hast
du eine Vorliebe? Eine Partei?«

»Für mich gibt es nur die regierende Partei«, erwiderte Sokrates. »Ich bin besorgt, weil sich unter diesen Umständen zwei
Parteien gegenüberstehen.«

»Die von Nikias und die von Alkibiades? Aber ist es in einer
Demokratie nicht üblich, dass sich zwei Meinungen gegenüberstehen?«

»Unsere Demokratie ist so schwach wie ein junges Pflänz-
chen«, erwiderte Sokrates. »Das Erdbeben kann als Zeichen
gelesen werden. Auch Argos ist schwach. Sparta dagegen ist
stark. Wir sollten unsere Sicherheit erhöhen, statt uns in gefährliche Abenteuer zu stürzen.«

»Das Orakel hatte also Recht«, bemerkte der Prytane und zog
sich zurück.

7.

Mord auf der Bühne

Sokrates ist ein maßvoller Mann, und wenn die Mäßigung der Messgrad der Weisheit ist, dann hat das Orakel von Delphi den göttlichen Scharfblick bewiesen«, erklärte der Prytane, der Sokrates aufgesucht hatte, dem Strategen Lomachos. »Ich finde, wir sollten auf ihn hören.«

Es war eine dieser Unterhaltungen, wie sie sich unvermittelt beim Pergamenthändler oder auf der Straße ergeben. Aber Nichtigkeiten wie diese veränderten manchmal die öffentliche Meinung.

»Möge er nicht weiterreden!«, erwiderte der Stratege.

»Gib Alkibiades den Rat, auf ihn zu hören.«

So bildete sich eine Kette, und mehrere Strategen forderten Alkibiades auf, auf seinen Lehrer zu hören, das koste nichts. Aber Alkibiades suchte keinen Rat. »Mit der Philosophie macht man keine Politik«, erwiderte er, »und mit der Strategie noch weniger. Außerdem«, fügte er dreist hinzu, »hat jedes Alter seine Freuden. Sokrates hatte Freude am Philosophieren und Alkibiades an der Strategie.«

Xanthippe beobachtete Alkibiades seit mehr als zwanzig Jahren – mit immer scheelerem Blick. »Wenn ich mir vorstelle, dass dieser Dummkopf und Nichtsnutz prahlt, Schüler von Sokrates gewesen zu sein!«, erklärte sie Leto. »Wenn mein Gatte einen Funken Verstand hätte, würde er ihm einen Prozess wegen Verleumdung anhängen.«

Sokrates entgingen diese Worte nicht, denn im Allgemeinen war Xanthippe kaum zu überhören.

»Ein Bürger der Volksversammlung könnte dich beim Wort nehmen«, sagte er. »Und mich für die Entscheidungen von Alkibiades verantwortlich machen. Was ich nicht bin. Denk daran, was aus Protagoras geworden ist.«

Vor ein paar Wochen hatte ein verärgerter Bürger von der berühmtesten Abhandlung von Protagoras, *Über das Sein*, erfahren und sich vor dem Rat entrüstet, dass dieser Philosoph, überdies Metöke, die unmäßige Summe von zehntausend Drachmen verlangt hatte, um der Jugend Dinge beizubringen, die die Götter leugnen.

»Und was bedeutet das?«, fragten die Prytanen.

Und der andere deklamierte: »Ich weiß nicht, ob die Götter existieren oder nicht, noch welche Gestalt sie haben. Vieles hindert daran, dass man es erfährt: das Fehlen von sichtbaren Zeugnissen und das kurze Menschenleben.‹«

Die Prytanen bemerkten, dass man das auf zwei verschiedene Arten auffassen könne: Protagoras behaupte nicht, dass die Götter nicht existieren, sondern dass er nicht wisse, ob sie existieren – weil er sie nicht gesehen hatte.

»Verlangt man von einem Pädagogen, dass er lehrt, was er denkt oder das, was man denken soll?«, beharrte der Kläger. »Er sagt ferner, dass es keine Wahrheit gebe, sondern nur Meinungen. Und dass die Gestirne Steine seien; dabei wissen wir doch, dass sie Götter sind. Haben wir nicht einen Erlass verabschiedet, der die Verhöhnung der Götter bestraft?«

So brachte er die Prytanen in Verlegenheit, denn Protagoras war ein berühmter Philosoph, und die Verbannung des Antaxagoras vor einigen Jahren hatte erbitterte Kritik hervorgerufen. Sie schrieben also seine Klage nieder und hofften, dass die Volksversammlung sie abweisen würde. Doch diese hatte keine Lust, über Philosophie zu diskutieren. Solche Debatten gaben nur allzu vielen Schwätzern die Gelegenheit, endlos zu schwafeln. Also gaben sie die Klage an den Areopag weiter. Dieser hatte nicht viel zu tun und befand, dass Protagoras tatsächlich mit seiner Lehre die Götter verhöhnte, verurteilte ihn zur Verbannung und befahl die Verbrennung seiner Bücher. Und man erlebte, wie Dummköpfe, die seit der Ausbildung nie mehr ein Buch in die Hand genommen hatten, freudig um den Scheiterhaufen tanzten. Dieses Schauspiel bedrückte Sokrates, wie auch die Verbannung selbst.

So verließ also Protagoras zwei Jahre nach den 88. Olympischen Spielen Athen. Für Sokrates wäre die Verbannung die schlimmste Strafe gewesen, denn er ließ ungern die Stadtmauern hinter sich. Also bat er Xanthippe, ihre Zunge zu mäßigen.

Protagoras wurde vergessen. Für ein Volk, das mit dem Krieg beschäftigt war, waren die unnützen Zweifel eines Philosophen nicht von Bedeutung. Die Sykophanten, diese Späher, die unermüdlich durch die Stadt und vor allem die Agora streiften, um Gerede aufzufangen, vergeudeten damit keine Zeit. Der Staub der Zeit begrub den Vorfall unter sich.

Die ganze Aufmerksamkeit richtete sich auf die Werften, die Arsenale, die Gießereien, wo die Schwert- und Lanzenspitzen geschmiedet wurden, auf die Gerber, die das Leder der Schilde herstellten. Der Mangel an trockenem Holz für den Bau der

Trieren und der Sold der Ruderer nahmen einen ganz anderen Stellenwert ein als die Verhöhnung der Götter durch alte Männer. Man redete nurmehr über das Vermögen, das ein Holzhändler mit riesigen Mengen Trockenholz aus Ionien gemacht hatte, oder über jenen Sklaven, der vom Meister der Werften freigelassen worden war, weil er eine Methode gefunden hatte, das Pech von Thrakien und Makedonien, das zur Abdichtung der Schiffe diente, durch Zugabe von feinem Sand zu verdicken.

Dann kam die Zeit der großen Dionysien, und vor allem die Nacht vom 12. auf den 13. des Monats Elaphebolion[24], in der eine neue Komödie aufgeführt werden sollte. Man brachte Ankündigungen vor der Halle der Dionysos-Arenen am Fuß der Akropolis an: »*Die Wolken*« von Aristophanes, der bereits Ruhm mit seinen Stücken »*Die Acharner*« und »*Die Ritter*« erworben hatte.

Zur Stunde der Aufführung hielt sich Sokrates in der Stoa auf, unterhielt sich mit Kritias, dem Cousin von Alkibiades, über die Gefahren der Politik. Er sah sich jedes Stück von Sophokles an und wurde vom Autor persönlich eingeladen. Aber an der Komödie fand er keinen Gefallen. Sie war ihm mit den lächerlich dickwanstigen Schauspielern und ihren Gossenwitzen zu derb.

Die Unterhaltung zog sich in die Länge, der Abend war mild.

»Bestenfalls, Kritias, wird dein Handeln von der öffentlichen Moral beflügelt; im Übrigen von deinem Ehrgeiz«, sagte der Philosoph. »Die öffentliche Moral ist nicht gleichbedeutend mit der Ethik. Vielleicht begehst du Handlungen, die der Ethik widersprechen, auch wenn du glaubst, sie entsprächen der öffentlichen Moral. Wenn du dem Ehrgeiz nachgibst, läufst du Gefahr, zu Handlungen getrieben zu werden, die sowohl der öffentlichen Moral als auch der Ethik widersprechen.«

»Es ist jedoch wichtig, dass die Stadt gelenkt wird«, wandte Kritias ein.

»Ja, das stimmt.« Sokrates trank einen Schluck Wein. »Aber das ist eine Aufgabe, vor der sogar Herakles zögern würde.«

»Missbilligst du, was Perikles getan hat?«

»Aber nein. Doch er war eben Perikles.«

Plötzlich stürzten ihnen Bekannte entgegen. Alle waren in heller Aufregung.

»Ach, Sokrates, wenn du wüsstest.«

»Was soll ich wissen?«

»Aristophanes ... seine Komödie, *Die Wolken* ... sind ein Angriff gegen dich.«

»Gegen mich?«

Er hörte ihren Bericht. In dem Stück war er ein alter ehrloser Narr, der in einem Außenbezirk von Athen in einer Denkerbude lebt, seinen Schülern sinnlose Tölpeleien beibringt und die Götter verspottet. So behauptete er, es gebe keine Götter, sondern nur »das Chaos, den Atem und die Luft«. Ein Dummkopf namens Strepsiades sucht ihn auf, um zu erfahren, wie er die »Neue Weisheit von Sokrates« nützen könne, um seine Gläubiger an der Nase herumzuführen. Als Sokrates ihn belehrt, dass Zeus nicht existiert, nur ein Wahn ist, fragt Strepsiades, wer uns denn dann den Regen bringt ...

Sokrates und Kritias legten die Stirn in Falten. Drei Kohorten Sykophanten hätten nichts Schlimmeres anrichten können.

»Und Strepsiades erklärte, er habe immer geglaubt, der Regen sei der Urin von Zeus, der auf die Erde niederprasselt.«

»Und darüber amüsieren sich die Leute?«, fragte Kritias erstaunt.

»Ja, sie biegen sich vor Lachen.«

»Und wie endet die Komödie?«, fragte Sokrates.

»Strepsiades, an der Spitze einer Horde Verrückter, sperrt dich mit deinen Schülern in deiner Denkerbude ein und legt Feuer. Du schreist: ›Weh mir, ich Armer kann schon kaum mehr schnaufen!‹ Und Strepsiades antwortet: ›Was müsst ihr auch die Götter kujonieren? Was müsst ihr nach Selenens Hintern spähn?‹«

Sokrates trank einen Schluck Wein.

»Es ist sehr hart«, fuhr der andere fort. »Während du und deine Schüler gegen die Flammen kämpft, feuert Strepsiades seine Komparsen an: ›Nur drauf! Und schmeiß! Und triff: aus tausend Gründen. Vor allem weil sie unsre Götter schmähten!‹ Da konnte ich nicht mehr lachen.«

»Aber das ist ja ein Aufruf zum Mord!«, rief Kritias. »Sokrates, sollen wir einen Prozess wegen Verunglimpfung gegen Aristophanes anstrengen?«

Sokrates schwieg einen Augenblick. »Damit würden wir ihm zu viel Beachtung schenken«, sagte er schließlich. »Und ich sehe nicht, welches Gesetz er verletzt haben sollte. Gute Nacht.«

Er erhob sich, um nach Hause zu gehen. Unterwegs überlegte er, welchen Sinn dieser Angriff hatte. Spiegelte er die Meinung des Volkes wider, deren er sich bis jetzt nicht bewusst gewesen war? Oder war es nur eine Laune des Autors, der sich der schlimmsten Demagogie bediente? Aber Tausende von Athenern hatten das Stück gesehen und gelacht, als sein Tod in Szene gesetzt wurde.

Xanthippe war bereits morgens von den Nachbarn unterrichtet worden. Als Sokrates das Haus verließ, rief sie, sie würde jemanden dingen, der diesem Aristophanes einen Dolch ins Herz stieße. Er wandte sich seelenruhig nach ihr um.

»Das würde die Geister bestimmt beruhigen.«

Auf der Agora richtete sich die Aufmerksamkeit aller auf ihn. Man versuchte ihn zu trösten, befragte ihn nach seiner Reaktion, bot ihm an, Aristophanes zu verprügeln.

»Und warum nicht die Möwen, die im Hafen von Piräus kreischen?«, erwiderte er.

Die Wirkung des Orakels von Delphi war verebbt.

8.

Die Sache mit den steinernen Phalli

Als ob wir mit dem Krieg nach außen noch nicht genug hätten, haben wir auch noch einen im Lande vom Zaun gebrochen«, murrte ein alter Prytane, der sich ab und zu in Sokrates' Gesellschaft aufhielt. »Die Opposition zwischen Oligarchen und Demokraten wächst sich zum Bürgerkrieg aus.« Sykophanten schossen scharenweise wie Pilze aus dem Boden. Oligarchen und Demokraten suchten sich ihre Anhänger unter den Taugenichtsen Athens und denen von Piräus, erfreut, allein durch ihr Übelwollen Oberhand zu gewinnen. Bald erkannte man sie schon von weitem; sobald sie eine Gruppe von zwei bis drei Personen erblickten, pflanzten sie sich in deren Nähe auf und taten so, als seien sie zufällig hier. Manchmal belauschten gleich mehrere eine Unterhaltung und wurden schließlich handgreiflich. Eines Tages, als sie eine Unterhaltung zwischen Sokrates und seinen Schülern belauschten, stießen zwei dieser Späher erst Beleidigungen aus und verteilten anschließend Prügel. Antisthenes, außer sich, packte sie am Genick, verpasste ihnen einen Rüffel und schickte sie zum Henker.

In der Polis herrschte allgemeines Misstrauen. Die politischen Parteien in Athen und Argos waren in allerlei Intrigen verwickelt

– mit der Folge, dass in Attika Festungen gebaut und von Alkibiades befehligt wurden. Die verdächtigen Manöver der Athener und vor allem die des Alkibiades hatten das Misstrauen der Lakedämonier noch verstärkt. Der Peloponnesische Krieg war noch nicht zu Ende.

Alkibiades entschloss sich zu einem großen Schlag: dem Angriff auf die Flanke der Lakedämonier. Zuvor aber musste Sizilien erobert, dem Schutz von Syrakus entrissen und das kornreiche Lakedämonien um sein Getreide gebracht werden.

An dem Tag, als Alkibiades seinen Plan der Volksversammlung vortrug, hatte die Schänke des Lockenkopfs einen solchen Zulauf, dass dieser drei Gehilfen brauchte.

»Das ist verrückt. Die paar Kolonien, die wir dort gegründet haben, sind als militärische Hilfe nicht viel wert. Perikles wollte die Grenzen des Reichs wahren und nicht endlos erweitern. Wir können uns nicht bis zu den Säulen des Herkules ausdehnen.«

Sokrates und viele andere hörten diese Worte. Er war bemüht, sich nicht von den Gefühlen mitreißen zu lassen, von der Leidenschaft, die Unordnung mit sich bringt. Aber wie konnte einem das Vorhaben des Alkibiades gleichgültig sein?

»Und Nikias? Was tut der«, fragte ein erregter Zuhörer.

»Er hat sich heiser geschrien, als er erklärte, es bestehe keinerlei Anlass, sich auf ein derartiges militärisches Unternehmen einzulassen«, erwiderte der Prytane, »denn bis nach Syrakus ist es weit, Athen ist in keiner Weise bedroht. Andrerseits sind Syrakus, Selinus und Akragas, die großen Städte Siziliens, keine Kleruchien[25], sondern gut befestigte und wehrhafte Städte, die den Überfällen unserer Truppen lange standhalten konnten. Hermokratos, der Herr von Syrakus, ist uns keineswegs gewogen. Er bemüht sich seit über zehn Jahren, Sizilien gegen die athenische Bedrohung zu vereinen. Nikias hat ebenfalls daran gemahnt, dass die Leidenschaft nur selten Erfolg hat. Aber vergeblich. Lässt man die Stimme der Vernunft ertönen, gilt man als Hasenfuß. Je ausführlicher er die Schwierigkeiten vor Augen führt, desto eher sieht das Volk darin eine Herausforderung und begeistert sich für das Vorhaben des Alkibiades. Ich glaube, er hat den Verstand verloren. Nach Sizilien wird er Karthago erobern wollen, auf dass der gesamte Mittelmeerraum von Athen beherrscht werde. Dabei vergisst er, dass ein solches Unterfangen zur Folge hätte, dass sich alle Städte, die neutral bleiben wollen, gegen uns verbünden würden. Und wir haben nicht die Mittel, die Welt zu erobern! ›Wir haben die Perser besiegt und wir werden die Spartaner ebenfalls besiegen!‹ Das hat er gesagt. Demzufolge haben wir keine Wahl: Wir verlieren unser Reich, wenn wir uns nicht den anderen aufdrängen. Und ohne Erweiterungsfeldzug wird Athen vor lauter Müßiggang verweichlichen.«

Sokrates stand mit gesenktem Haupt da.

»Aber welche Argumente setzte Alkibiades den Einwänden von Nikias entgegen?«, fragte der Zuhörer.

Der Prytane antwortete nicht, sondern wandte sich an Sokrates. »Und was hältst du von alledem?«

Sokrates überlegte kurz. Sollte er öffentlich seinen Schüler bloßstellen?

»Ich denke, der Wagemut des Alkibiades wäre ohne den derjenigen, die er mitreißt, gar nichts«, erwiderte er schließlich.

»Willst du damit sagen, dass das ganze Volk von Athen den Verstand verloren hat und Alkibiades lediglich der Wortführer dieser Tollheit ist?«

Sokrates versuchte zu lächeln. »Wenn du den Eroberungsdrang als Tollheit bezeichnest, dann glaube ich, dass wir der Unvernunft verfallen sind.«

»Dann sag es deinem Schüler«, rief der Prytane. »Bist du nicht Mitglied der Volksversammlung[26]? Wurdest du nicht vom Orakel als weisester Mann Griechenlands bezeichnet?«

»Hast du schon mal versucht, mit einem Mann zu reden, den die Leidenschaft gepackt hat?«, wandte Sokrates milde ein. »Er wird dir antworten, dass es dir an Mut fehlt. Du hast ja gesehen, wie die Menschen auf Nikias reagiert haben.«

Halb Athen hatte sich auf der Agora versammelt. Die Menschen waren auf die Brunnen geklettert, auf die Podeste der Statuen oder auf Stühle. Die Händler boten weiterhin seelenruhig ihre Pasteten und Kuchen an. Sokrates gelang es nur mit Mühe, sich einen Weg durch die Menge zu bahnen. Bestürzt kehrte er nach Hause zurück. Als er die Tür hinter sich geschlossen hatte, erfasste ihn tiefe Niedergeschlagenheit. Alkibiades hatte, als er seinen Plan vorgetragen hatte, die Leidenschaften entfacht, die Streitigkeiten, die den Athenern zu schaffen machten, geschürt und den Zorn der Götter herausgefordert. All das erinnerte an Sophokles und Sokrates war sich sicher: Diese Geschichte würde ein tragisches Ende nehmen.

Aber welches riesige Machwerk beherrschte das Schicksal der Menschen? Welchen Namen sollte man ihm geben? Waren es wirklich Götter?

Xanthippe fand ihn im Patio sitzend vor, wie immer, wenn er nachdachte. Sie konnte sich Fragen sparen. Leto hatte ihr die Ereignisse bereits berichtet und Xanthippe konnte sich deren Wirkung auf ihren Gatten ausmalen. Also sagte sie lediglich:

»Ich bin glücklich, dass die Angelegenheiten der Stadt dir

diesen Mann entfremdet haben. Er hätte dich ins Verderben
gestürzt, erst dich, dann Athen.«

Er sah sie fragend an.

»Siehst du denn nicht«, fuhr sie fort, »dass er den Untergang
Athens besiegeln wird?«

Er bemühte sich, die Antriebskraft des kalten Hasses, den
diese Frau seit der Entdeckung des Leichnams von Philippidos
in der Heronstraße für Alkibiades empfand, zu erkennen. Konnte man sich denn auf die menschliche Natur überhaupt einen
Reim machen?

Am nächsten Tag erfuhr Sokrates von Kallikles, dass die Volksversammlung begeistert für den Sizilienfeldzug gestimmt hatte,
alle Erwartungen von Alkibiades noch übertreffend. Man bewil-
ligte nun den Strategen statt zwanzig Schiffen hundert. Und
außerordentliche Gelder. Paradox daran war, dass die Expedition ausgerechnet unter dem Befehl von Nikias stand, der sich
am heftigsten gewehrt hatte.

All diese Ereignisse entflammten die Jugend. Zwei oder drei
Schüler von Sokrates gestanden, dass sie sich schämten, sich der
Philosophie zu widmen, während die jungen Leute in ihren Fami-
lien und ihre Freunde den Ruhm Athens über die Meere trugen.
Was konnte er ihnen entgegenhalten? Hatte er nicht selbst mehr-
mals zu den Waffen gegriffen, um Athen zu verteidigen? Welcher
Unterschied bestand zwischen damals und heute? Und wie sollte
er ihn erklären? Welche Eitelkeit das Lehren doch war! Das erste
aufkeimende Gefühl reißt alle vom Wissen errichteten baufälligen
Gebäude nieder! Folglich begnügte sich Sokrates damit zu fragen:

»Besteht das Ziel des Lebens darin, Reiche auszudehnen? Oder
darin, sein inneres Reich zu erweitern?«

Die Vorbereitungen für den Feldzug dauerten mehrere Tage. Eines Morgens kehrte Leto, die frühzeitig aus dem Haus gegangen war, um Melonen, Milch und Brot zu kaufen, aufgeregt zurück. Sie stellte die Lebensmittel ab und rief:

»Xanthippe, es ist etwas Schreckliches passiert.«

Sokrates hörte sie und verließ sein Gemach.

»Heute Nacht hat man alle Hermen entmannt.«

Xanthippe hielt in ihrer Beschäftigung inne.

»Wie?«

»Ich sage dir: Irgendwelche Männer haben alle Hermen kastriert.«

Die Hermen, das waren Pfeiler, auf denen die Büsten des in Athen so beliebten Gottes thronten. Es gab sie überall in der Stadt und in der Umgebung, am Eingang der Häuser, der Grundstücke und an Straßenkreuzungen. Hermes Psychopompos, der Gott der Herden, der die Seelen der Toten geleitete, wachte auch über die Lebenden und schützte sie vor Gefahr. Die Büsten zeigten auch seine stattlichen Geschlechtsteile. Die Vorübergehenden pflegten sie zu streicheln, weil das Glück brachte. Einen Hermes zu entmannen war für jeden Athener ein Sakrileg.

Ein Hermes befand sich an der Ecke der Heronstraße, wenige Schritte von Sokrates' Haus entfernt.

»Unseren auch?«, rief Xanthippe.

»Ja, unseren auch.«

Sokrates ging hinaus, um sich davon zu überzeugen. Eine kleine Menschenmenge hatte sich vor dem Pfeiler versammelt. Der Gott war tatsächlich entmannt worden. Einige Steine, die auf dem Boden herumlagen, waren alles, was vom göttlichen Phallus übrig geblieben war.

»Das ist ein großes Unglück!«, rief eine Frau. »Der Vorbote von einem schrecklichen Ereignis.«

Andere betrachteten mit gefurchteter Stirn die Spuren der Schändung.

»Das kann nur ein Staatsfeind getan haben«, murmelten die einen. »Eine Verschwörung«, bemerkten die anderen. Als ein junger Mann dazukam, völlig außer Atem, und verkündete, dass alle Hermen in der Stadt verstümmelt worden waren, gerieten die Menschen in Panik. Einige rannten nach Hause und verschanzten sich in ihren Häusern.

In Gedanken beim Ausmaß der Aufregung, für die das Sakrileg gesorgt hatte, ging Sokrates nach Hause, um eine Schale heiße Milch zu trinken. Als er eintrat, verstummten Xanthippe und Leto, die offensichtlich eine angeregte Unterhaltung geführt hatten. Sokrates nahm seinen Umhang und begab sich zur Agora. Auf dem Weg dorthin stieß er auf weitere Menschentrauben vor entmannten Hermen. Die gleichen Bemerkungen, die gleichen düsteren Deutungen, der gleiche Verdacht. Er schnappte einzelne Worte auf: »Alkibiades ... vor seiner Abreise ... die Oligarchen.« Er überlegte, ob sich die Unterhaltung zwischen seiner Frau und Leto um Alkibiades gedreht hatte.

Auf der Agora waren verwunderlich wenige Menschen. Sokrates hatte angenommen, die Volksvertreter würden sich zur Morgensitzung im Tholos und Buleuterion begeben, aber die Tore waren geschlossen. Ein Pförtner erklärte ihm, dass alle im Hafen von Piräus seien.

»Piräus?«

»Ja, um die Flotte zu verabschieden, die in See sticht.«

Hatte er nicht richtig gehört? Heute war also der Abreisetag für den Feldzug nach Sizilien. Und gleichzeitig erlebte Athen den

Skandal mit den Hermen! Er beschloss, sich ebenfalls zum Hafen zu begeben. Weshalb? Um der Inszenierung der Tragödie beizuwohnen? Aber Neugier und Unruhe drängten ihn. Er schlug den Weg zum Hafen ein, zwischen dem Hügel der Nymphen und dem der Musen, und erkannte weiter unten eine riesige Menschenmenge, die den Hafen ansteuerte. Er mischte sich unter Hunderte von Nachzüglern, Männer, Frauen und Kinder. Alle wollten beim Auftakt der glorreichen Expedition nach Sizilien dabei sein. Es war wie ein Fest, bei dem sich niemand den blutigen Ausgang vorstellen wollte. Auch Händler, einen Krug umgeschnallt oder einen Korb mit Melonen auf dem Kopf jonglierend, hatten sich unter die Prozession gemischt, denn nichts anderes war dieser Menschenauflauf.

Ein klarer Himmel, der Hitze ankündigte[27], trug das Seine bei. Auf dem kleinen Marktplatz von Piräus, Ausgangspunkt der Straßen, die in die Viertel Kantaros, Akte, Za und Mounchyia führten, war es zu einem Stau gekommen. Die Athener waren nämlich nicht die Einzigen, die den Beginn des ruhmreichen Eroberungszugs miterleben wollten: Außer den Bewohnern von Piräus und Phaleron hatten sich die der benachbarten Dörfer Agrylos, Alopeke, Halimos und anderer versammelt. Die Menschenmasse bewegte sich auf die Bucht von Phaleron zu, die groß genug war, um hundert Schiffe aufzunehmen.

Nicht alle fanden Platz auf den Kais. Also kletterte man auf die Hausdächer und die öffentlichen Gebäude von Phaleron und Zea. Sämtliche Tische und Stühle waren an Gaffer verliehen worden und brachen unter dem Gewicht der Menschen fast zusammen.

Sokrates beeilte sich, sein Ziel zu erreichen. Unterwegs begegnete er dem Prytanen, der ihm einst das schmeichelhafte

Orakel von Apollon verkündet hatte. Der Würdenträger hielt in der Hand eine Pergamentrolle, vermutlich der Text einer Rede. »Wenn du in der Menschenmenge bleibst, wirst du nichts sehen«, sagte er zu Sokrates. »Für Rat und Volksversammlung wurde am Kai ein Platz reserviert.«

Unter großen Mühen gelangten sie schließlich dorthin. Alle Staatsbeamte Athens waren anwesend, Prytanen und Magistrate und Strategen. Sokrates wurde gegen einen Anhänger von Nikias gedrängt. Dieser erkannte und grüßte ihn ohne große Begeisterung. War es nicht ein Schüler von Sokrates, der diese unvernünftige Expedition auf die Beine gestellt hatte? Aber er hatte nicht die Muße, seinen Unmut zu äußern, denn in der Menge entstand eine starke Bewegung. Dabei verlor der eine und andere Würdenträger das Gleichgewicht. Die Unruhe war durch die Ankunft unzufriedener Hopliten entstanden. Frühmorgens, als die Expedition angekündigt worden war, waren diese Freiwilligen noch begeistert gewesen. Sie meldeten sich bei den Strategen, und dort hatte man ihnen erklärt, man habe keine Verwendung für sie. Achthundert Hopliten blieben also tief enttäuscht zurück und mussten sich mit der Verteidigung der Stadt begnügen.

Mehrere, sichtlich erregte Gemüter wandten sich an Sokrates. Er galt als weise und war der Lehrer des Alkibiades. Sie bestürmten ihn mit Fragen, aber er hörte ihnen nur mit einem Ohr zu, gebannt von dem Schauspiel, das sich ihm bot. Unter glühender Sonne, schaukelten hundert anderthalb Plethron[28] lange Trieren Seite an Seite in der Bucht von Phaleron. Neue Schilde und die Waffen der Hopliten, die auf der Brücke hinter den Kataphrakten[29] standen, glänzten.

Plötzlich erhob sich tosender Beifall. Es entstand ein Gedränge und etwa vierzig Würdenträger, Priester der Athene, des Poseidon, von Apollon, Dionysos und Zeus hätten fast das Gleichgewicht verloren und wären ins Wasser gefallen. Zivilgarden drängten die jubelnden Menschen zurück. Sokrates fragte sich, wem ihr Beifall galt. Da entdeckte er Alkibiades, Nikias und mehrere Oberste, die auf einer Brücke standen, um sich von den Stadtbehörden zu verabschieden.

Die Rüstung und der hell glänzende Helm des Alkibiades ließen sein Gesicht erstrahlen. Unter dem Visier wirkten die geliebten Züge wie eine Maske mit funkelnden Augen. Alkibiades war kein Mensch, er war ein Halbgott. Sokrates spürte, wie ihm das Herz schmerzte. Dieses Gesicht hatte ihn einst vom himmlischen Wesen der Liebe überzeugt, eine Vision, wie sie anderen nicht vergönnt ist. Und jetzt hatte er wieder diese Vision, diesmal aber mit dem Zweifel behaftet, ob die Götter ihre Geschöpfe vielleicht verspotten. Genau wie Nikias und die anderen Obersten schüttelte Alkibiades Hände. Da entdeckte er Sokrates und breitete die Arme aus. Sokrates wurde gegen ein Panzerhemd gedrückt.

»Die Götter mögen dich beschützen«, murmelte der Philosoph.

»Das hat gerade noch gefehlt, was ausgerechnet heute passiert ist«, flüsterte Alkibiades.

Sokrates hielt ihn auf Armeslänge von sich und blickte forschend in die hellblauen Augen, die ihn einst so verzaubert hatten. Alkibiades hielt seinem Blick stand, und Sokrates erkannte, dass er nichts mit der Schändung der Statuen zu tun hatte.

»Hermes und die Götter mögen dich beschützen«, wiederholte er.

Nikias, der dicht neben ihnen stand, vernahm diesen Wunsch. Mit einer Geste, die für sich sprach, fuhr er sich mit der Hand übers Gesicht. Einen Augenblick später war Alkibiades verschwunden. Seine Anhänger wollten ihm die Hände schütteln. Sokrates stand noch mit ausgestreckter Hand da und sie wurde jetzt von den Obersten gedrückt.

Eine Rede folgte der anderen: »... Manen unserer Väter: Tugend der Kinder ... Wille des Volks von Athen ... Das Wohlwollen von Zeus, Athene und Poseidon ...« Sokrates hörte nicht mehr hin. Es war gegen Mittag, als Alkibiades, Nikias und die anderen an Bord ihrer Schiffe gingen. Neuer Beifall erhob sich, vermischt mit Trompetenklängen, die die Abreise ankündigten, vermischt mit Sistren und Zimbeln. Alkibiades sprang von einer Triere zur nächsten, bis er bei seiner angelangt war. Die anderen taten es ihm nach. Befehlshaber brüllten ihre Befehle. Langsam löste sich die erste Triere, die von Alkibiades, am äußersten Ende der Flotte, hielt dann kurz an, damit die hundertachtzig Ruder, jede neun Ellen[30] lang, ungehindert brassen konnten. Sie steuerte das offene Meer an, die Segel vom Wind gebläht, den hornförmigen bronzenen Bug westwärts gewandt. Bald sah man nur noch das hohe Heck und den Kopf des Befehlshabers, der die beiden Steuerruder in der Hand hielt[31]. Menschen winkten ihnen zu, Frauen vergossen Tränen, gute Wünsche wurden ausgesprochen. Dann legte eine Triere nach der anderen ab. Eine Stunde später bot sich den Zuschauern ein bewegendes Bild: Hundert Segel, die an Tauben erinnerten, trieben über das silbrige Meer. Sokrates wandte sich mit bangem Herzen ab und schlug den Weg Richtung Stadt ein. Da legte sich eine Hand auf seine Schulter. Es war Nikias.

»Versteh mich richtig«, sagte er, »der Sieg wird genauso gefährlich sein wie das Scheitern der Expedition.«

Und mit einem unmerklichen Lächeln fügte er hinzu:

»Möge Hermes auch uns beschützen!«

9.

Der Skandal und die Tollheit

Als Sokrates in der Abenddämmerung nach Hause zurückkehrte, noch ganz unter dem Eindruck der letzten Begegnung mit Alkibiades, lauteten seine ersten Worte:

»Alkibiades hat mit den Hermen nichts zu tun.«

Aber Xanthippe hatte offensichtlich ihre eigene Meinung und
erwiderte lakonisch: »Er allein war es bestimmt nicht.«

»Er war es überhaupt nicht«, beharrte er.

Sie seufzte. »Dieser Mann kann für immer auf deine Nachsicht
bauen! Nicht er hat bei Philippidos den Dolch geschwungen,
sondern einer seiner Freunde. Und so weiter.«

»Ich habe heute mit ihm geredet«, sagte er. »Wenn es er
gewesen wäre, hätte er andere Worte gebraucht, um diesen
Frevel zu verbergen.«

»Gut, dann überzeuge Athen davon . . .«

In Wirklichkeit haben aber diese Worte Sokrates nicht beruhigt. Vielleicht würde ihm die Nacht eine Lösung bringen. Aber
er hoffte vergeblich. Und am nächsten Tag hoffte er, ohne allzu
sehr daran zu glauben, dass die durch die Abreise der Flotte
hervorgerufenen Gefühle den an den Hermen begangenen
Frevel[32] überschatten würden. In der zweiten Stunde nach

Mittag traf er auf der Agora den gleichen Prytanen, der ihm am Tag zuvor einen Weg bis zu den Kais von Phaleron gebahnt hatte. Der Würdenträger nahm ihn zur Seite.

»Sokrates, wir brauchen in dieser Angelegenheit deinen Rat. Wir werden heute Abend darüber diskutieren. Die Beleidigung eines der Götter Athens wirkt sich auf die anderen aus, denn sie beweist böse Absichten. Ich bitte dich, deine Weisheit zu gebrauchen, um das zu analysieren, und ich werde deine Meinung den anderen übermitteln. Ich teile dir das mit, weil Gerüchte im Umlauf sind, die deinen Freund und Schüler Alkibiades beschuldigen.«

Sokrates bebte innerlich, beherrschte sich aber. »Die Angelegenheit scheint wirklich eine Absicht zu verraten«, erwiderte er. »Wie viele Hermesstatuen gibt es in der Stadt?«

»Siebenhundert.«

»Sind sie alle verstümmelt worden?«

»Mit Ausnahme einer einzigen, in der Nähe des Marathon-Tores. Zumindest behaupten das die Männer, die beauftragt sind, die Schäden festzustellen.«

»Wie lange haben sie gebraucht, um die ganze Stadt abzugrasen?«

Der Prytane schien sich über die Frage zu wundern.

»Sie haben sich morgens sehr früh auf den Weg gemacht. Man hat mich im Morgengrauen geweckt, um mich über die Verstümmelung von zwei Hermen in meinem Viertel, in der Nähe des Hephaisteon, zu informieren. Ich habe einen Kollegen in der Nachbarschaft unterrichtet. Er hat sofort seine beiden Söhne losgeschickt, damit sie ermitteln, wie viele Statuen betroffen sind. Sie haben ungefähr sechs Stunden benötigt.«

Sokrates überlegte kurz. »Gut. Glaubst du, ein Verbrecher, der eine so verabscheuenswerte Tat begangen hätte, würde das Risiko eingehen, das zu einer Stunde zu tun, da er überrascht, festgenommen und vom Areopag zum Tode verurteilt werden könnte?«

»Gewiss nicht.«

»Er musste also zu einer Zeit anfangen, da er sicher sein konnte, dass alle tief schliefen. In der Stadt gehen erst nach Mitternacht die Lichter aus. Und zurzeit dämmert es gegen sechs Uhr morgens. Dieser Mann hatte also fünf bis sechs Stunden zur Verfügung, die gleiche Zeit wie die Beauftragten, von denen du mir berichtet hast.«

Der Prytane nickte.

»Daraus ist zu schließen, dass kein Einzelner das bewerkstelligen konnte«, fuhr Sokrates fort. »Die Aufgabe wurde mindestens zwischen zwei oder drei Männern aufgeteilt. Wie lange braucht man deiner Meinung nach, um eine Statue derart zu verstümmeln?«

»Ich weiß nicht. Ungefähr zehn Minuten.«

»Das ist auch meine Meinung. Einige Statuen sind neu und ihr Stein ist widerstandsfähiger als andere. Aber in diesem Fall hätte ein Verbrecher in einer Stunde höchstens fünf oder sechs Statuen verstümmeln können, ungerechnet der Zeit, die er benötigt, um von einer zur anderen zu gelangen. In fünf Stunden hätte er nur fünfundzwanzig bis dreißig geschafft.«

»Das stimmt«, rief der Prytane. »Wieso bin ich nicht selber drauf gekommen?«

»Wenn das stimmt, müssten es mindestens vier bis fünf Täter gewesen sein. Sie alle sind dafür verantwortlich.«

»Das Orakel hat dich zu Recht als weisesten Mann Griechenlands bezeichnet«, sagte der Prytane.

Ein Kollege hatte sich dazugesellt und der Prytane setzte ihm die Überlegungen von Sokrates auseinander. Der andere nickte mehrfach und vollführte große Gesten. Sokrates wurde erneut mit Komplimenten überschüttet.

»Jetzt interessiert uns, wer die Schuldigen sind. Du hast mir vorhin erklärt, Alkibiades stehe unter Verdacht. Ich kann mir keinen Grund dafür vorstellen. Ich gebe euch Folgendes zu bedenken: Glaubt ihr, dass ein militärischer Anführer, der sich gerade anschickt, eine der größen See-Expeditionen unserer Geschichte durchzuführen, an der er selber mit seiner Triere teilnimmt, noch Kräfte für eine nächtliche Aktion übrig hat, die überhaupt nichts mit dieser Expedition zu tun hat? Meint ihr nicht, dass er, von den Vorbereitungen erschöpft, seine letzten Stunden an Land dafür verwendet hätte, etwas Schlaf zu finden?«

Die beiden Prytanen tauschten einen fragenden Blick.

»Ich denke auch, dass er es vorgezogen hätte, zu schlafen«, gab schließlich der eine der beiden Männer zu.

»Aber vielleicht waren es Männer, die auf seinen Befehl hin gehandelt haben«, meinte der andere.

»Das ist möglich«, räumte Sokrates ein. »Aber ihr wisst, dass die engsten Freunde von Alkibiades mit ihm auf seiner Triere segeln, um seinen künftigen Ruhm mit ihm zu teilen. Ihr habt sie ja gestern gesehen. Es waren vierzehn. Um etwas so Frevelhaftes wie die Entmannung der Hermen auszuführen, hätte er Männer bei der Hand haben müssen, die ihm ergebener sind als Sklaven.«

Die Prytanen schwiegen nachdenklich. Sokrates stellte ihnen eine weitere Frage:

»Glaubt ihr, dass diese Männer, die im Fall der Festnahme die härteste Strafe riskieren und deren Namen für immer verfemt sein werden, bereit sind, derartige Schmach und Schande zu ertragen, während ihre Kameraden nach, wie wir alle hoffen, erfolgreichem Feldzug mit Ruhm bedeckt werden?«

Die beiden Prytanen schienen verwirrt. Zweifellos hatten sie den Gerüchten geglaubt, die Alkibiades beschuldigten, denn wenn man nichts weiß, ist ein Gerücht immer noch beruhigender als gar nichts. Nun hatte Sokrates sie davon abgebracht. Kurzfristig genoss er die Ironie der Situation: Er hatte bei der Verteidigung des Alkibiades die Methode angewandt, die Xanthippe zur Untermauerung ihres Verdachts eingesetzt hatte.

»Gut«, sagte schließlich der eine. »Kannst du uns helfen, das Motiv für diese schändliche Tat herauszufinden? Vielleicht können wir dann auch die Täter aufspüren.«

Und sie nahmen ihn mit zur Stoa, um sich dort an ein oder zwei Bieren zu laben.

Als sie Platz genommen und einen kräftigen Schluck Bier zu sich genommen hatten, bemerkte Sokrates: »Das Auffallendste an diesem Frevel ist seine Unsinnigkeit. Er verleiht keiner Meinung Ausdruck, weil die Täter im Dunkeln gehandelt haben, um unbekannt zu bleiben. Sie wollten zu einem großen Schlag ausholen, um das Volk, das fast ausschließlich mit der Expedition des Alkibiades beschäftigt war, aufzuschrecken. Sie handelten nicht spontan, sondern wollten lediglich den Eindruck der Dreistigkeit erwecken.«

»Und nun?«

»Ich nehme an, diese Leute hatten die Hoffnung, man werde ihre Tat jemandem zuschreiben, der sich in Athen durch seine Kühnheit hervorgetan hat.«

»Also Alkibiades. Deiner Meinung nach haben seine Feinde das in Szene gesetzt?«

»Haben sie denn ihr Ziel nicht erreicht? Deine Worte vor wenigen Minuten haben mir verraten, dass der Verdacht sofort auf ihn gefallen war.«

»Tatsächlich.«

»Ein weiteres Kriterium ist der Zeitpunkt der Tat: Nicht vor acht Tagen, sondern am Abend bevor Alkibiades mit seiner Flotte in See sticht.«

»Was für eine Schlussfolgerung ziehst du daraus?«

»Diese Schändung soll zeigen, dass Alkibiades böse Absichten hat: Er will nicht nur Sizilien erobern, sondern sich gleich nach seiner Rückkehr zum Herrscher Athens ausrufen lassen und der Stadt ihren Glauben an die Götter nehmen.«

»Hältst du so etwas für möglich?«

»Nein, da ich euch erklärt habe, dass Alkibiades an diesem Komplott nicht beteiligt ist. Eine solche Freveltat kann seinen Absichten keineswegs dienlich sein, sondern lediglich die Begeisterung über die Expedition schmälern: Man will dem Volk vorgaukeln, dass die Entmannung der Hermen am Tag vor dem Feldzug, den er selbst so leidenschaftlich gewollt hatte, ein böses Omen darstellt.«

»Wieder richtig«, bemerkte einer der Prytanen und leerte seinen Becher mit einem Schluck.

»Ein dritter Gesichtspunkt dieser schändlichen Tat«, fuhr Sokrates fort, »ist der, dass sie fast auf militärische Art und Weise organisiert wurde. So verhalten sich nicht ein paar junge angetrunkene Männer, die an einer Götterstatue vorbeikommen und sie mutwillig entehren. Nein, es handelt sich hier um mehrere entschlossene Männer.«

»Was schließt du daraus?«

»Dass es sich um eine politische Gruppierung handelt, die

entschlossen ist, die Stadt zu verhöhnen und gleichzeitig zu terrorisieren. Hermes ist einer unserer Schutzgötter.«

Sie bestellten eine neue Runde.

»Diese Geste ist eine symbolische Warnung, dass Athen schutzlos ist und eine heftige politische Umwälzung erfahren wird«, fuhr Sokrates nach kurzem Schweigen fort.

Der Lockenkopf versorgte seine Gäste erneut mit Wein.

»Aber wie ist diese Tat damit zu vereinbaren, dass diese Leute Alkibiades kompromittieren wollten?«, fragte einer der Prytanen.

»Das ist keineswegs widersprüchlich. Diese Verschwörer wollten andeuten, dass derselbe kühne Mann, der die Organisation der See-Expedition geleitet hatte, zu einem heftigen Schlag ausholen könnte.«

»Aber warum ihn bloßstellen, wenn er doch damit nichts zu tun hat?«

»Vielleicht stört Alkibiades sie«, erwiderte Sokrates. »Vielleicht ist er ihnen zu lästig und nicht fügsam genug. Wenn man ihm die Tat wirklich zuschreiben würde, wäre die Folge, dass er sein Ansehen verlieren und schließlich in die Verbannung gehen müsste.«

»Deine Worte zeugen von großem Ernst. Da du alles mit großer Weisheit darlegst, könntest du doch deine Gedanken der Volksversammlung vortragen?«

»Nein«, erwiderte Sokrates. »Ich war stolz auf meine Freundschaft mit Alkibiades. Man würde in meinen Worten lediglich die Rede eines Anhängers sehen. Es ist besser, ihr tragt meine Überlegungen so vor, wie es euch beliebt.«

»Du hast aber immer noch nicht verraten, wer die Schuldigen sind«, bemerkte einer der Prytanen.

»Nein, aber ich habe euch die Wege gezeigt, sie zu erkennen«, erwiderte Sokrates lächelnd.

Die Stunde der Sitzung nahte. Die Prytanen erhoben sich und schlugen den Weg zur Volksversammlung ein. Sokrates blieb allein zurück. Nein, er hatte die Schuldigen nicht benannt: diejenigen, die die Demokratie stürzen wollten. Und so glänzend er Alkibiades verteidigt hatte, er fragte sich, inwiefern dieser ihren Plänen feindlich gegenüberstand. Und wenn, wie sollte er es ihnen erklären?

Im Unterschied zur Leidenschaft, vergleichbar mit einem sich ausbreitenden Buschfeuer, verhält sich die Vernunft wie der Heilkräutersammler: Er geht seinen Weg, schaut nach links und nach rechts, sucht die Schafgarbe mit tausend Dolden, das Herzgespann mit den violetten Stängeln und den rauen Blättern oder den Huflattich mit den gelben Blüten, aus dem er Theriak machen würde, seine Lotion oder seine Salbe. Sokrates war auf das Feuer, das ihn plötzlich umzüngelte, einfach nicht gefasst.

In drei oder vier Tagen entstand eine regelrechte Epidemie. Verdächtigungen, Festnahmen und Beschuldigungen, eine unsinniger als die andere, verwüsteten Athen. Man fragte sich, welche Epidemie verheerender war: die physische oder die geistige.

Es begann mit der Absetzung eines gewissen Diokleides im Rat der Magistrate wegen der Schändung der Statuen. Dieser Mann mit den unregelmäßigen Zügen – die Augen standen im Widerspruch zum Mund –, berichtete, er habe an besagtem Abend im Norden der Stadt etwa dreihundert Personen im Mondschein gesehen, in drei Gruppen aufgeteilt. Er versicherte, zweiundvierzig erkannt zu haben, und nannte die Namen: zwei Mitglieder des Rats der Fünfhundert, junge Leute der Aristokratie, ein Bruder von Nikias, Kritias, Leogoras, sein Sohn Andokides … Aber Alkibiades erwähnte er mit keinem Wort.

Die Magistrate waren erstaunt, wie man nachts aus der Entfernung zweiundvierzig Gesichter erkennen konnte. Und wie erklärte sich die Unvorsichtigkeit, dass sie sich ausgerechnet bei Vollmond trafen, sodass man ihre Zahl und ihre Identität mühelos ermitteln konnte? Der Bericht des Diokleides erschien umso unglaubwürdiger, als die Tat bei Neumond begangen worden war. Die Magistrate kreisten ihn mit immer gezielteren Fragen ein. Schließlich gestand er, dass alles erfunden war. Weshalb? Weil ihn jemand gegen eine Summe Geldes gebeten hatte. Jemand? Wer? Die Magistrate waren nicht gewillt, sich mit Ausflüchten abspeisen zu lassen. Dieser Jemand bestand nämlich aus zwei Personen. Wer? Sie erfuhren die Namen, unter ihnen ein Cousin von Alkibiades, der ebenfalls so hieß, aber aus Phlegonte stammte. Die Magistrate warfen den Mann ins Gefängnis und schickten gleich nach dem anderen.

Der Rat der Fünfhundert befand sich auf der anderen Seite der Straße. Die Enthüllungen des Diokleides gelangten, auch wenn sie noch so unwahr waren, auf die andere Straßenseite, wurden von Türstehern und Schreibern weitergegeben und schließlich von jenen, die die Türsteher und Schreiber vernommen hatten. Die Kolporteure hatten offensichtlich nur den ersten Teil der Geschichte behalten, die ihnen am aufregendsten erschien. Innerhalb einer Stunde hatte die Sache in ganz Athen die Runde gemacht und die Ratsmitglieder wurden von Menschentrauben belagert. Es war heiß und man hatte Durst. Die Schänke des Lockenkopfs platzte aus allen Nähten. Jeder wollte die Liste der von Diokleides zitierten Namen. Der Alkohol erhitzte die Gemüter zusätzlich.

»Das ist ein Komplott der Oligarchie«, rief einer.

»Ja«, stimmte ein anderer zu, »die Oligarchen haben die Abreise der Flotte abgewartet, um den Lakedämoniern die Pforten zu öffnen. Die Demokratie schwebt in Gefahr.« Vergeblich führte man ihm vor Augen, dass die fünfzehntausend für die Verteidigung von Athen bestimmten Hopliten auf ihrem Posten waren. Alles umsonst. Er brüllte weiterhin, dass die Demokratie in Gefahr sei, und warf seinem Gesprächspartner vor, ein Sykophant zu sein, ein Späher der Lakedämonier, ein Oligarch oder alles zusammen. Er war unglaublich aufgeregt und damit nicht der Einzige. Gegen acht Uhr bekundeten acht weitere männliche Protestierende Entschlossenheit, die Stadt zu verteidigen. Sie wollten Milizen aufstellen, um den Feinden der Demokratie aufzulauern. Eine Gruppe der Eifrigsten rannte zum Arsenal, um sich zu bewaffnen. Doch der Befehlshabende schickte sie zum Teufel, woraufhin sie ihn als Oligarchen und Feind der Demokratie beschimpften. Er drohte, sie aufgrund des athenischen Brauchs des *eisaggelie* (dieser erlaubte es, jeden vermeintlichen Feind der Demokratie sofort festzunehmen) in Haft zu nehmen und vor das Volksgericht zu bringen. Als zwanzig bewaffnete Hopliten auftauchten, gaben die Hitzköpfe schließlich auf.

Anders die Patrioten. Diese Milizen eilten in die Häuser der auf der Liste von Diokleides genannten Personen und nahmen sie während der Nacht fest. Das Ganze spitzte sich zu, als die Mitglieder der Miliz nicht nur die beiden von Diokleides benannten Mitglieder des Rats der Fünfhundert festnahmen, sondern auch deren Verwandte und Freunde, die nicht einmal auf der Liste standen, mit denen die selbst ernannten Rechtsprecher aber ein Hühnchen zu rupfen hatten. Die verwirrten Eltern der festgenommenen jungen Leute schickten Boten zur Garnison der Hopliten und baten um Hilfe. Daraufhin erschien eine

Phalanx der Hopliten und legte sich mit den Milizsoldaten an. Diese drohten ihnen mit Festnahme. »Ihr habt euch mit den Oligarchen verbündet!«, behauptete der Befehlshaber der Hopliten. Schließlich verlor er die Geduld und ließ die aufsässigsten unter ihnen festnehmen. Über Nacht sollten sie im Gefängnis bleiben, und am nächsten Tag, wenn sich die Gemüter wieder beruhigt hatten, würde man weitersehen.

Der Lockenkopf war über diese Entwicklung beunruhigt und beschloss, seine Schänke zu schließen. Sokrates hielt es für angebracht, zu Hause zu bleiben. Es war nur allzu offensichtlich, dass sich die durch die sizilische Expedition hervorgerufene Überschwänglichkeit noch gesteigert hatte, und jetzt waren alle außer Rand und Band. Und dabei hatte sich doch Athen unter die Ägide der Göttin der Vernunft begeben.

Sokrates schloss die Tür hinter sich und musste sich eingestehen: Auch wenn Alkibiades vermutlich mit der Schändung der Hermen nichts zu tun hatte – die Wirkung seiner siegessicheren Prahlereien war wie Öl, das man ins Feuer goss.

10.

Großartige Worte!

S okrates, von Durst getrieben, erhob sich eines frühen Morgens, um sich ein Stück Melone zu genehmigen. Zu seinem Erstaunen fand er in der Küche Leto in Begleitung eines jungen, kräftigen Unbekannten vor. Er lächelte den beiden zu und wünschte ihnen einen guten Morgen. Aus bestimmten Gesten, zerzaustem Haar und einem gewissen Geruch schloss er, dass die beiden die Nacht miteinander verbracht hatten. Er begab sich an eines der Regale, auf denen Xanthippe die Melonen aufzubewahren pflegte, und suchte nach einem Messer.

»Herr«, sagte Leto schüchtern. »Eumenis war gestern Abend noch spät auf der Agora und erfuhr, dass die Böotier in Attika eingefallen sind.«

Sokrates runzelte die Stirn und schnitt die Melone an.

»Gestern Abend? Um wie viel Uhr? War die Stoa geöffnet?«

»Nein, ich habe kein Licht gesehen. Aber auf dem Platz waren viele Menschen. Und da hat sich die Nachricht verbreitet, dass die Böotier in Attika einmarschiert sind.«

Das trug bestimmt nicht dazu bei, die Gemüter zu beruhigen.

»Ich glaube nicht, dass heute Nacht viele Schlaf gefunden haben«, fügte Eumenis hinzu.

»Ihr beiden jedenfalls bestimmt nicht«, dachte Sokrates bei sich. Er nahm seine Melone mit in den Patio. Xanthippe, die inzwischen ebenfalls aufgewacht war, leistete ihm Gesellschaft. Er berichtete ihr von den Ereignissen des Vorabends und den Neuigkeiten, die Eumenis ihm gerade mitgeteilt hatte.

Als er kurz vor Mittag das Haus verließ, entdeckte er Männer mit misstrauischem Blick und Ringen unter den Augen, die durchs Viertel patrouillierten. Vermutlich Freiwillige einer der Milizen, die am Vortag zusammengestellt worden waren.

Auf der Agora herrschte große Verunsicherung. Es hatten sich Menschengruppen gebildet, die heftig diskutierten. Offensichtlich hatten sie auch eine schlaflose Nacht hinter sich. Sokrates lauschte. Der Rat der Magistrate und die Volksversammlung hatten Anweisung erteilt, jenen oder jene aufzuspüren, die während der Nacht die Nachricht von der Invasion der Böotier verbreitet hatten, um herauszufinden, woher sie diese Neuigkeit hatten. Die befestigten Vorposten, die Perikles errichtet hatte, hätten umgehend berittene Boten nach Athen gesandt. Vier Stunden waren ausreichend. Nun war es Mittag und weit und breit war kein Bote zu sehen, was berechtigten Zweifel an einer Invasion aufkommen ließ. Im Übrigen hatte der Rat der Strategen oder das, was von ihm übrig war, heute Morgen drei Boten nach Attika losgeschickt. Diese hatten den ausdrücklichen Befehl, sofort zurückzukehren, um Bericht zu erstatten.

Mehrere angesehene Personen, die genaue Zahl war nicht bekannt, waren festgenommen worden und befanden sich jetzt unter Bewachung der Milizsoldaten. Diese waren voller Ungeduld, die Notabeln der Justiz auszuliefern und damit die eigene neu gewonnene Autorität zu untermauern. Andere hatten die Flucht ergriffen. Die drei Räte beratschlagten seit der achten Stunde nach Mitternacht und die Menschenmenge auf der Agora wartete auf das Ergebnis ihrer Sitzung.

Die Volksversammlung erfuhr den Beschluss als Erste. Der Vorsitzende erschien auf dem Säulengang des Gebäudes, umgeben von zehn weiteren Anführern.

»Athener«, setzte er an, »wir haben erfahren, dass sich heute Nacht Gruppen gebildet haben, um die Stadt gegen ein Komplott zu verteidigen. Wir danken ihnen für ihre Wachsamkeit und ihren Patriotismus, finden aber, dass sie aufgrund falscher Informationen voreilig gehandelt haben. Athen verfügt über alle für seine Verteidigung nötigen Einrichtungen und duldet keine weiteren. Wir erteilen also diesen Milizen den Befehl, sich sofort wieder aufzulösen und die Gefangen freizugeben.«

Starke Proteste erhoben sich aus der Menge, Pfiffe ertönten. Ein Anführer der Milizen, die diesen Augenblick abgewartet hatten, um ihre Macht zu festigen, wandte sich an den Vorsitzenden.

»Und was ist mit den Schuldigen, die wir festgenommen haben? Den Verrätern an der Demokratie? Sollen wir die auch freilassen?«

»Die Demokratie verlangt, dass ihr euch ihren Gesetzen unterwerft«, erwiderte der Vorsitzende. Sein Ton war unerbittlich. »Wenn ihr von der Schuld dieser Leute überzeugt seid, dann tragt eure Klagen dem Rat der Magistrate vor. Aber lasst erst eure Gefangenen frei.«

»Seid ihr etwa Oligarchen? Wir lassen sie nicht frei.«

»In diesem Fall lassen wir euch wegen Missachtung der Gesetze festnehmen«, donnerte der Vorsitzende.

Sokrates wurde bang ums Herz; er sah den drohenden Bürgerkrieg vor sich. Die Menge konnte sich auf die Vertreter der Volksversammlung stürzen und sie in Stücke reißen.

Aber die Volksversammlung hatte im Einvernehmen mit den Magistraten ihren Entschluss gefasst. Hinter der Menge tauchte eine Phalanx von Hopliten auf. Ihr Hauptmann marschierte entschlossen auf den Anführer der Milizsoldaten zu, der das Wort an den Vorsitzenden gerichtet hatte, und legte ihm die Hand auf die Schulter. Der andere wehrte sich und versetzte dem Hopliten einen Faustschlag. Drei Männer überwältigten ihn jedoch und führten ihn gefesselt ab. Andere Milizsoldaten wollten sich heimlich davonmachen, wurden aber sofort von ihren Komplizen vom Vortag oder von Sykophanten der Oligarchen angeschwärzt. Auch sie wurden festgenommen. In diesem Augenblick traten ihre Gefangenen, zwei Mitglieder des Rats der Volksversammlung, ein Fleischer, der Aristokrat Kritias, der Cousin von Alkibiades, Leogras, ein Getreidehändler, und sein Sohn Andokides und ungefähr zwanzig andere vor den Vorsitzenden und verlangten, dass man ihre Fesseln löste. Das geschah, aber gleichzeitig wurden ihre Namen aufgeschrieben. Sie wurden ermahnt, auszusagen, damit man den Wahrheitsgehalt der Gerüchte überprüfen konnte.

Die Menge, die noch vor wenigen Augenblicken ihren Unwillen zum Ausdruck gebracht hatte, war vom entschlossenen Auftreten des Vorsitzenden der Volksversammlung beeindruckt und verhielt sich ruhig. Sokrates erinnerte sich an die Frage, die ihm einst Alkibiades gestellt hatte: Ist der Demos ein betrunkenes Weib? Zweifellos. Die Frage nach dem Wesen des Weibes blieb allerdings offen.

Sokrates wollte auf der Agora bleiben und die beiden anderen

Beschlüsse abwarten. Er nahm die Einladung der beiden Prytanen an, sich bei dem Lockenkopf, der für Stammgäste wieder
geöffnet hatte, eine Erfrischung zu gönnen.

Auf der Agora schienen sich die Gemüter zu beruhigen. Es
waren keine heftigen Gesten oder wütenden Blicke mehr zu
beobachten, man ging wieder gemessenen Schrittes. Am anderen Ende der Stoa tauchte vor dem Laden von Zopyris, der
Leiern, Kitharen und Flöten herstellte, eine kleine Blumenhänd-
lerin auf.

Kurz nach vier Uhr ließ der Rat der Strategen, der sich aus den
in Athen verbliebenen fünf Strategen und den Stellvertretern der
anderen zusammensetzte, durch seinen Anführer Folgendes
verkünden:

»Athener! Gestern Nacht gingen Gerüchte um, dass die
Böotier in Attika eingefallen seien, was einen Angriff der
Spartaner bedeutete. Heute Morgen sind unsere Boten losge-
ritten, um die Gerüchte zu überprüfen. Sie stellten sich als
unwahr heraus. Aber sie haben die Verwirrung verstärkt, die
gestern Abend durch weitere Lügen über ein Komplott gegen
die Demokratie entstanden ist. Wir betrachten jene, die das
eine oder anderer dieser Gerüchte verbreitet haben, als Feinde
des öffentlichen Friedens und fordern sie auf, sich unserer
Justiz auszuliefern. Wenn sie sich weigern, werden sie von
ihren Opfern angeklagt.«

Die Menge hörte schweigend zu, genau wie Schüler dem
Lehrer zuhören. Auch Sokrates und andere Prytanen hatten
den Worten des Strategen gelauscht. Einer bemerkte schließlich: »Endlich etwas Ruhe!« Ein Gaffer bedachte ihn mit einem
spöttischen Blick. Der Prytane nahm es ihm krumm und
belehrte ihn:

»Ihr habt Vertreter gewählt, die eure Gesetze erlassen haben. Und haltet euch daran!«

»Das, mein Alter«, erwiderte der andere »sind großartige Worte!«

Sokrates hoffte, seinen Unterricht wieder aufnehmen zu können. Der Sturm war abgeflaut. Man konnte sich nur wünschen, dass Alkibiades erfolgreich war. Drei Tage später saß er wieder inmitten seiner Schüler, aber er musste immer an die Worte des Gaffers denken: »Das, mein Alter, sind großartige Worte!« Alle seine Schüler konnten sich den Luxus leisten, logisches Denken zu lernen. War Erziehung den Reichen vorbehalten? Und die Weisheit? Was war das für eine Demokratie, in der junge begüterte Männer wie Alkibiades sich tausend Torheiten erlauben konnten, während die anderen Glück hatten, wenn sie auf den Galeeren als Ruderer genommen wurden?

Drei Tage später, als sich Kritias über seine ungerechtfertigte Festnahme beruhigt hatte, befragte er ihn über ein ähnliches Thema: Ob man Reichtum etwa verbieten sollte? Ob sich die Demokratie nur aus Bauernlümmeln zusammensetzen sollte?

Sokrates erkannte sehr wohl die Ironie in den Worten des jungen Aristokraten.

»Ich persönlich«, erwiderte er, »bin nicht der Meinung, dass eine Demokratie mit Söldnern und Sklaven eine schlechte ist. Und ich glaube auch nicht, dass die Oligarchie, die Herrschaft einer Minderheit, die einzige Staatsform ist. Aber sofern sie nicht in Tyrannei ausartet, ist sie vielleicht die beste Lösung[33].«

11.

Der Mann, der sich selbst hinters Licht führte

Die Freude an Gerüchten ist ein Wesenszug menschlicher Gemeinschaften. So führen Menschen niedriger Geburt, die ihr Schicksal als persönliche Beleidigung ansehen, den Untergang der Begünstigten im Schilde. Und welches Instrument eignet sich besser dafür als das Gerücht? Es ist geheimnisvoll, nicht zu überprüfen, allgegenwärtig, wie ein schlechter Geruch das ganze Haus erfüllt, ohne dass man seine Ursache feststellen kann.

Jemand hat Alexios Geld geliehen? Und schon nimmt man Anstoß daran. Wer Geld verleiht, ist reich, vielleicht gar auf unehrenhafte Weise reich geworden. Jemand wollte hilfsbereit sein, und man lohnt es ihm, indem man ihn als Dieb oder Verschwender bezeichnet.

Das Gerücht ist schlau: Der Inhalt ist immer wahrscheinlich, sonst könnte es nicht Form annehmen, und es verleiht unwichtigen Dingen Gewicht. Es floriert vor allem in unruhigen Zeiten, wenn Durchschnittsmenschen die Chance haben, zu Ansehen zu gelangen, was ihnen in Friedenszeiten verwehrt ist. All das wird eigentlich unter dem Begriff Neid zusammengefasst; die Griechen nennen es *phtonos*, »böser Blick«. Sie haben davor eine fast heilige Angst. Denn dieser ist leider sehr aktiv.

Sokrates machte diese Erfahrung ein paar Tage, nachdem sich die Gerüchte eines Staatsstreichs gegen die Demokratie und einer Invasion der Böotier in nichts aufgelöst hatten. Die Böswilligen fragten sich, ob ihre Hoffnungen, den Sieg davonzutragen, sich ebenfalls in Luft auflösten. Als sie merkten, dass die Demokratie verteidigt wurde und das Militär wachsam war, beschlossen sie, dass ihr Ziel der Mann war, der erwiesenermaßen tapfer war und ihnen einen ruhmreichen Feldzug in Aussicht gestellt hatte: Alkibiades. Die Gerüchteküche brodelte.

Die allgemeine Stimmung eignete sich dafür hervorragend. Als nämlich die von den Milizsoldaten festgenommenen Soldaten in den Kerker geworfen wurden, um dem Rat der Magistrate vorgeführt zu werden, stellte sich Folgendes heraus: Auch wenn Diokleides gelogen hatte, enthielten seine Worte dennoch ein Körnchen Wahrheit. Andokides, einer der Gefangenen, gab seinem schlechten Gewissen nach. Er wollte Menschen retten, die schuldlos mit ihm festgenommen worden waren und in Todesgefahr schwebten. Er entlastete den Vater, der mit ihm im Gefängnis saß, und gestand, dass seine Freunde die Freveltat begangen hatten. Er erklärte, er selbst sei unschuldig, aber der Areopag verbannte ihn trotzdem aus Athen. Was hatte diese jungen Leute aus gutem Hause zu einer so empörenden Tat bewogen? Man wollte sie befragen, aber es stellte sich heraus, dass sie sich alle an Bord von Alkibiades' Trieren befanden.

»Wie dem auch sei, die Angelegenheit mit den Hermen ist abgeschlossen«, erklärte Sokrates erleichtert. Er berichtete Xanthippe, dass Andokides mit keinem Wort den Namen des Alkibiades erwähnt hatte. Sie wandte ein, dass Gerüchte immer ein

Körnchen Wahrheit enthielten. Durch Leto stets auf dem Laufenden, versicherte sie ihrem Gemahl, man habe Alkibiades zu Recht beschuldigt. »Er war es aber nicht«, berichtigte er sie, »sondern sein Cousin Alkibiades aus Phlegonte.« Doch die Ruhe war nur von kurzer Dauer. Die veränderte Lage hatte Einflüsterer in ihrer verabscheuenswerten Tätigkeit nur noch bestärkt. Diesmal nahmen sie das Ziel direkt ins Visier: Alkibiades. Als sich Sokrates eines Morgens zum Metroon begab, um eine bescheidene Erbschaft, die seiner Frau von einem Verwandten zugefallen war, eintragen zu lassen, ein Stück Gemüseland bei Panaia, sprach ihn ein Prytane an.

Es war ein stämmiger junger Mann aus Ionidai. Er und Sokrates hatten sich einmal darüber unterhalten, an welchem Ort man am besten nachdenken konnte. Dieser Mann, noch ländlich unbefangen, wunderte sich, dass man in einer so lasterhaften, unruhigen Stadt wie Athen die Weisheit pflegen konnte. Sokrates amüsierte sich darüber. Der junge Mann hatte ihm auch bekannt, dass er von der sizilischen Expedition nichts hielt. Sein Bruder, der daran teilnahm, hatte ihm einen Bericht über Größe und Reichtum dieser Insel, welchen die Athener überschätzten, zukommen lassen. Sie gingen ein paar Schritte miteinander und blieben unter den Statuen von Zeus und Athene stehen. Der Prytane fragte:

»Ist dir bekannt, dass Alkibiades sich über die Religion lustig macht?«

Sokrates erwiderte überrascht, das sei ihm neu. Sicherlich hätte er seinem ehemaligen Schüler den Kopf gewaschen, wenn er es gewusst hätte. Aber worum es hier eigentlich gehe?

»Wir haben durch eine Anzeige erfahren, dass eine Parodie der Mysterien in Eleusis[34] beim Cousin des abscheulichen Andokides, einem gewissen Charmides, vorgeführt wurde. Auch Alkibiades nahm mit seinem Onkel Axiochos daran teil. Kennst du diesen Charmides?«

»Natürlich, er ist ein Verwandter von Alkibiades und einer meiner Schüler. Sofern wir den gleichen meinen.«

»Was diese Anzeige glaubhaft macht – du weißt ja, wie sehr wir ihr misstrauen –, ist, dass dieser Charmides zur Hetärie des Alkibiades gehört.«

»Aber wann hat man diese Parodie vorgetragen?«

»Vor einigen Wochen oder Monaten, wir haben das genaue Datum vergessen.«

Sokrates war sprachlos vor Bestürzung. Diese neue Affäre bedeutete gewissermaßen eine Fortsetzung der vorherigen. Personen des gleichen Freundeskreises waren darin verwickelt, Freunde, die sich um Alkibiades scharten. Und die gleiche Verhöhnung der Götter.

»Ist man sicher«, erkundigte er sich, »dass es sich um eine Parodie handelt und nicht um die Rezitation eines Dichters, die ein böswilliger Zeuge falsch verstanden hatte?«

Aber noch während er sprach, war er sich der Sinnlosigkeit seines Einwands bewusst. Sein *daimon* flüsterte ihm ein, dass er in den Wind redete. Eine solche Parodie passte sehr wohl zum dreisten, provozierenden Wesen von Alkibiades. Hatte er das mit der inszenierten Anrufung der Totengeister unter Mithilfe des angeblichen Magiers Bailur nicht bewiesen? Alkibiades machte sich über alles lustig, Athen und die Demokratie inbegriffen. Für alles, was nicht seiner Eitelkeit von Nutzen war, hatte er nur Verachtung übrig. Seine Ohrfeigenmanie verriet diese Verachtung.

»Es war keine Rezitation«, erwiderte der Prytane. »Alkibiades spielte in dieser frevelhaften Farce die Rolle des Hierophanten. Man brachte die Neophyten, junge Männer und junge Mädchen, vor ihn, die eingeweiht werden mussten und ... den Rest kannst du dir denken.«

Ja, das stimmte. Die Farce wuchs sich zur Orgie aus.

»Das wäre ein schweres Verbrechen, dieser Spott. Wir dürfen nicht zulassen, dass sich dieses Gerücht verbreitet, sonst könnte der Eindruck entstehen, dass herausragende Bürger die Grundlagen unseres Stadtstaats mit Füßen treten. Wir müssen Alkibiades selbst sowie seinen Onkel und die jungen Leute seiner Hetärie, die ihn auf seiner Expedition begleiten, treffen. Es ist seltsam, wenn nicht verdächtig, dass gerade diese Personen mit ihm gefahren sind.«

»Aber wie wollt ihr das anstellen?«, fragte Sokrates. »Er ist doch in Sizilien.«

»Wir beordern ihn zurück«, erwiderte der Prytane.

Am nächsten Tag stach auf ausdrücklichen Befehl der Magistrate die Schnellgaleere Salamis, die für offizielle Missionen bestimmt war, in See. Sie hatte den Auftrag, Alkibiades, dessen Cousin Alkibiades aus Phlegonte, Charmides und noch drei junge Männer seiner Hetärie zurückzuholen.

Der Kummer eines Bauern, dessen reifes Feld der Blitz abbrennt, ist der eines Mannes, der die Mühe eines Jahres vernichtet sieht und finanziellen Ruin erleidet. Sokrates erlebte, wie die Bemühungen von Jahren, seine Lehre der Geduld und spiritueller und körperlicher Liebe, in sich zusammenfielen. Wenn er gründlich darüber nachdachte, warf er Alkibiades nicht die Verhöhnung der Götter vor, sondern seine Inszenierungen und die Parodie. Sie verriet die Verachtung anderer und letztlich Selbstverachtung. Dieser schillernde junge Mann war sein Lieblingssohn gewesen. Er hatte ihn zu den höchsten Gipfeln des Ehrgeizes getrieben, und heute fiel die Maske. Aber darunter war noch eine. Alkibiades war immer ein Effekthascher gewesen. An Sokrates hatte er stets aufrichtig das Gehirn bewundert, das erhabene Instrument, das den Erfolg seiner Unternehmungen sicherstellte. Alkibiades war ein unwürdiger Sohn. Sokrates war davon überzeugt, dass man die Ergebnisse der Befragung, der sich Alkibiades nach seiner Rückkehr unterziehen musste, gar nicht erst abzuwarten brauchte.

Er empfand die Bitterkeit jener, die sich von der Schönheit haben blenden lassen. Sie ist umso schmerzlicher, als er einer Selbsttäuschung erlegen war. Denn genau das war in den letzten fünfzehn Jahren der Fall gewesen, in denen jede Begegnung mit dem jungen Mann ihn im Innersten aufgewühlt hatte. Die Erinnerung an die Zärtlichkeiten, die sie ausgetauscht hatten, ließ ihn immer noch erbeben. Ein so lange währender Irrtum konnte nur, überlegte er, Zeugnis eines Fehlurteils sein. Er dachte an die Worte des Protagoras: »Es gibt keine Tatsachen, sondern nur Meinungen.« Hatte er die Schönheit des Alkibiades für eine Tugend gehalten? »In diesem Fall«, sagte er sich verblüfft, »habe ich mich dem Vorurteil der Aristokratie angeschlossen, das besagt, schöne Menschen seien auch tugendhafte, *kalloi kagatoi.*«

Die Frage, die der schöne Erist ihm einst gestellt hatte, kam ihm in den Sinn: »Sag, Sokrates, wie schaffst du den Brückenschlag zwischen deiner Liebe zum Schönen, Edlen und Mutigen? Du wirst doch wohl zugeben, dass das Volk nicht schön, selten edel und fast nie mutig ist?« Erist hatte die richtige Intuition: Die körperliche Schönheit zu lieben, ist verständlich. Aber die Schönheit dieser Jungreichen mit dem frischen Teint, die ihre

Tage damit verbrachten, die Muskeln zu stählen und sich mit Duftwässerchen zu besprengen, war letztendlich eine politische Angelegenheit. »Schöne Knaben zu lieben ist eine der Oligarchie eigene Haltung«, sagte er sich nachdenklich. Warum hatte er daran nicht gedacht? Aber hatten es andere getan? Zum Beispiel Xanthippe? Die Götter mochten es bezeugen, sie hatte in der Schönheit nie ein Zeichen der Tugend gesehen.

Xanthippes Anmut bestand darin, dass sie darauf verzichtete zu triumphieren. Sie verharrte schweigsam und teilte den Kummer ihres Gatten.

12.

Flucht und Geständnis

Seit der Abreise der Flotte war fast ein Monat verstrichen; drei Tage seit die Salamis in See gestochen war. Athen wartete darauf, dass die Strategen öffentlich die Verteidigung der Stadt ausriefen, die Ankündigung irgendeines glänzenden Sieges, Informationen, einfach irgendetwas. Stattdessen musste sich die Stadt mit den Mienen der Ratsmitglieder begnügen, die jeden Tag länger wurden. Athen fing an, sich Sorgen zu machen.

Heute Abend waren sie beim Lockenkopf zu fünft.

»Und?«, rief Taki an Kleanthis gewandt. »Was ist jetzt mit unserer Expedition? Wie weit sind wir gekommen? Es sieht ganz danach aus, dass Alkibiades nach Athen zurückgebracht wird, um sich wegen der Verhöhnung der Götter zu rechtfertigen. Wieder einmal. Wir pfeifen auf Alkibiades! Und Sizilien? Wir alle hier sind Mitglieder der Volksversammlung. Es will uns einfach nicht einleuchten, dass niemand in dieser Stadt Bescheid weiß, was sich dort seit Abreise der Flotte ereignet hat.«

»Ich bin Mitglied der Volksversammlung, genau wie ihr. Wie sollte ich mehr wissen?«, erwiderte Kleanthis gelassen.

»Du bist ja auch Mitglied des Rats der Magistrate ... Hatten nicht Nikias und seine Obersten mit Alkibiades vereinbart, dass eine Galeere uns über den Lauf des Feldzugs unterrichten sollte?«

»Wenn eine solche Galeere in Piräus gelandet wäre, wüsstet ihr es genauso wie ich.«

»Und was ist mit dem Handelsschiff, das vor ein paar Tagen mit bestimmten Geheiminformationen aus Syrakus zurückgekehrt und im neutralen Hafen Patrai gelandet ist«, wandte der glattzüngige Anasthasis ein.

»Geheim für wen?«

»Die Informationen waren angeblich dem Strategeion übermittelt worden, das beschloss, sie geheim zu halten.«

»Warum?«

»Weil es unklug wäre, zu berücksichtigen, was ein paar Händler gegerbter Felle zu wissen glauben«, sagte Kleanthis.

»Du bist also auf dem Laufenden«, beharrte Taki.

»Ich bin wie alle über Gerüchte und angebliche Informationen, deren Wahrheitsgehalt überprüft werden muss, auf dem Laufenden. Darin liegt nichts Geheimnisvolles.«

»Und was sind das für nicht überprüfte und nicht geheime Informationen, die niemand kennt?«, erkundigte sich Taki spöttisch.

»Nichts Überraschendes. Sparta soll sich unserer Invasion in Sizilien entgegengestellt haben.«

»Ja und?« Demi wurde ungeduldig. »Tu doch nicht so, als sei das Nebensache.«

»Nach den Worten des Händlers soll Sparta Syrakus zu Hilfe geeilt sein«, brachte Kleanthis unwillig hervor. »Unsere Männer, unter Führung von Euphemos, haben in Camarine Hermokrates, den Befehlshaber von Syrakus getroffen ...«

»Wo liegt dieses Camarine?«

»In Sizilien. Die Stadt gab vor, neutral zu sein. Hermokrates soll uns vorgeworfen haben, eine imperialistische Expedition durchzuführen, und soll sich geweigert haben, sich mit uns zu verbünden. Andere Städte Siziliens sollen sich Syrakus angeschlossen haben, etwa Gela. Und Sparta soll Truppen geschickt haben, von Gylippos, einem seiner besten Hauptleute, befehligt.«

Die anderen durchbohrten ihn mit Blicken. Er trank einen Schluck Wein und wich diesen Blicken aus.

»Aber das ist ja ein Militärbericht mit allen Einzelheiten! Und unsere Truppen? Unsere Flotte? Alkibiades, Nikias und die anderen?«

»Ich wiederhole, wir können die Worte eines Gerbers aus Patrai nicht als verlässliche Informationen ansehen. Wenn Alkibiades zurück ist, wissen wir mehr.«

»Das alles hört sich nicht gut an«, meinte Taki. »Ich muss diesen Punkt bei der nächsten Sitzung der Volksversammlung ansprechen.«

»Die findet in einundzwanzig Tagen statt«, erinnerte ihn Kleanthis voller Ironie. »Es steht dir frei, die Worte eines Gerbers zu zitieren.«

Aber die Volksversammlung trat viel früher zusammen als vorgesehen. Einige Tage später war in Piräus ein großer Auflauf. Die Salamis und die Alkmäonide, die Galeere des Alkibiades, liefen den Hafen von Phaleron an, aber ohne Alkibiades! Die Hafenbehörden und die Bürger bestürmten die Befehlshabenden mit Fragen, aber diese weigerten sich, zu antworten, verkündeten jedoch feierlich, sie würden ihren Bericht bei der Volksversammlung abgeben. Auf Vorschlag des Rats wurde diese für den nächsten Vormittag anberaumt. Sokrates machte sich auf den Weg. Xanthippe rief ihm nur ein Wort zu: »Mut!«

Auf den voll besetzten Estraden des Buleutherion herrschte Totenstille, als der Befehlshaber der Salamis vortrat. Er war ungefähr vierzig und vierschrötig. Seine Nase erinnerte an einen Schiffsbug.

»Athener«, hub er an, »ihr habt mich nach Syrakus gesandt, damit ich Alkibiades nach Hause bringe. Am zehnten Tag von Boedromion[35] um drei Uhr nachmittags traf ich in der Bucht dieser Stadt ein. Ich begab mich zur Triere von Alkibiades und informierte ihn über den Beschluss der Versammlung, ihn und seine fünf Begleiter zurück nach Athen zu beordern, um ihn über die Angelegenheit mit den Mysterien zu befragen. Er sagte, er werde mir folgen. Und dass er davon überzeugt sei, dass seine Begleiter mit ihm kommen würden. Da er aber sein Schiff nicht ohne Befehlshaber lassen konnte, wollte er es mitnehmen. Nachts konnten wir nicht aufbrechen, deshalb vereinbarten wir, am nächsten Morgen um neun Uhr loszufahren. Ich habe mit dem Befehlshaber der Alkmäonide die Route festgelegt. Wie verabredet, stachen wir in See, beide Schiffe Seite an Seite. Um nicht das Ionische Meer überqueren zu müssen, das zu dieser Jahreszeit tückisch ist, sind wir das Bruttium[36] entlang gefahren und haben um drei Uhr nachmittags Kap Zephyrion und gegen sechs Uhr Kap Lakynion umsegelt. Bei Einbruch der Nacht sind wir in den Golf von Tarent eingefahren, um Thourioi zu erreichen. Am nächsten Morgen wollten wir nach Corcyre[37] gelangen. So etwa zwischen der zweiten und dritten Stunde vor Mitternacht habe ich die Seeleuchten der Alkmäonide nicht mehr gesehen. Ich erblickte sie erst wieder kurz vor Tagesanbruch. Als wir gestern Morgen in Piräus gelandet sind, stellte ich voller Erstaunen fest, dass weder Alkibiades noch die anderen fünf Athener, die ich heimbringen sollte, anwesend waren. Der Befehlshabende informierte mich, sie seien in Thourioi eingelaufen und er wisse nicht, welche Richtung sie genommen haben.«

Ein unruhiges Gemurmel erhob sich. Der Befehlshaber der Alkmäonide trat vor, um zu erklären, dass ihm niemand gesagt habe, dass man Alkibiades und seinen Gefährten Verhöhnung der Götter vorwarf. Er habe es erst bei seiner Ankunft in Piräus erfahren. Alkibiades war sowohl Stratege als auch Schiffseigentümer und er musste seinen Befehlen gehorchen.

Sokrates fuhr sich mit der Hand übers Gesicht. Erst die Flucht und dann das Geständnis!

Die Volksversammlung befand, dass keiner der beiden Befehlshaber einen Fehler begangen hatte. Aber Alkibiades und jenen seiner Hetärie, die sich geweigert hatten, sich den Gesetzen Athens zu unterwerfen, drohten strenge Sanktionen. In einer außerordentlichen Versammlung würde man sich damit befassen. Der Zeitpunkt würde noch bekannt gegeben.

Das Gestirn Alkibiades hatte sich verfinstert. Das würde man ihm nicht vergessen.

Die beiden Söhne von Sokrates, einer neunzehn, der andere sechzehn, waren selten zu Hause, und Leto verbrachte die meisten Abende in Gesellschaft ihres Liebhabers, den zu heiraten sie sich immer noch nicht entscheiden konnte. Xanthippe wäre allein gewesen, hätte sich Sokrates nicht angewöhnt, zwei oder drei Abende pro Woche mit ihr zu verbringen. Sie ließ im Schein einer Lampe das Spinnrad laufen und er las im Licht einer anderen. Die reichsten unter seinen Schülern richteten noch immer Gastmahle aus, doch sie erschienen Sokrates jetzt nicht mehr verlockend.

Was also war die Erleuchtung der Liebe? Ein göttlicher Funke? Ein Blendwerk der Götter? oder, noch schlimmer, ein seinen Lenden entsprossenes Trugbild, das ihm den Blick verschleiert hatte?

13.

Athen, von den Göttern verlassen

Einige Tage später berichteten aus Sizilien zurückgekehrte
Späher vor dem Rat, dass Alkibiades und seine Begleiter
nach ihrer Landung in Thourioi in den Dienst von Hermokratos
getreten waren und diesen von den Angriffsplänen Athens auf
die Insel informiert hatten. Die Öffentlichkeit empörte sich und
mit überwältigender Mehrheit beschloss die Volksversammlung,
Alkibiades und seine Gefährten zum Tode zu verurteilen, ihr
Vermögen zu beschlagnahmen und öffentlich zu versteigern.

Sokrates war beunruhigt. Immer fand dieser Kläffer Aristophanes seine Anhänger, die ihm etwas anhängten. Er habe durch
seine Lehre seinen Lieblingsschüler zum Verrat angestiftet. Zum
Glück war ihm dabei kein Erfolg beschieden. Mehr als ein
Prytane erging sich aber in Verwünschungen über den schlechten Charakter des Alkibiades: »Er hatte den weisesten Mann
Griechenlands zum Lehrer und hat keinen Nutzen daraus gezogen.« Und was hatte er eigentlich zu beklagen? Dass Alkibiades
nicht auf ihn gehört hatte? Er hatte für Alkibiades, die Philosophie und Athen in gleichem Maße Hingabe bewiesen. Keiner
von den dreien büßte für die anderen.

Schlechte Nachrichten über die sizilische Expedition lösten

einander ab. Die Strategen, vor allem Nikias und Lamachos, waren sich über die Besetzung des Landes uneinig. Die verbündeten Städte waren nicht bereit, einer Expedition zu Hilfe zu eilen, die ihnen offensiv und kränkend erschien. Was wollten denn die Athener da unten? Ihre Gesetze der ganzen Welt aufdrängen? Und wie sollte ein Unternehmen gelingen, wenn über die Mittel die Meinungen auseinander gingen?, protestierten die Führer dieser Städte.

Weitere Späherberichte schürten den Zorn der Athener: Nachdem Alkibiades und seine Komplizen den Syrakusern verraten hatten, was sie über die militärischen Pläne des Reichs wussten, waren sie an Bord eines Handelsschiffs gegangen, um zum Peloponnes zu segeln. Also war Alkibiades in Sparta. Dieser Mann war schlimmer als ein Hund, denn Letztere sind zumindest treu.

In Sparta eingetroffen, hielt Alkibiades vor der lakedämonischen Volksversammlung eine höhnische Rede – sicherlich in der Hoffnung, dass Athen davon erführe. Einer der Späher hatte mehrere Abschnitte mitgeschrieben. Der skandalöseste war zweifellos folgender: »Ich bitte euch, mich nicht eines Verbrechens für schuldig zu halten, wenn ihr erlebt, wie ich, der einst als Patriot galt, mich mit Athens erbittertsten Feinden gegen mein Vaterland wende. Führt meine Worte nicht auf den Groll eines Verbannten zurück. Ich versuche mich der Niederträchtigkeit jener, die mich verbannt haben, zu entziehen und nicht, wenn ihr mir Glauben schenkt, den Diensten, die ich euch erweisen kann. Unsere schlimmsten Feinde sind nicht die Gegner, die uns schaden, sondern jene, die ihre Feinde zwingen, Gegner zu werden.«

Zahlreiche Auszüge dieser Rede wurden in der Volksversammlung verlesen, die heute so viele Anwesende zählte wie noch nie: sechstausend Bürger. Dies verlieh der allgemeinen Entrüstung eine besondere Tragweite. Manchmal glaubte man, das Grollen des Meeres zu vernehmen und nicht die Unmutslaute der Menschen. Der Gipfel der Schändlichkeit war, dass Alkibiades vor den Spartanern behauptete, seine Familie habe immer die Verteidigung Spartas übernommen; er war empört, dass ihn die Spartaner nach solcher Großmut wie einen Feind behandelten.

Sokrates fand dafür keine Rechtfertigung. Zum ersten Mal war er zornig auf Alkibiades: »Ist dieser Kerl ein Kretin? Parodiert die Mysterien von Eleusis, während er eine politische Karriere anstrebt und sich anschickt, eine militärische Expedition zu leiten!«

Mehrere Bürger erhoben sich mit geballter Faust und riefen: »Es reicht! Wir können diese Schändlichkeiten nicht länger anhören!« Aber sie mussten den Kelch bis zur Neige leeren. Also nahmen sie wieder Platz. Alkibiades ermutigte die Spartaner, den Syrakusern zu Hilfe zu eilen: »Man muss den Krieg vorantreiben, damit die Syrakuser, die sich eurer Unterstützung sicher sind, mehr Widerstand leisten und die Athener ihrerseits daran gehindert werden, Verstärkung zu schicken.«

In einem Abschnitt, in dem die Provokation jedes Maß sprengte, erklärte Alkibiades: »Wir Menschen mit gesundem Menschenverstand wissen, was die Demokratie wert ist, und ich könnte sie wie jede andere Staatsform niederschlagen, umso mehr, da sie mir die größten Schwierigkeiten bereitet hat. Aber über diesen allgemein anerkannten Wahnsinn gibt es nichts Neues zu sagen. Ein Wechsel erschien uns jedoch zu gewagt, solange wir euch als Feinde ganz in unserer Nähe wussten.«

Erneut wurde die Lektüre durch entrüstete Zwischenrufe

unterbrochen: »Lügner! Die Demokraten haben dich gewählt. Nieder mit den Oligarchen!«

Einige Anwesende wurden in Angst und Schrecken versetzt, denn künftig setzte man sie mit Verrätern gleich. Wenn Alkibiades geglaubt hatte, ihnen einen Dienst zu erweisen, so hatte er sich geirrt. Sie riefen: »Alkibiades ist kein Oligarch! Ein Oligarch ist kein Verräter! Tod dem Verräter!«

Man kam zu dem Abschnitt, in dem der Verräter den Lakedämoniern empfahl, Athen durch die Einnahme der Silberminen von Laureion, Fundament für den Reichtum des Landes, zu schwächen. Es entstand lautes Gebrüll. Der Vorsteher der Versammlung, der Epistates, hatte alle Mühe, die Ruhe wiederherzustellen. Und man erreichte den Gipfel der Schändlichkeit: Die Schlussfolgerung, in der Alkibiades die Lakedämonier aufforderte, »die Macht Athens, die derzeitige und zukünftige, endgültig zu brechen«, damit sie in Sicherheit leben konnten und ganz Griechenland freiwillig ihre Hegemonie[38] anerkannte. Jetzt waren die sechstausend Bürger schier wahnsinnig, rasten vor Wut und brüllten: »Tod! Tod!«, als ob das Todesurteil noch nicht ausgesprochen worden wäre.

Als wieder etwas Ruhe eintrat, ergriff ein Mitglied der Versammlung das Wort:

»Diese elende Selbstverteidigung enthüllt Alkibiades als Lügner und Verräter! Er behauptet, zum Feind übergetreten zu sein, weil wir ihn verbannt hätten. Das ist falsch: Wir hatten keinerlei Strafe über ihn verhängt und dennoch ist er geflohen. Wenn er unschuldig wäre, bräuchte er nur zurückkommen und sich verteidigen! Wen meint er, wenn er von Schändlichkeit spricht? Jene, die ihn zum Strategen gewählt haben? Die Rede dieses Verräters dürfte die letzten Zweifel in Athen, sowohl bei Oligarchen als auch bei Demokraten über die tiefe Unmoral des Alkibiades beseitigen.«

Tosender Beifall erhob sich.

»Was hältst du davon?«, fragte Sokrates' Nebenmann.

»Einst«, erwiderte der Philosoph, »vereinte sich Athen in der Bewunderung seiner Helden. Das zeichnete die Stadt aus, das machte ihre Kraft aus. Ich bedauere, dass sich die Polis nun in der Verwünschung der Verräter verbindet, denn darin sehe ich keine Auszeichnung. Ich würde mich freuen, wenn man Alkibiades vergessen würde.«

Aber im Laufe der nächsten Monate fiel es schwer, ihn zu vergessen, weil man Auswirkungen seines Verrats zu spüren bekam und weil sich dieser in Rache ausgewachsen hatte. Die Späher berichteten, Alkibiades habe konkrete Ratschläge erteilt, wie Athen vernichtet werden könnte. Die Lakedämonier hatten im Norden Athens einen Vorposten. Unter Leitung ihres neuen Königs Agis, Sohn des Archidamos, leiteten sie eine Offensive ein, welche die zwanzigtausend Sklaven, die dort arbeiteten, in Angst und Schrecken versetzte. Sie ergriffen die Flucht. Dann marschierten sie nach Süden, kamen an Attika vorbei, verwüsteten es. Ihr Ziel war Laureion, wo sich die kostbaren Silberminen befanden. Auch hier ergriffen Tausende von Arbeitssklaven die Flucht. Die Minen wurden vernichtet. Das Silber diente der Finanzierung des Krieges und der Geschäfte; Kriegsführung und Handel waren stark beeinträchtigt.

In Sizilien sah es kaum besser aus. Die Syrakuser, durch Alkibiades über die Pläne der Feinde informiert, ergriffen die erforderlichen Maßnahmen, um sich gegen die Belagerung, die Athen vorbereitete, zu verteidigen. Athen war im Begriff, Syrakus durch eine lange Mauer zu isolieren, als sich die dem Spartanerführer Gylippos entsandte Verstärkung den Truppen der Syrakuser anschloss und diese Einfriedung niederriss. Die Athener, machtlos zu Lande, verlagerten sich auf Angriffe zur See. Aber die Flotte, die vor dem Hafen vor Anker lag, litt bald unter Versorgungsmangel: Als Matrosen an Land gingen, um Wasser zu holen, wurden sie niedergemetzelt. Und wenn die Athener eine Seeschlacht gewannen, verloren sie eine zu Lande. Der Winter brach ein, und Nikias sandte Boten nach Athen, die mitteilen sollten, dass er nicht mehr lange durchhalten würde.

Da die Volksversammlung immer öfter zusammentrat, waren die Bürger stets auf dem Laufenden und die Bedrohung des Reichs das beherrschende Thema. Jeder war zum Strategen geworden, sogar die Frauen. Sokrates musste also Xanthippe und Leto erklären, dass ein Schiff, das zu lange auf dem Meer blieb, immer schwerer zu lenken war, weil sich das Holz mit Wasser vollsog.

Die Volksversammlung erwog die Absetzung des Nikias. Aber man wusste keinen Ersatz. Also stellte man ihm Demosthenes, einen Oberst zur Seite, der sich vor etwa zehn Jahren im Peloponnesischen Krieg hervorgetan hatte und den die Spartaner verabscheuten. Demosthenes brach mit einer Flotte und neuen Truppen auf. Es wurde Frühling, dann Sommer, ohne dass die Athener im Vorteil gewesen wären. Aber sie verloren auch nicht. Das Schwanken zwischen Hoffnung und Mutlosigkeit war zermürbend.

»Auch die Seele verbraucht sich«, bemerkte Sokrates, als ein Prytane ihm anvertraute, dass die Athener Boden unter den Füßen verloren.

Dann schlug das Schicksal grausam zu: Ende des Sommers erfuhr man die Katastrophe mittels einer Triere, die hatte fliehen können und nach Piräus zurückgekehrt war. Nikias hatte einen fatalen Fehler begangen: Von den Syrakusern umzingelt, hatte er sich zu spät zurückgezogen und vergeblich nach Süden zu fliehen versucht. Er musste mit den erschöpften Truppen, die ihm geblieben waren, kapitulieren. Demosthenes und die sechstausend von ihm befehligten Mannen waren von feindlichen Heerscharen eingekreist; auch er musste kapitulieren.

Die Versammlung lauschte diesen Neuigkeiten in bleiernem Schweigen. Der Bericht erstattende Befehlshaber beendete seine Ausführungen: Nikias und Demosthenes wurden von den Syrakusern und ihren Verbündeten zum Tode verurteilt, man hatte das Urteil vollstreckt. Die Syrakuser hatten fast zehntausend Gefangene gemacht und diese im Steinbruchkomplex von Syrakus eingesperrt.

Selbst die Tapferen brachen in Tränen aus. Die Götter hatten Athen im Stich gelassen. Sokrates musste an Xanthippes Worte denken: »Ich sage dir, Sokrates, dieser Mann ist gefährlich. Er ist der Untergang Athens.« Waren die Frauen den Göttern näher als die Männer? Und war Alkibiades ein Instrument der Götter?

Mehrere Tage lang schien Athen vom Schmerz so am Boden zerstört, wie es nicht einmal während der Epidemie der Fall gewesen war. Die prachtvollen Denkmäler schienen seinen Kummer zu verhöhnen. Würde sich dieses Theater, das den Olymp auf Erden widerspiegeln sollte, in einen Friedhof verwandeln?

Eines Nachts hatte Sokrates einen Traum, dessen bedrohliche Absonderlichkeit ihn jäh aus dem Schlaf riss. Er hatte eine Frau mit einer Silberkrone erblickt, die in einer Hand den Zweig eines Apfelbaums und in der anderen ein Rad hielt. Er erkannte sie. Es war Nemesis. Aber woran um Gottes willen rächte sie sich? Und warum träumte er von ihr?

14.

Das Gebot der Gastfreundschaft

Während Athen dem Himmel zuzustreben scheint, dem zu Ehren es die großartigen Denkmäler der Akropolis anbietet, verkriecht sich Sparta in einer weiten Talmulde, deren Grenzen im Westen der Taygetos bildet, der sich zu Schwindel erregender Höhe erhebt, und im Osten und Süden die Gipfel des weniger hohen Parnes. Athen wird durch das Meer bestimmt, Sparta zieht seine Kraft aus der Erde. Daraus erklärt sich die sprichwörtliche Rauheit seiner Sitten. Im Sommer muss man den Abend abwarten, damit der Nordwind die drückende Hitze vertreibt. Im Winter, als Alkibiades und die anderen Flüchtlinge nach Sparta gekommen waren, herrscht häufig eine feuchte Kälte, die zu ständiger Aktivität anregt. Die Spartaner sind froh über ihre reichen Wälder, sie haben immer genug Brennholz.

König Agis hatte anfangs Alkibiades und seinen Freunden eine Residenz in Sparta zur Verfügung gestellt, an den dicht belaubten Ufern des Eurotas. Einst hatte seine Mutter hier gewohnt. Offensichtlich hatte sie aber nichts für Gärten übrig, denn das Erdreich von der Terrasse bis zum Fluss war nicht fruchtbar gemacht. Abends sah man Füchse auf Hasenjagd. Hier also hatte sich Alkibiades mit seinen Freunden niedergelassen, und sie bedauerten, dass sie so wenig Gepäck mitgenommen hatten. Die Kohlebecken, die ständig in den Gemächern brannten, und ein paar Ziegen- und Lammfelle auf dem Boden bildeten den einzigen Luxus in dieser Kargheit. Die Verbannten kehrten im Übrigen erst abends zurück, da sie ständig vom König und seinen Anführern, den ehemaligen Ephoren, eingeladen waren und über Athen ausgefragt wurden.

Die Kost war einfach, nach spartanischer Gepflogenheit. Selbst im königlichen Palast servierte man nur einen einzigen Wein, und auch den spärlich. Als die Verbannten die Neugier der Spartaner gestillt hatten, kam der weniger angenehme Teil: Sie mussten sich von ihren Gastgebern belehren lassen. Der Zungenfertigste war der Ephore des Jahres, Endios. Alkibiades erkannte, dass dieser sehr ehrgeizig war und sogar mit dem König rivalisierte. Ein Ephore genoss starke Vorrechte; er überwachte den König und verfügte über ausgedehnte Macht. Einen solchen Mann durfte man sich nicht zum Feind machen.

»Was repräsentiert denn die Demokratie Athens?«, fragte Endios. »Ein System, das Athen behagt. Hat man nicht das Recht, ein anderes zu bevorzugen? Glauben die Athener, dass die Spartaner unter der Monarchie leiden?«

Alkibiades schüttelte entschieden den Kopf. Der andere fuhr fort: »Und dann die Arroganz der Athener! Ihr hattet Verbündete und wolltet sie zu Untertanen machen. Ihr kritisiert die Monarchie, aber Perikles hat sich wie ein König aufgeführt. Nein, nicht wie ein König, sondern wie ein Tyrann. Die eigentlichen Verfechter des Rechts sind wir, nicht die Athener!«

Alkibiades nickte. »Ich bin ganz deiner Meinung. Athen nimmt immer mehr Züge der Tyrannei an. Deshalb finde ich, dass es zur Vernunft gebracht werden muss.«

Endios war begeistert, dass er so gut verstanden wurde. Er empfand Freundschaft für Alkibiades, was nicht schwer war.

Zum Glück waren die jungen Spartanerinnen nicht weniger gefällig als die Athenerinnen, und der Kammerherr räumte den Fremden diskret das Recht ein, sich von Sklavinnen begleiten zu lassen, die übrigens eine Mischung aus Perserinnen und Spartanerinnen waren oder aus Perserinnen und Böotierinnen, wie man an ihrem gebräunten Teint und ihren dunklen Augen erkennen konnte. Durch die Konfrontation mit den Persern hatten die Spartaner selbst einen orientalischen Anstrich: Sie liebten in ihren Häusern lebhafte Farben, bunte Gewänder und Gerichte, die mit Gewürzen aus Asien angereichert waren: Safran, Kümmel, Koriander und Pfeffer.

»Und weiter?«, fragte Charmides nach ein paar Tagen. »Wie lange wird das so gehen?«

»Warte das Ende des Krieges ab«, erwiderte Alkibiades. »Ich gebe dir mein Wort, wir werden nach Athen zurückkehren.«

»In Ketten?«

»Als Sieger.«

»Gekleidet wie Spartaner?«, bemerkte Charmides spöttisch.

Thrasikles, einer der jungen Männer, die Alkibiades von Athen nach Syrakus, von da nach Thourioi und schließlich nach Sparta begleitet hatten, hörte aufmerksam zu. Sie hatten diesen Mann aus Athen in die Ehrlosigkeit begleitet. Aber wohin? Und bis wohin?

»Charmides, man trägt immer nur das Gewand, das man selbst gewählt hat«, versetzte Alkibiades scharf.

»Ist das eine Lehre von Sokrates, die ich nicht kenne?«, beharrte Charmides.

Alkibiades ließ sich nicht herausfordern. »Was ist das für eine Sache, an die man nicht glaubt?«

»Zweifellos eine schlechte.«

»Sehr gut. Und zwischen allen Sachen, die du kennst, und deinem eigenen Erfolg, was wählst du da?«

Charmides lächelte.

»Ich glaube, es handelt sich hier eher um die Lehre des Protagoras.«

Nach einigen Wochen bewiesen die Erfolge der Lakedämonier in Syrakus und dann in Laureion, wie wohl begründet die Ratschläge des Alkibiades waren. In Sizilien zum Beispiel hatte er den Spartanern empfohlen, Ruderer zur See und Hopliten zu Lande zu entsenden, wodurch sie mehr Männer hatten. Er hatte Recht gehabt und Gylippos hatte somit Syrakus gerettet. Er hatte Sparta auch geraten, Athen durch die Vernichtung der Silberminen zu schwächen. Auch damit hatte er Recht gehabt. Athen ging das Geld aus: Die Stadt konnte nicht einmal die thrakischen Soldaten entlohnen, die zur Verstärkung gerufen worden waren. Die Thraker verlangten eine Drachme pro Tag und das überstieg die finanziellen Mittel der Stadt.

Endios entwickelte sich zu einem eifrigen Besucher von Alkibiades und dieser ging im Königspalast ein und aus. Alkibiades stieß auf dieselbe Begeisterung wie vor zwei Jahren bei den Athenern, als er diese überredet hatte, sich auf das verheerende sizilianische Abenteuer einzulassen.

»Ergreift eure Chance«, sagte er zum König und zum Ephoren. »Nie waren die Umstände so günstig und sie werden es nie mehr sein! Euböa ist bereit, das athenische Joch abzuschütteln, und in Asien erhebt sich Ionien. Es sind die letzten Bastionen. Die beiden Satrapen Tissaphernes und Pharnabazos können es kaum erwarten, sich mit euch zu verbünden.«

König Agis war, genau wie sein Vater, von Natur aus vorsichtig: Er stürzte sich nur dann in große Unternehmungen, wenn er von deren Erfolg überzeugt war. In diesem Fall war er es nicht, da ihm die nötigen finanziellen Mittel fehlten. Er erklärte es Alkibiades in Anwesenheit eines Mannes, den dieser nur vom Hörensagen kannte. Es war ein hochgewachsener schweigsamer Bärtiger namens Lysander. Es hieß, er sei ein Bastard der berühmten Familie der Herakliden, Nachfahren des Herakles.

»Ich will den Fehler der Athener nicht wiederholen, welche die Thraker zu Hilfe geholt haben, sie aber zurückschickten, weil sie sie nicht entlohnen konnten«, erklärte Agis Alkibiades.

»Bitte den Perserkönig um ein Darlehen«, schlug Alkibiades vor. »Die Perser sind sehr reich.«

»Und wie zahle ich es zurück?«

»Mit der Hinterlassenschaft der Athener.«

Der König musterte Alkibiades neugierig und schwieg. Lysander hatte gebrummelt: »Diese Barbaren.« Ohne Subjekt, Prädikat noch Objekt. Einfach: Diese Barbaren. Dann hatte er keinen Ton mehr von sich gegeben. Alkibiades stellte fest, dass sein Charme bei Lysander nicht wirkte, und hielt sich zurück.

Bei näherer Betrachtung, sagte sich der Athener, der dieses Mal nichts begriffen hatte, sind diese Spartaner voller Skrupel. Außerdem brachte ihr Aberglauben Alkibiades aus der Fassung. Zum Beispiel weigerten sie sich entschieden, vor Neumond irgendein Unternehmen in die Wege zu leiten. Doch ihre Armeen waren hervorragend; diese jungen Männer waren gänzlich uneitel. Sie trainierten nicht, um den Lorbeerkranz zu erringen oder von den Dichtern besungen zu werden, sondern um ihren Körper in ständiger Bereitschaft zu halten. In den Kasernen und Gymnasien übten sie Springen, Kämpfen, Laufen ...

Der Überläufer gewann die Partie mit Endios: Sparta beschloss, sich bei den Persern Geld zu leihen, um Athen den Todesstoß zu versetzen. Es musste jetzt überlegt werden, welchem der beiden Satrapen der Vorzug zu geben war. Tissaphernes trug den Sieg davon. Perser und Spartaner besiegelten ihr Bündnis. Die Gestaltung des Vertrages war mühsam. Schließlich sprach die Endfassung den Persern nach dem Sieg alle athenischen Städte Asiens zu. In der Zwischenzeit wurde eine diplomatische Gesandtschaft nach Euböa und Ionien geschickt, um Verträge auszuhandeln. Der König verfügte, dass Alkibiades daran teilnehmen sollte, da er mit den Ioniern verbündet war. Man würde in ein paar Tagen aufbrechen.

Eines Abends sprach Alkibiades bei einem Gastmahl bei Endios dem Wein ungewöhnlich stark zu und rief mit pathetisch zum Himmel erhobenen Armen, an Charmides gewandt: »Athen wird zerstört, ich schwöre es!« Er jubelte. Aber Charmides und Thrasikles lächelten nur. An einer so leidenschaftlichen Rache nahmen sie Anstoß. Sie waren in die Verbannung gegangen, um ihre Haut zu retten. Nachdem sie sich von Alkibiades hatten mitreißen lassen und die Götter verhöhnt hatten, entflohen sie der Strafe. Im Übrigen wünschten sie keineswegs den Untergang Athens, wo ihre Verwandten und Freunde lebten. Trieb der Ehrgeiz Alkibiades zum Hass? Was hatte ihm Athen eigentlich getan? Es hatte ihn zum Strategen ernannt und er hatte es in den Abgrund gezogen. Waren nicht alle seine Unternehmungen so angelegt, darüber hinwegzutäuschen, dass er für das Scheitern der sizilischen Expedition verantwortlich war? Aber sie äußerten keine Kritik, da sie weniger Lust denn je hatten, Backenstreiche einzuheimsen. Immerhin hatten sie ihm ihr Dach über dem Kopf zu verdanken. Doch sie nahmen sich vor, so bald wie möglich zu flüchten. Gemeinsam hatten sie sich für Patras entschieden, wo einer von ihnen seitens seiner Familie mütterlicherseits Verbündete hatte.

Alkibiades hatte sich nicht verändert. Auch in Sparta zeigte er sein übliches tolldreistes Gebaren. Das stellten sie einige Tage später fest, als ein Erdbeben die Stadt erschütterte. Es war mitten in der Nacht, und die Straßen füllten sich mit halb nackten Menschen, welche die Angst aus den Häusern trieb. Charmides und Thrasikles rannten hinaus und gerieten in Panik, als sie feststellten, dass Alkibiades nicht bei ihnen war. Hatte er zu viel getrunken und schlief jetzt fest? Charmides eilte zu seinem Gemach. Kein Alkibiades. Charmides befühlte das Laken; es war kalt.

Eine Stunde später kehrte Alkibiades zurück.

»Wo bist du gewesen?«

Er antwortete nur mit einem geheimnisvollen Lächeln. Offensichtlich hatte er ein galantes Abenteuer erlebt. Erst viel später erfuhren sie, dass die Diener des Königspalasts ihn aus dem Gemach der Königin hatten schleichen sehen. Diese Nacht war für die Königin nicht ohne Folgen geblieben.

Für einen Mann wie Alkibiades galt die Gastfreundschaft gar nichts.

15.

Der Günstling des Apollon

Reisende, häufig verkappte Späher, berichteten all das in Athen. Gedemütigt und nachdenklich kämpfte die Stadt mit ihrem Groll auf das gehätschelte Kind, das Verrat geübt hatte. Und das Kind war sich nicht bewusst, dass Rache geübt werden muss, solange sie frisch ist. Sonst wirkt sie lächerlich. An den Portalen des Buleutherion wurde angekündigt, dass alle beweglichen und unbeweglichen Güter des todgeweihten Alkibiades beschlagnahmt worden waren und durch einen Beamten des Rats der Magistrate versteigert würden[39]. Der Erlös würde der stark dezimierten Staatskasse zugeführt werden.

Das in Athen fließende Geld war im Besitz von Privatleuten. Die Ländereien des Alkibiades, dreihundertzwanzig Plethron bebautes Land[40], waren in zehn Parzellen aufgeteilt. Schnell waren diese von wohlhabenden Bürgern aufgekauft. Man machte sich aufgrund der vielen geflüchteten Sklaven, die sich in Athen drängten, um die Bewirtschaftung dieser Ländereien keine Sorgen. Eine Vielzahl Menschen besichtigten das Haus, bestaunten die Extravaganz seines ehemaligen Besitzers. Aspasia, durch den Gerber, der nach Perikles ihre Gunst errungen hatte, noch reicher geworden, ersteigerte zwei Bronzebetten mit vergoldeten Skulpturen. Die lebensgroße Statue des Alkibiades gefiel einem Bankbeamten der Oligarchen. Und ein reicher Viehhändler erstand, von seiner Gattin gedrängt, bestickte Wäsche, Silber- und Glastassen sowie einen silbernen Nachttopf.

Xanthippe, von Neugier getrieben, besichtigte das Haus ebenfalls und stieß sich an dem Luxus sowie den bewundernden Kommentaren der potenziellen Käufer. Niemand schien sich daran zu stören, dass ein einziger Mann so viele luxuriöse und nutzlose Kunstgegenstände besessen hatte, während die Hälfte der Stadt um ihr täglich Brot kämpfen musste.

Die Besucher drängten sich vor der großen Freske des Speisesaals, die in Athen in aller Munde war. Eine Freske in einem Privathaus! Hielt sich dieser Mann für einen Gott? Und was stellte diese Freske dar? Zweifellos den Olymp. Erhabene Halbnackte scharten sich um einen Gott mit goldenem Haar, vermutlich Apollon. Die Freske sollte dem Käufer des Hauses gehören. Man sagte, es sei ein Metöke, ein Gerber aus Thrakien, der sicher war, es zu bekommen, denn kein Athener hätte eine solche Residenz zu bewohnen gewagt.

Xanthippe irrte finsteren Blicks durch die üppig ausgestatteten Räume und gelangte ins Schlafgemach, wo sich Neureiche für ein Bronzebett begeisterten, in dem eine ganze Zenturie Platz gehabt hätte. Sie stieß die Tür einer Kammer auf und entdeckte mit gerunzelter Stirn mehr als zwanzig Paar Sandalen. Zwanzig Paar! Und was für welche! Verziert mit Silber, Gold, Edelsteinen . . . Sie bückte sich. Da kam ihr ein Gedanke. Schnell griff sie nach den Sandalen, die ihr am abgetragensten schienen. Festes Leder mit einem Rubin. Sie verbarg die Sandalen in ihrem Umhang und verließ das Haus, in Gedanken an die Ruchlosigkeit dieses Mannes versunken, der Athen ruiniert hatte und es sich in Sparta gut gehen ließ.

Nur auf Flügeln hätte man Alkibiades auf seinen Reisen und neuen Wechselfällen des Lebens folgen können. Er war mit fünf Schiffen und in Begleitung der lakedämonischen Delegation in Sparta in See gestochen. Sein Ziel: Ionien. Er hatte versprochen, die Führer der Inseln und Städte Asiens davon zu überzeugen, dass sie gut daran täten, sich Sparta anzuschließen, um das unerträgliche Joch Athens abzuschütteln. Er hatte schon so viel versprochen!

König Agis und sogar der Ephore Endios fanden diesen Athener zunehmend zu großspurig: In Ionien war er mit fast allen verbündet, er kannte Tissaphernes, er würde alles im Handumdrehen regeln, er steckte sie alle in die Tasche ... Wenn man ihn reden hörte, hätte man glauben können, er sei der König von Sparta. Das war zu viel für die Lakedämonier, die zurückhaltend und wenig gesprächig waren. Alkibiades hatte übersehen, dass Lakonien im Peloponnes lag und nicht umsonst den Begriff lakonisch geprägt hatte. Was auch immer er sagen mochte, er blieb der Verräter Athens, dessen Stratege er gewesen war. Konnte man ihm die Vertretung von Sparta wirklich anvertrauen? Man ging damit ein großes Risiko ein.

Außerdem hatte er die Königin geschwängert.

Lysander hatte nur ein Wort in seinen Bart gemurmelt: »Abenteurer.« Das sagte alles.

Doch man ließ ihn gewähren. Nach einer Woche hatte Alkibiades den Rat von Chios für sich eingenommen, und die Insel, die eine große Flotte besaß, hatte sich Sparta angeschlossen. Dann gelangte die Gesandtschaft nach Asien: Erythrai und Klazomenes folgten der Bewegung ebenfalls. Der Lakedämonier, offiziell der Anführer der Delegation, wunderte sich über die Zungenfertigkeit des Alkibiades. Diese Athener redeten zwar zu viel, aber immerhin beherrschten sie die Rede. Teos, ebenfalls an der asiatischen Küste gelegen, erlag der Überredungskunst des Alkibiades, dann Milet, die größte Stadt Ioniens, und schließlich Ephesos. Die Gesandten Athens, die sich bis jetzt des Bündnisses dieser Städte sicher waren, bemühten sich, Alkibiades' rhetorischen und politischen Feldzug zum Scheitern zu bringen, indem sie den Ioniern erklärten, dieser Mann sei ein Verräter. Wer ihm zuhörte, würde damit wortbrüchig. Aber es war vergebens.

Das Ergebnis diente freilich den Interessen Spartas, aber nach dem Urteil des Königs und des Ephoren auch in hohem Maße denen von Alkibiades. Die Lage schien ihnen unhaltbar, als der lakedämonische Gesandte bei einem Scharmützel mit der athenischen Schiffsbesatzung vor Milet getötet wurde. Dieser Tod machte Alkibiades nicht nur zum eigentlichen Anführer der Delegation, sondern faktisch zum Herrn der lakedämonischen Auslandspolitik. Nein, sie würden sich diesem blondlockigen Schwätzer nicht einfach ausliefern.

Der König und Endios sandten einen geheimen Boten zum Führer der peloponnesischen Flotte, die in Chios überwinterte. Hier wartete man auf die Rückkehr von Alkibiades und seiner Delegation.

Kaum hatten die Gesandten von Sparta angelegt, als ein Bote des Flottenführers herbeieilte, um ihnen mitzuteilen, dass sie bei einem großen Gastmahl erwartet wurden. Alkibiades wunderte sich über den herzlichen Empfang. Er und seine Begleiter richteten sich also in den Häusern ein, die ihnen zur Verfügung gestellt worden waren.

Er breitete gerade seine Gepäckstücke aus, als die Tür aufging. Ohne jede Aufforderung trat ein Mann ein und schloss die

Tür hinter sich. Er war etwa dreißig, kahlhäuptig und dunkel. Alkibiades musterte den Unbekannten, der einen Finger auf die Lippen legte. Alkibiades war auf der Hut.

»Du bist in großer Gefahr«, flüsterte der Unbekannte.

Alkibiades schwieg.

»Ein sirupartiger Wein soll dich betäuben. Der Dolch vollendet dann das Werk. Deinen Leichnam wird man ins Meer werfen.«

Alkibiades erstarrte.

»Wer?«, stieß er hervor.

»Der Flottenführer. Auf Befehl des Königs.«

Alkibiades brauchte einen Augenblick, um zu begreifen.

»Wer schickt dich?«

»Die Königin.«

Und nach kurzem Schweigen fügte der Mann hinzu:

»Das Kind ist geboren. Der Prinz heißt Leotychidas.«

Alkibiades rechnete nach. Es waren bereits zehn Monate vergangen.

»Brich bei Anbruch der Nacht auf«, fuhr der Unbekannte fort. »Tu so, als ob du dich zum Gastmahl begeben würdest. In Wirklichkeit gehst du zum Hafen. Am Nordkai segelt das Handelsschiff Tochter von Eugenios morgen nach Asien. Sei im Morgengrauen dort. Lebwohl.«

Und er verschwand, wie er gekommen war. Alkibiades verschnürte nachdenklich seinen Beutel. War es eine Falle? Offensichtlich nicht – der Bote hatte ihm den Namen des Prinzen genannt. Aber natürlich konnte man auch das erfinden. Ein Mordkomplott erschien durchaus denkbar. Seine Erfolge erregten Neid und Eifersucht. Welche königliche Eifersucht verurteilte ihn zum Tode? Die eheliche oder die politische? Oder war es Endios? Oder Lysander? Eines war sicher: Er war verraten! Er war nützlich gewesen, aber nun brauchte man ihn nicht mehr und warf ihn weg wie ein Paar alte Sandalen. Ihn! Lebwohl, Sparta, das wirst du mir büßen.

Im Morgengrauen ging er an Bord, Richtung Kontinent. Er steuerte Sardinien an und segelte in die Statthalterschaft des Tissaphernes ein wie in einen asiatischen Kleinladen. Sein dritter Verrat war mit sämtlichen Gewürzen der Rache vermischt. Diesmal würde er sowohl Sparta als auch Athen in Schach halten.

Die spartanischen und athenischen Späher verloren ihn mehrere Tage aus den Augen. Wo steckte diese Ausgeburt der Hölle? Sie erfuhren es, als er sich im Palast des Tissaphernes in Sardinien niedergelassen hatte. Die Nachricht schlug in Sparta und in Athen wie eine Bombe ein.

Sokrates erfuhr es auf höchst unerquickliche Weise. Einer der Prytanen, der ihm am wenigsten Achtung entgegenbrachte, weil man ihn immer noch mit Alkibiades in Zusammenhang brachte, fiel ihm ins Wort, als er sich mit einem Schüler über das Prinzip der gegensätzlichen Wahrheiten und seinen Zusammenhang mit der Moral unterhielt:

»Sag, Sokrates, lehrst du deine Schüler den Verrat?«

Eine derart brüske Anrede machte den Philosophen sprachlos.

»Ich sehe, dir fehlen die Worte«, spottete der andere. »Sie könnten dich ja auch . . . verraten.«

»Weshalb bist du so aggressiv?«, fragte Sokrates.

»Wegen der letzten Neuigkeiten von deinem liebreizenden Alkibiades. Erst hat er uns Sparta zuliebe verraten. Da konnten wir noch annehmen, dass ihm die Ausschweifungen das Hirn vernebelten und er die Staatsform in Sparta für besser hielt als die von Athen. Aber nun ist er zum Perserkönig übergelaufen. Nicht seine Überzeugungen inspirieren ihn, sondern der Verrat selbst.«

Sokrates fiel keine Erwiderung ein. Alkibiades bei den Persern! Bei den Barbaren, den Erzfeinden von Athen!

»Was sagst du?«, fragte er sanft.

»Dass Alkibiades der Berater der Perser ist! Und sicherlich wird er uns deren Willen aufzwingen. Überlege in Zukunft genau, was du lehrst, Philosoph! Aristophanes hatte nur die Hälfte von dem gesagt, was es über dich zu sagen gäbe.«

Und er warf Sokrates und seinen Schülern einen bösen Blick zu. Diese traten drohend auf ihn zu. Doch Sokrates gebot ihnen Einhalt.

Abends war er so erschüttert von dem Vorfall, dass er das Bedürfnis hatte, sich Xanthippe mitzuteilen, auch auf die Gefahr hin, dass sie neue Verwünschungen gegen Alkibiades ausstoßen würde. In Wahrheit hatte er Angst, dass er bald keine Schüler mehr haben würde. Xanthippe war aber so klug, sich jeglicher Vorwürfe gegen Alkibiades zu enthalten.

»Dieser Mann ist schlimmer als ein Fluch«, murmelte sie nur vor sich hin. »Jeder, der je mit ihm zu tun hatte, hat Grund zur Klage. Perikles wurde abgesetzt. Kaum war er wieder im Amt, starben seine Söhne, und er folgte ihnen bald ins Grab. Athen bezahlt die Gunst, die es Alkibiades erwiesen hat, teuer. Jene Freunde, die nicht verbannt wurden, stecken im Gefängnis. Und jetzt ist es Sparta. Sparta und du.«

Er war über ihre Worte verblüfft. Säte die Schönheit nur Unheil? War sie, ihren Worten zufolge, ein Fluch? Er war ebenfalls bestürzt über die Intensität der Gefühle seiner Frau. Stünde Alkibiades vor ihr, sie würde ihn eigenhändig erdolchen.

Sie war nicht die Einzige. Noch war Winter[41], als sich die Vorhersagen des dreisten Prytanen, der Sokrates auf der Agora angesprochen hatten, bewahrheiteten. Mit der ihm eigenen Frechheit hatte Alkibiades Boten nach Sarnos, einer Insel in der Nähe von Ionien gesandt, die noch Athen unterstellt war. Dort hatte eine athenische Garnison ihr Lager aufgeschlagen und auch hier fanden sich die üblichen Gimpel zur Freundschaft mit ihm bereit. Die Botschaft war »an die ehrenwertesten Personen« gerichtet, was eigentlich hieß »an die Reichsten«, denn die Bauernlümmel waren, wie allgemein bekannt, ohne Glauben und Gesetz. Alkibiades forderte sie auf, auf die Demokratie zu verzichten. Im Ausgleich dafür bot er ihnen die Freundschaft des Perserkönigs an und versprach, sie mit Geld, das nicht sein eigenes war, zu entschädigen. Kurzum, er rief zur Oligarchie auf, nicht nur in Sarnos, auch in Athen.

»Die Demokratie«, ließ er durch seine Boten ausrichten, »ist ein System von Spitzbuben, das einen seiner angesehensten Bürger verbannt hat. Alkibiades dürstet es nach der Heimkehr. Dafür garantiert er den Bürgern die Freundschaft des mächtigen Perserkönigs.«

»Das ist erstaunlich, ungeheuerlich«, riefen einige Oberste. Und Phrynikos, einer von ihnen, ging noch einen Schritt weiter: »Nicht nur, dass er Athen zu der vernichtenden sizilischen Expedition getrieben, es verraten und den Spartanern geraten hat, wie man den Untergang der Stadt herbeiführen kann, seine Verbündeten abtrünnig werden ließ, nein, er will auch noch die Oligarchie einführen und nach Athen zurückkehren! Dieser Kerl ist völlig wahnsinnig!«

Die Strategen von Sarnos hatten weder Sinn für Humor noch für Psychologie. Die Aussicht, ihr eigener Herr zu sein und zudem von den Persern Geld zu erhalten, war verlockend. Also zettelten einige unter ihnen eine Verschwörung an, um tatsächlich eine Oligarchie einzuführen, und entsandten Boten nach Athen. Ihr Führer war Pisander, der die athenischen Obersten zur Gefolgschaft bewegen sollte.

Als die Oligarchen von Athen von den Bestrebungen der Strategen von Sarnos erfuhren und sie für verwirklicht hielten, glaubten sie, ihre Stunde sei gekommen. Fast niemand besuchte noch die Volksversammlung, die sich als unfähig erwiesen hatte, die Stadt in stürmischen Zeiten zu lenken. Die Oligarchen beantragten beim Rat die notwendige Änderung der athenischen Verfassung im Hinblick auf die Ereignisse, dann fanden sie sich scharenweise in der Versammlung ein und stimmten für die Abschaffung der Demokratie. Noch am selben Abend wurde die Oligarchie eingeführt, ohne dass man wusste, welche Reformen sie mit sich bringen würde, noch wie sich die Macht verteilen würde.

Die Nacht war blutgeschwängert. Die Hetärien der Aristokraten verwandelten sich in Todestrupps und mordeten die Hauptanführer der Demokratie.

Zu der Stunde, als die Volksversammlung zusammentrat, eilte Xanthippe zu Permoukasson, ein Paar Sandalen in den Falten ihres Umhangs verborgen. Vom Meer wehte ein scharfer Wind. Weder sah sie die Einäugige noch die Ziege wieder. Vermutlich war die Letztere geschlachtet und der Lauf der Zeit hatte die Frau längst verschlungen. Sie überlegte kurz, ob wohl Antigone noch am Leben war.

»Antigone«, rief Xanthippe.

»Komm herein. Ich sehe dich vom Fenster aus.«

Die Wahrsagerin ruhte auf einer Liege, neben sich einen Stock.

»Ich habe mir den Knöchel verstaucht«, erklärte Antigone.
»Und mir ist kalt. Es ist nicht leicht, wenn man allein ist.«
»Soll ich dir etwas kochen?«
»Bitte, wärm mir das Hühnchen auf. Und leg etwas Holz auf.«
Xanthippe legte Holz ins Feuer. Es flammte auf und färbte den
fahlen Wintertag rot. Das Huhn köchelte auf dem Herd vor sich
hin.
»Was führt dich hierher?«, fragte Antigone schließlich.
»Ich will das mächtigste der Geschicke, die je auf Erden
geknüpft wurden.«
»Gut gesagt«, erwiderte die Pythia. »Ich mag jene, die daran
glauben.«
»Wer sind jene, die nicht daran glauben?«
»Die Schüler deines Mannes«, sagte Antigone und richtete sich
auf.
Sie griff nach dem Stock und neigte sich zu ihrer Besucherin.
Diese zog die Sandalen aus ihrem Umhang. Antigone musterte
sie und lächelte.
»Rubine! In Athen gibt es nur einen Mann, der so etwas
trägt ... Wie ich sehe, ist dein Hass unerbittlich.«
Xanthippe zuckte mit den Achseln.
»Aber du bist nicht die Einzige, glaub mir. Man hat mich
bereits gut bezahlt. Spar dir dein Geld. Die Würfel des Schicksals
sind gefallen. Aber man muss warten.«
»Wie lange noch?«
»Sieben Jahre.«
»Sieben Jahre! Bis dahin verwüstet er die ganze Welt!«
»Na und? Der Fuchs fängt nur die kranken Hühner. Lass ihn
zerstören. Ich bin lediglich die Mittlerin der Kräfte, keine Göttin.
Ich kann den Willen der Götter weitergeben, ich kann den

scheuen Verliebten durch einen Liebestrank anlocken oder den Aufdringling abweisen, aber ich kann nicht das Schicksal eines Volkes ändern.«

Einen Augenblick war sie nachdenklich. Dann fuhr sie lächelnd fort: »Bitte, warte bis das Hühnchen warm ist, damit du mir den Kochtopf vom Feuer nehmen kannst. Das fällt mir nämlich schwer.«

Mühsam erhob sie sich, gestützt auf den Stock, humpelte zum Tisch und nahm Platz.

»Er wird von Apollon geschützt. Kennst du Apollon? Es ist der grausamste Gott von allen. Er hat Neoptoleme[42] auf seinem eigenen Altar ermordet und Marsyas die Haut abgezogen, weil er besser Flöte spielte als er. Du erkennst die Seinen an ihrer Schönheit. Ach, was könnte ich dir alles erzählen ...«

»Antigone, kann man nicht ...?«

Die andere schüttelte den Kopf. »Hältst du mich für mächtiger als Athene? Oder meinst du, genau wie Alkibiades, dein Rachedurst könne die Welt verändern? Folge seinem Beispiel nicht.«

Die Besucherin erkannte, dass der Rat weise war. Und plötzlich fühlte sie sich alt.

»Als jene, die seinen Tod wollen, genau wie du, mich aufgesucht haben, habe ich die Mächte der Unterwelt angerufen. Zwei Eulen haben sich in die Luft geschwungen und über dem Dach geschrien. Am helllichten Tag. Der Vogel der Athene fliegt nicht bei Tag. Und die Geister haben mir gesagt: › Athene und ihre Stadt leiden, quäle sie nicht, sie warten auf ihre Stunde.‹ Ich glaube, du kannst jetzt das Huhn vom Feuer nehmen. Ich habe Hunger, habe seit gestern nichts mehr gegessen. Verzeih mir, wenn ich dir nichts anbiete.«

Xanthippe nahm den Topf vom Feuer und stellte ihn auf den

Tisch. Es wurde dunkel. Sie verabschiedete sich von Antigone, die einen Löffel in den Topf tauchte, und verließ das Haus.

»Die Sandalen«, rief Antigone ihr hinterher.

Xanthippe zuckte mit den Achseln.

»Schenk sie einem Nachbarn.«

»Nein«, murmelte sie auf dem Heimweg, »mit den Göttern gibt es keine Verständigung.«

16.

Öffentliche Genugtuung

Schreie durchschnitten die Nacht. Mehrere Male hörte man Leute auf die Straße rennen, dann Truppen von etwa zehn Mann, die sich irgendetwas in den Bart nuschelten. Dann der Ruf: »Fangt ihn! Hierher!« und »Achtung! Er ist bewaffnet.«

Xanthippe schlief nicht. Sie saß mit Leto vor dem Frauengemach. Auch die Jungen fanden keinen Schlaf; sie wollten, sagten sie, sehen, was los war. Aber Sokrates verbot ihnen, das Haus zu verlassen.

»Man würde euch mitreißen und ihr wüsstet nicht, was ihr tut. Wollt ihr denn dabei sein, wenn Menschen ermordet werden?«

Denn darum ging es. Die Führer der Demokraten und selbst jene, die keine führende Position bekleideten, wurden gemeuchelt. Wer da auf die Straße rannte, war entweder ein Demokrat auf der Flucht oder Mitglied der Verfolger-Hetärien. Nach der Verkündung der Oligarchie vor einigen Stunden hatte ein Prytane Sokrates gewarnt und ihm geraten, zu Hause zu bleiben. Die neuen Herren von Athen fackelten nicht lange, sie regelten die Dinge mit Messerstichen.

Bevor Sokrates in der zweiten Hälfte der Nacht versuchte zu

schlafen, murmelte er: »Ich wusste nicht, dass es so viele Oligarchen gibt.«

Seine Angst unterdrückend, verließ er am nächsten Morgen wie gewohnt das Haus. Die Agora, auf der es heftig windete, war verwaist. Die Tore des Buleutherion und des Rats der Magistrate waren weit geöffnet, und man sah, wie Menschen sich im Innern zu schaffen machten, Stapel von Pergamenten wegschafften und verbrannten. Einer der Männer entdeckte ihn und rief ihn herbei: Sokrates kniff die Augen zusammen und erkannte Theramenes, einen wenig eifrigen Schüler um die vierzig. Dieser Mann war wie ein Wetterhahn. Sokrates erinnerte sich, dass sich dieser, um die Rhetorik zu erlernen, an den Sophisten Prodikos gewandt hatte. Als ihn die Demokraten abgelehnt hatten, lief er zu den Oligarchen über.

Theramenes ging strahlend mit ausgestreckter Hand auf ihn zu.

»Sokrates, mein Lehrer, wie schön, dich zu sehen!«

Sokrates musterte seinen Schüler.

»Was tust du da?«, fragte er.

»Das weißt du gut, ich war immer Anhänger der Oligarchie. Ich gehöre zu ihnen.«

Der Himmel wusste, aufgrund welcher dunklen Machenschaften er aufgenommen worden war. Nun, immerhin war es vielleicht nicht so schlecht, einen Verbündeten hier zu haben.

»Ich freue mich für dich. Und wann erfahren wir, welche Reformen die Oligarchie bringen wird?«

»Das wird schnell entschieden sein. Aber die Macht wird sicherlich von einem Rat, bestehend aus wenigen, ausgeübt werden.«

Sokrates zuckte mit den Achseln.

»Du wirkst etwas müde?«, stellte Theramenes voller Mitgefühl fest.

»Die Nacht war kurz«, erwiderte Sokrates beiläufig, »wegen all der schreienden Menschen, die auf die Straße rannten.«

»Sicherlich haben sie unseren Sieg gefeiert!«

»Ja, mit dem Messer in der Hand.«

»Ich gebe zu, es gibt einige Ausschreitungen. Aber etwas Autorität gebietet diesen Unruhen, die Athen so sehr schaden, Einhalt. Mach dir keine Sorgen, du gehörst zu uns. Ich kenne deine Zuneigung für Alkibiades. Hoffentlich kehrt er bald zurück. Er wünscht sich sehnlichst die Heimkehr, jetzt, wo die demokratischen Extremisten nicht mehr an der Macht sind.«

»Dieser Mann hat wahrlich Sinn für feine Unterschiede«, murmelte Sokrates spöttisch. Sie trennten sich und versprachen, sich wiederzusehen. Sokrates wartete auf seine Schüler; keiner erschien. Er ging zur Stoa; außer einem Athleten und einem Greis vor dem Apothekerladen war weit und breit niemand zu sehen.

»Würdest du ein Stück Philosophie gegen eine Scheibe Käse mit Oliven und Brot tauschen?«, schlug er dem Lockenkopf vor.

»Das kannst du gerne haben«, erwiderte der Schankwirt. »Ich fürchte, dass heute Morgen nicht viel läuft. Welche Philosophie bietest du mir also?«

»Wenn die Menschen schreien, so schweig.«

Der Lockenkopf lachte gezwungen.

»Ist das alles?«

»Davon kannst du ein paar Tage zehren. Und im Austausch gegen Oliven füge ich noch hinzu: Man kann nur mit Menschen diskutieren, die keine Meinung haben oder die gleiche Meinung wie man selbst.«

Jetzt war das Lachen gelöster. Der Lockenkopf holte Käse, Oliven, Brot und einen Krug Wein.

»Und für das Brot«, fügte Sokrates hinzu, »Folgendes: In Zeiten der Revolution benötigen die Mächtigsten die Schwächsten. Aber das ist von Äsop.«

Der Lockenkopf dachte über die Worte nach.

»Glaubst du, dass wir jetzt noch erfahren, was los ist?«, fragte er.

»Warum nicht?«

»Die Volksversammlung kommt immer seltener zusammen. Und wenn die Nachrichten unseren neuen Herren nicht genehm sind, werden sie zensiert.«

»Das ist wahrscheinlich«, räumte Sokrates ein. »Aber wenn sie klug sind, wissen sie, dass schlechte Nachrichten besser sind als böse Gerüchte.«

Als Sokrates allein war, dachte er über die eventuelle Rückkehr von Alkibiades nach. Unmöglich, überlegte er, nicht einmal unter den Oligarchen: Man würde ihn in Stücke reißen.

Ein paar Tage später wagten sich die Athener wieder aus dem Haus. Sokrates beobachtete sie aufmerksamer als gewöhnlich und wunderte sich über den Einfluss eines politischen Systems auf die Gangart der Menschen. Die Athener, die gewöhnlich ruhige, weite Schritte machten, den Blick nach vorn gerichtet, beschleunigten jetzt grundlos ihren Schritt, hielten sich gebückt, den Blick gesenkt oder warfen hastige und misstrauische Blicke um sich. Wenn ihnen jemand einen Gruß entbot, antworteten sie kurz angebunden. Selten setzten sie sich zusammen, um ein Glas miteinander zu trinken. Die Meinungen wechselten von heute auf morgen, aufgrund von Gerüchten, Verleumdungen, von Verbindungen, die geknüpft und wieder gelöst wurden, und vor allem aufgrund persönlicher Interessen: In der Stadt herrschte eine Atmosphäre des »Rette-sich-wer-kann«.

Sokrates begegnete eines Tages auf der Agora seinem Schüler Kritias, der jetzt seine Haupteinnahmequelle darstellte. Er war reich und hatte die Unterrichtsgebühr verdoppelt, wohl wissend, dass sein Lehrer darauf angewiesen war. Als Parteiführer der Oligarchen ging er auf ihn zu, seine neuen Anhänger im Schlepptau.

»Was sagst du zu den Ereignissen?«, fragte Kritias.

»Vielleicht erwartest du von mir ein politisches Urteil. Das wird es sein, aber so, dass du es verstehst. Was mich seit Perikles' Tod immer am Leben in Athen berührt, ist die Tatsache, dass unser Privatleben stark von der Stadt abhängig ist. Bereits zu Lebzeiten von Homer und Perikles wussten wir, dass die Stadt der einzige Bereich ist, in dem sich eines der unwiderstehlichsten Gefühle ausleben lässt: der Ehrgeiz. Es ist eine glühende Leidenschaft, peinigend wie die Liebe. Aber die Stabilität unter Perikles bewirkte, dass wir etwas Ruhe hatten. Jeder wusste, welches Vorhaben als Nächstes seinen Ehrgeiz befriedigen könnte. Und abends schwelgte man in Vergnügungen.«

»Und heute?«, fragte Kritias.

»Die Lage ist so gespannt und wechselhaft, dass der Ehrgeiz unentwegt am Brodeln ist. Wird man nach rechts, links oder geradeaus gehen? Oder, was viele zu wünschen scheinen, macht man eine Kehrtwendung? In welcher Richtung wird man seinen Ehrgeiz vorantreiben? Durch die Wachsamkeit verschreckt, schwindet das Vergnügen. Der Lockenkopf bemerkte gestern, dass die charmanten jungen Mädchen, die gewöhnlich über die Agora schlendern und ihr Glück suchen, mangels Kunden weniger geworden sind.«

Kritias lachte. »Soll das heißen, dass die Politik uns auf die Eier schlägt?«

Dann fügte er resolut hinzu:

»Nun gut, wir werden dem Volk die Sorge abnehmen.«

Sokrates, ebenfalls lächelnd, erwiderte: »Jede Handlung erzeugt eine Gegenhandlung. Ich würde mich wundern, wenn diese erzwungene Abstinenz lange dauern würde ...«

»Ah, wenn man an die Gastmahle von Alkibiades denkt.« Kritias seufzte.

Sokrates hütete sich, darauf einzugehen.

Der Staatsstreich durch die Oligarchie und die unbestraften Morde hatten ihr Ziel erreicht: Eine Schreckensherrschaft etablierte sich. Jeder verdächtigte jeden und die Abrechnung erfolgte unter dem Deckmantel staatsbürgerlicher Gesinnung. Und als der Rat verkündete, dass die Macht in den Händen eines Rats von vierhundert Bürgern lag, studierten die anderen in bedrückendem Schweigen die Aushangliste. Niemand sagte etwas.

Das Gerücht über die Ereignisse in der Außenpolitik lastete noch immer auf den Gemütern. Vor allem die Seeleute, die Verbindungen mit dem Ausland hatten, übermittelten Neuigkeiten. Piräus ersetzte die Agora. Wollte man etwas erfahren, musste man eine Wegstunde auf sich nehmen und sich nach Kantharos, Akte oder Zea begeben. Dort erfuhr man dann allerhand.

Meistens brachte Leto Neuigkeiten, da sie in Piräus Fisch, Mehl und Öl kaufte. Sie ließ ihre Einkäufe von ihrem Liebhaber Eumenis in die Heronstraße tragen. Da sie eine schöne Frau war und unauffällig gekleidet, fragte sie den einen und anderen, und jeder antwortete ihr bedenkenlos. So erhielt sie Informationen, frisch wie Fische.

»Die Demokraten in Samos haben sich erhoben!«, verkündete sie eines Tages triumphierend, während der brave Eumenis in der Küche seine Lasten ablud.

Sokrates wartete immer mit Ungeduld auf ihre Rückkehr – in dieser durch die Oligarchie beherrschten Stadt erfuhr man nichts mehr. Er eilte in die Küche.

»Der Stratege Thrasybulos hat die Obersten zur Vernunft gebracht und die Verschwörung aufgedeckt, welche die Oligarchie auf der Insel einführen wollte. Und er hat gewonnen.«

»Und Alkibiades?« Die Frage kam, wie immer, von Xanthippe. Dabei begutachtete sie den Fisch, einige Sardinen und drei große rosafarbene Doraden.

»Das ist die andere Nachricht. Er hat die Perser mit den Lakedämoniern entzweit.«

»Warum hat er sich nicht selbst mit den Barbaren zerstritten? Sie hätten ihn in Stücke gerissen und gegessen, wie sie es zu tun pflegen«, rief Xanthippe und entgrätete die erste Dorade. »Eumenis, hilfst du mir beim Schuppen? Bleib zum Essen da. Leto, kümmerst du dich um die Sardinen?«

»Wir haben also die Demokratie in Samos und die Oligarchie in Athen«, bemerkte Sokrates. »Die Theten[43] da unten, die Aristokraten hier.«

»Ja«, bemerkte Leto, die sich der Zubereitung des Fisches widmete. Und plötzlich wirkte sie reserviert, als falle es ihr schwer zu reden.

Sokrates wartete, was sie zu sagen hatte. Sie lächelte unsicher und warf Xanthippe einen Blick zu.

»Hast du einen Kieselstein im Mund?«, fragte Sokrates.

Sie hob den Kopf und sagte: »Die Strategen von Samos haben Alkibiades zum Strategen ernannt.«

Xanthippe wandte sich um, das Messer in der Hand.

»Was sagst du da?«

»Alkibiades ist Stratege in Samos.«

Xanthippe schwenkte bedrohlich ihr Messer.

»Aber die haben wohl den Verstand verloren! Sie wählen einen Mann zum Strategen, der unser Land in den Ruin getrieben hat...«

»Ich weiß auch nicht mehr«, sagte Leto, als ob sie sich entschuldigen wollte.

Eumenis schluckte den Brocken.

»Bei Dionysos!«, rief er. »Er hat ihnen die Freundschaft und das Geld der Perser versprochen. Da er den Krieg gegen die Lakedämonier fortführen will, haben sie ihn mit offenen Armen empfangen. Umso mehr, da er die Perser mit den Lakedämoniern entzweit hat. Und jetzt wollen die Obersten von Samos schnurstracks in Athen die Demokratie wiederherstellen.«

Bestürzt wandte sich Xanthippe an Sokrates.

»Erklär mir das. Ich verstehe nichts von all diesen Geschichten. Was wird Alkibiades jetzt tun?«

»Ich weiß nicht, was Alkibiades tun wird«, erwiderte Sokrates lakonisch. »Aber es ist zu befürchten, dass er zurückkehrt, wenn die Demokratie in Athen wiedereingeführt wird.«

»Aber das ist doch nicht möglich«, rief sie und ihre Augen blitzten.

»Xanthippe, du stellst Fragen, und ich antworte. Wenn du es nicht wissen willst, dann stell keine Fragen«, sagte er mit Entschiedenheit.

»Wie bereite ich die Sardinen zu?«, fragte Leto.

»In der großen Pfanne, mit Öl und Salz«, erwiderte Xanthippe automatisch. Sie hielt immer noch das Messer in der Hand. »Wenn dieser Höllenhund nach Athen zurückkehrt ...«

»Er ist noch nicht hier«, brummte Sokrates. »Welchen der beiden Tische nehmen wir zum Essen?«

Da es ein armes Haus war, speiste man nicht auf einer Liege ruhend, sondern im Sitzen. Sokrates fand das übrigens viel bequemer. Und die Frauen nahmen die Mahlzeiten gemeinsam mit den Männern ein.

»Den größeren«, erwiderte Xanthippe.

Er legte vier Teller auf.

»Wo ist das Brot?«

»Bestimmt schon fertig. Hol es heraus.«

Er fragte sich, ob Alkibiades sein Schüler oder der von Protagoras gewesen war. Es gibt keine Tatsachen, sondern nur Meinungen, hatte Protagoras verkündet. Und letztlich ließ sich daraus die Handlungsweise des Alkibiades erklären. Eumenis wusch sich die Hände und rieb sie mit Geranienblättern ab. Während der Fisch in der Pfanne brutzelte, setzte er sich mit Sokrates in den Patio. Beide genehmigten sich ein Glas Wein.

»Ich habe noch eine Neuigkeit«, verkündete Leto und setzte sich dazu.

»Achtung«, scherzte Eumenis.

»Nächste Woche soll die neue Komödie von Aristophanes aufgeführt werden.«

Sokrates verzog verächtlich den Mund.

»Dieser Kerl, der Sokrates vor allen Athenern lächerlich gemacht hat!«, rief Xanthippe.

»Diesmal geht es nicht um Sokrates«, bemerkte Leto seelenruhig. »Es geht um die Frauen.«

»Um die Frauen?«, wiederholte Xanthippe. Jetzt setzte sich auch sie an den Tisch.

Sokrates holte sich drei Sardinen aus der Pfanne und legte sie mit gesenktem Blick auf seinen Teller.

»Athenerinnen, die sich an ihren Männern rächen.«

»Woher weißt du das?«

»Durch Gerüchte.«

»In Piräus?«

»Nein, in der Stadt. Eumenis kennt den Pergamenthändler von Aristophanes.«

»Das Stück heißt ›Lysistrata‹«, sagte Eumenis.

»Die Rache der Frauen an den Männern …«, wiederholte Xanthippe nachdenklich.

Sokrates biss in die erste Sardine, verschlang sie samt Gräten und Schwanz und warf ihr einen spöttischen Blick zu.

»Es wird Zeit!«, entschied er. »Wir sehen uns diese Komödie an.«

Am zwölften Abend des Monats Elephebolion[44] begaben sie sich zum Dionysos-Theater. Das halbe Publikum bestand aus Frauen, alten und jungen. Als sie zwei Obolen[45] für ihren Platz gezahlt und sich in den oberen Rängen niedergelassen hatten, betrachteten sie die große Menschenmenge: nahezu zwanzigtausend Athener Bürger bzw. Bürgerinnen, eng zusammengedrängt. Sie waren froh, keine Plätze im ersten Rang zu haben, denn hier hatten die Oligarchen und die Priester Platz genommen.

Xanthippe war zum ersten Mal im Theater und sehr bewegt. Sie verhielt sich während der Vorstellung ganz ruhig, unterdrückte aber einen Schrei der Überraschung, als die Schauspieler eine Erektion simulierten, indem sie unter der Tunika einen Stock abstehen ließen. Sie war so ernst, dass man nicht vermutet hätte, dass sie sich eine Komödie ansah. Sie lächelte wenig, auch nicht wenn das Publikum laut auflachte. Sie fand die näselnden Schauspieler mit den ausgepolsterten Wänsten, die ihren grotesken Charakter betonten, nicht erheiternd. Mit großer Aufmerksamkeit verfolgte sie das Handeln der Lysistrata, der Heldin, die die Athenerinnen gegen die Ehemänner aufgewiegelt und sich des Schatzes der Athene bemächtigt hatte. Die Frauen traten in Liebesstreik, bis ihre Männer bereit waren, ihre Kriege zu beenden. Erst am Schluss, als sich donnernder Beifall erhob, wurde Xanthippe wieder lebhaft. Sie sprang auf und spendete Beifall, dabei einen Tanz wie eine Korybante vollführend. Leto war erst überrascht, dann gerührt, Xanthippe so zu erleben. Und dann bemerkte sie die Tränen, die ihr die Wangen hinunterrollten.

Als Xanthippe wieder Platz genommen hatte, nahm sie Leto in die Arme und sagte voller Leidenschaft:

»Leto, endlich bin ich gerächt! Lysistrata, das bin ich! Die Männer ... Ah, wenn wir doch auch ... Ah, Leto, was für ein grandioses Werk. Ich verzeihe ihm alles, was er über Sokrates gesagt hat.«

Sie klatschte immer noch, mit mittlerweile geröteten Händen. Der Preisrichter zitierte jetzt den Autor auf die Bühne und überreichte ihm den Preis: einen Korb Feigen und eine Amphore Wein.

Xanthippe hatte öffentliche Genugtuung erfahren.

17.

»Die Zeit verändert uns«

D a sich die Gerüchte trotz allem verbreitet hatten, erwartete Athen die Landung demokratischer Soldaten aus Samos, also einen Bürgerkrieg. Ebenso wie alle anderen bebten Taki und Demis vor Angst. Da sie beschlossen hatten, mit dem Becher in der Hand zu sterben, hatten sie ihre regelmäßigen Besuche beim Lockenkopf wieder aufgenommen, wegen des scharfen Winds fest eingemummt in ihre Umhänge.

»Ich frage mich, ob ich mich im Sommer in mein Landhaus zurückziehen kann«, sagte Demis. »Meine Bauern werden mir nicht gerade wohlgesonnen sein, denn sie glauben, dass ich als Besitzer eines Stücks Lands ein Oligarch bin und folglich ein Feind der Armen! Ausgerechnet ich!«

»Bis zum Sommer ...«, brummte Taki. »Übrigens hat mich dieser Theramenes aufgesucht.«

»Dich auch?«

Sie fingen an zu lachen.

»Es lebe das Vertrauen!«, bemerkte Demis. »Theramenes hat dir wohl empfohlen, dir keine Sorgen zu machen, weil die Ausschreitungen des derzeitigen Regimes nicht lange dauern würden und er selbst sie beklage, ebenso wie mehrere Mitglieder des Rats der Vierhundert. Das behauptet er doch immer.«

»Genau. Vermutlich hält er der Hälfte aller Athener die gleiche Rede. Glaubst du wirklich, dass er ein paar Männer hinter sich hat?«

»Ich nehme an, es gibt zumindest einige, die wissen, wie sehr sie gehasst werden. Neulich hat der Stratege Alexikles, einer der arrogantesten dieser Oligarchen, ein Glas Wein bei mir getrunken. Sobald ihn meine Gäste erkannt hatten, suchten sie alle das Weite. Er hat eine Wirkung wie ein Pestkranker.«

»Was hältst du von Theramenes?«

»Dieser Kerl will es sich mit niemandem verderben. Auf jeden Fall ist er klug genug zu erkennen, dass er nicht alt wird, wenn es so weitergeht. Er ist ein gemäßigter Oligarch.«

»So etwas wie ein gemäßigter Extremist? Wüsste gerne, was das ist. Sag, hast du bemerkt, dass der Lockenkopf jetzt größere Portionen anbietet?«

»Das Geschäft läuft nicht gut. Also spendiert er seinen Gästen lieber größere Portionen, um sie zu halten.«

Plötzlich entdeckten sie Kleanthis. Obwohl ihn sonst nichts aus der Ruhe zu bringen vermochte, wirkte er heute ein wenig erregt. Er schnappte sich einen Stuhl und setzte sich.

»Seid gegrüßt! In diesem Land hat man doch nie seine Ruhe!«

»O heilige Einsicht!«, spottete Demis. »Was ist los?«

»Die Hopliten . . .«, begann Kleanthis.

Er winkte den Lockenkopf herbei.

»Einen Krug Samos.«

»Willst du mich auf den Arm nehmen?«, erwiderte der Lockenkopf. »Samos? In diesem Augenblick? Jetzt ist Chios angebracht, und zwar nicht zu knapp.«

Kleanthis zuckte mit den Achseln.

»Was für ein Land«, seufzte er. »Also, die Hopliten ...«

»Was ist mit den Hopliten?«

»Sie haben gerade in Piräus Alexikles festgenommen. Und die Vierhundert, die in diesem Augenblick tagen, drohen, auch Theramenes und seine Anhänger zu verhaften. Sie werfen ihnen Komplizenschaft mit den Demokraten vor.«

Taki und Demis horchten auf. Der Lockenkopf, der ebenfalls zugehört hatte, wurde aschfahl. Die Dreistigkeit der Hopliten ließ das Schlimmste vermuten.

Mit der Festnahme von Alexikles begannen drei Wochen des unbeschreiblichsten Chaos. Bevor die Bürger ihre Häuser verließen, schickten sie erst ihre Bediensteten, um zu prüfen, ob in der Stadt alles ruhig war. Wenige Tage nach Alexikles Verhaftung war nämlich die athenische Flotte ausgelaufen, in der Meinung, Euböa werde von den lakedämonischen Schiffen bedroht; sie wollte den Lakedämoniern die Stirn bieten, wurde aber besiegt und verlor Euböa. Von drei Seiten drohte Athen Gefahr: zum einen durch den Konflikt zwischen den Demokraten von Samos mit den Truppen, die noch den Oligarchen unterstanden; weiterhin durch einen möglichen Angriff der Lakedämonier auf Athen, während Piräus ohne Verteidigung dastand; und zuletzt durch einen Bürgerkrieg zwischen Oligarchen und Hopliten, der ausbrechen könnte, während sich die Lakedämonier auf See befanden.

Ihrer Ängste überdrüssig und ungeachtet der Oligarchen beriefen die Athener eines Morgens die Volksversammlung ein und sprachen sich für das Ende der Herrschaft der Vierhundert aus. Sie wurde durch ein gemäßigtes demokratisches Regime ersetzt, den »Rat der Fünftausend Bürger« (in Wirklichkeit waren es neuntausend). Die Oligarchen verbarrikadierten sich in ihren Häusern und wagten nicht einzuschreiten. Sie begnügten sich mit den Nachrichten, die ihnen ihre Sykophanten überbrachten. So hatte Athen die Tyrannei abgeschafft. Nun musste nur noch der Krieg gegen die Lakedämonier gewonnen werden. Man erinnerte sich daran, dass Alkibiades die Hilfe der Perser versprochen hatte. Und das Unfassbare geschah: der Rat der Fünftausend stimmte für seine Rückkehr.

Jeden Morgen und jeden Abend stellte Xanthippe Leto die gleiche Frage: »Ist er schon da?«

Aber er kam nicht. Mit den Demokraten triumphierten nämlich einige seiner erbittertsten Feinde und im Falle seiner Rückkehr wäre Alkibiades ihren Angriffen ausgesetzt. Seine Freunde in Athen brachten vor, dass er Tissaphernos' Flotte und Vermögen zum Wohle Athens einsetzen wolle. Die Perser kamen Athen zu Hilfe! Es war wie ein Traum!

Sokrates, der wieder Mitglied der Volksversammlung war, befragte drei Strategen. Ihre Antworten lauteten ähnlich: Sie glaubten nicht, dass die Perser nur wegen Alkibiades' schöner Augen ihre Schiffe und ihr Geld Athen zur Verfügung stellen würden.

Für diese Theorie sprach, dass der Satrap Tissaphernos Alkibiades festnehmen ließ. Einen Monat lang hörte man nichts von dem Verbannten und fragte sich, ob er nicht schon hingerichtet worden sei. Aber ihm gelang die Flucht auf die ionischen Inseln. Er hatte alle seine Trümpfe ausgespielt, darunter auch die Freundschaft mit Tissaphernos, den er mit Lügen für sich gewonnen hatte. Alkibiades war am Ende.

Aber nichts da! In den Gewässern der Propontis[46] und vor dem Hellespont wüteten weiter die Seeschlachten. Die Athener standen auf Sextos', die Peloponneser auf Abydos' Seite, nahe bei Chersonesos. Es war ein ganz gewöhnlicher Kampftag, als am Horizont die Segel von einundzwanzig Schiffen flatterten, mit denen niemand gerechnet hatte. Sobald sich die erste Triere den Athenern näherte, rief ihnen der Befehlshaber durch sein Sprachrohr zu, dass seine Flotte unter dem Befehl des Alkibiades stehe. Dank dieser schicksalhaften Verstärkung wendete sich das Glück der Athener binnen einer knappen Stunde: Sie errangen einen glorreichen Sieg, kaperten dreißig feindliche Schiffe und gewannen außerdem jene zurück, die ihnen die Lakedämonier in einer früheren Schlacht geraubt hatten. Einige Zeit später gewann Athen eine weitere Schlacht bei Kyzikos. Ein furchtbares Unwetter hatte Alkibiades nicht entmutigt, im Gegenteil: Er hatte den Sturm genutzt, um den sechzig peloponnesischen Schiffen, die in den Hafen einlaufen wollten, die Einfahrt zu verwehren. Als sie sich trotzdem bis zur Küste vorgekämpft hatten, verfolgte er sie mit seiner Mannschaft, metzelte die Mannschaft nieder, tötete den Flottenführer, brannte die Schiffe nieder und nahm Kyzikos ein. Als Nächstes eroberte er Selymbria[47], dann das Gebiet von Pontos Euxeinos, das Athen Getreide lieferte. Sogar Byzanz nahm er ein! Aber wie? War dieser Mann unbesiegbar?

Nein, listig wie immer, hatte er die Stadt belagert, da er wusste, dass sich der peloponnesische Anführer in seiner Verzweiflung an die Perser wenden würde. Dies war tatsächlich der Fall! Inzwischen hatte Alkibiades mit den Einwohnern der Stadt verhandelt und sie hatten ihm die Tore geöffnet.

Einige Tage war der Jubel groß in Athen, dann ebbte er ab. Das Thema Krieg stand wieder im Vordergrund. Und Alkibiades? War er nicht ein echter Sohn des Landes? Aber das Geld? Womit sollte man diesen endlosen Krieg künftig finanzieren? Auch Alkibiades machte sich darüber Gedanken: Er belegte die eroberten oder zurückeroberten Städte mit Tribut und verlangte Zoll am Eingang des Bosporus; dies garantierte dem Reich regelmäßige Einnahmen.

»Er spielt sich also selbst aus der Ferne als Wohltäter Athens auf«, bemerkte Sokrates, der mit Kritias darüber diskutierte.

»Ist er es denn deiner Ansicht nach nicht?«, fragte Kritias.

»Natürlich.« Sokrates lächelte. »Aber es wäre mir lieber gewesen, er hätte nie aufgehört, es zu sein.«

Täglich gewann Alkibiades mehr Anhänger in Athen. Dies erfuhr er von seinen Freunden in der Stadt und durch Boten, die er selbst nach Athen entsandt hatte. Ende des Jahres ließ er durch diese verkünden, dass er bei den Wahlen für das Amt des Strategen kandidiere. Auch Charmides, der ebenso in die Skandale verwickelt war, ließ Alkibiades als Kandidat aufstellen. Diese Nachricht erregte in Athen die Gemüter.

Kleophon führte eine erbitterte Opposition. Er hielt der Versammlung vor, dass sie nicht nur ihren schlimmsten Feind zurückrief, denn Alkibiades' Bestrebung, eine Tyrannei zu errichten, würde zur Auflösung der Volksversammlung führen; er sei weiterhin der Feind Athens und des Reiches, wie sein wiederholter Verrat auf skandalöse Weise gezeigt habe. Er redete eine gute Stunde, unterstützt von heftigem Beifall seiner Anhänger. Aber eine einzige Dreistigkeit brachte ihn aus der Fassung. Kallikles, einer der ergebensten Anhänger des Alkibiades, forderte ihn mit folgenden Worten heraus:

»Könnte es nicht sein, Kleophon, dass du Alkibiades deshalb so hasst, weil seine Rückkehr deinen Untergang bedeuten würde? Denn du wirst doch wohl zugeben müssen, dass dein Ruf nicht über die Langen Mauern hinausgeht und deine ruhmvollsten Taten darin bestehen, anderen Leuten nach dem Mund zu reden!«

Diese Spötterei machte die einstündige Rede zunichte und die Verbannten gewannen die Wahl.

»Na wunderbar«, brummte Xanthippe, als sie diese Neuigkeit von Leto erfuhr. »Wir haben die Männer, die wir verdienen, und diese Stadt ist eine Dirne.«

»Mäßige deine Zunge«, meinte Sokrates missbilligend.

Plötzlich kam ihm die Frage in den Sinn, die Alkibiades am Abend von Perikles' Amtsenthebung gestellt hatte: Ist der Demos ein Weib? Fast hätte er dies gegenüber seiner Frau erwähnt. Doch er besann sich, denn sie hätte ihm nur geantwortet, dass Alkibiades also Bescheid wisse und sich deshalb derart aufführe. Und vielleicht hätte sie nicht einmal Unrecht gehabt.

Doch Sokrates' Überlegungen galten der unvermeidbaren Rückkehr des Alkibiades. Während die Athener unermüdlich darüber diskutierten, dass nun ein Mann, den sie zum Tode verurteilt hatten, in eines der höchsten Ämter berufen war, dachte Sokrates nach: Wenn der *demos* eine Frau wäre, dann wäre der *oligos* – die kleine Anzahl der Auserwählten nach dem Prinzip der Oligarchie – also ein Mann. In diesem Fall waren der Demos und der Oligos füreinander bestimmt und gleichzeitig dazu ausersehen, einander endlos zu bekriegen. Er lächelte über dieses Bild.

Dann suchte ihn eines Tages ein Bote jenes Mannes auf, den er am meisten von allen geliebt hatte.

»Alkibiades bittet mich, dich zu fragen, ob du ihn erwartest«, sagte er schlicht.

Sokrates empfand einen nie gekannten Schmerz; den Schmerz der Erinnerung an eine verlorene Liebe.

»Ich erwarte den Mann, den ich kannte«, erwiderte er nach kurzem Schweigen. »Und vielleicht hofft er, den wiederzufinden, den er einst kannte.«

Der Bote runzelte die Stirn. Er war nicht sicher, ob er verstanden hatte.

»Die Zeit«, fuhr Sokrates fort, »verändert uns.«

18.

Der große Schauspieler

Es kam der Tag seiner Rückkehr. Es war jener Tag, an dem die Athener nach alter Tradition die Gewänder der großen Statue der Athene auf der Akropolis reinigten. Man errichtete um die Göttin ein Gerüst und nahm ihre Hüllen aus vergoldeter Bronze ab. Mit feuchten Tüchern wischten Männer den Staub weg, den die Seeluft fest auf dem Metall haften ließ.

Hatte Alkibiades diesen symbolischen Tag gewählt, um damit anzudeuten, dass man ihn von alten Vorwürfen reinwaschen sollte?

Sogar seine Feinde kamen herbeigeeilt, Kleophon an der Spitze. Neugier trieb sie an. Bei der geringsten Schwäche oder bei Hohnrufen aus der Menge hätten sie sich des verhassten Mannes bemächtigen können. Es waren die gleichen Bürger, die ihn vor sieben Jahren verabschiedet hatten, als er an der Spitze der Flotte in See gestochen war: zwanzig- oder dreißigtausend Personen. Gibt es eine Arithmetik der öffentlichen Emotion?

Das Schauspiel erinnerte an jenes, das die Dichter besingen. Wie Gold und Silber funkelte das Meer, als die Triere mit geblähtem Segel am Horizont auftauchte. Das Segel war purpurrot, die Farbe des Königs. Alkibiades hatte nichts von seiner

Dreistigkeit eingebüßt. Es war eine einzelne Triere; zwanzig weitere folgten, und ihre weißen Segel schienen die Schaumkronen zu berühren.

Die Athener kniffen die Augen zusammen. Als sich der doppelte, feuerrote Schiffsbug aus feuerroter Bronze näherte, erkannten sie Alkibiades, der aufrecht am Bug stand. Odysseus' Heimkehr nach Ithaka … Jeder hatte ihn als jungen Mann in Erinnerung, niemand hatte darüber nachgedacht, dass er inzwischen dreiundvierzig Jahre alt war. Doch seine goldenen Haare glänzten wie eh und je.

Die Blicke richteten sich auf die anderen Trieren: Auf den Oberdecks stapelten sich Schilde und funkelnde Gegenstände, die man als Beute und als Galionsfiguren feindlicher Schiffe erkannte.

Bald tönten Flötentöne über das Wasser und die Zuschauer errieten, dass die Flöte die Schläge der Ruderer begleitete. Arme wurden in die Luft geworfen und Rufe ertönten. Es waren die Anhänger und Freunde, die dem Wunderkind zujubelten.

Sokrates verharrte bewegungslos, stumm, mit bangem Herzen. Die Erinnerung hielt ihn gefangen; die Erinnerung an Liebe und Enttäuschung.

Dann schäumte die Begeisterung der Menge über. Sobald Alkibiades einen Fuß auf den Ponton setzte, liefen unter Jubelrufen Menschen auf ihn zu und behängten ihn mit Girlanden. Er blickte nach links und rechts, suchte seine Verbündeten und Freunde, fast als erschrecke ihn der Freudensturm. Überall hatte er Komödie spielen können, aber nicht in Athen.

Kaum war er an Land gegangen, umringten ihn vierzig oder fünfzig bewaffnete Männer, die von Strategen befehligt wurden. Sie drängten die Menge zurück und wehrten jene ab, die – wie einst Xanthippe – geplant hatte, Alkibiades einen Dolch ins Herz zu stoßen. Gaffer hatten sich auf den Langen Mauern niedergelassen. Männer trugen ihre Kinder auf den Schultern, damit sie den Helden sehen konnten; andere sangen ... Flöten, Tamburine, Kitharen und Sistren spielten eine Siegesmelodie. Abgeschirmt von der Menge ging die Besatzung der zwanzig Trieren an Land. Jeder wollte die Männer berühren und umarmen, wie um Brosamen vom Ruhm des Alkibiades aufzuklauben.

Die Athener geleiteten die Heimgekehrten den Weg entlang, der zur Stadt hinaufführte. Sokrates folgte in kurzem Abstand, nah genug, um sehen zu können, und weit genug, um nicht gesehen zu werden. Aber was wollte er denn sehen? Trotz oder vielleicht gerade wegen seiner Magie erinnerte ihn Alkibiades' Rückkehr an jene düstere Szene bei Homer, als Odysseus in die Unterwelt hinabsteigt.

So gelangten sie zum Rat, der Alkibiades einen königlichen Empfang bereitete. Von hier aus begab er sich zur Volksversammlung, die vollständig zusammengetreten war. Stürmischer Beifall brandete auf. Alkibiades hob die Arme.

»Athener ...«

Sokrates lauschte ihm von den obersten Stufen des Buleutherion. Es war ihm, als höre er nicht die Stimme eines Mannes im Hier und Jetzt, sondern jene eines Schauspielers im Theater. Zu Recht sagte der alte Heraklit, dass die Augen verlässlichere Zeugen seien als die Ohren; Sokrates sah also dem Helden beim Sprechen zu. Alkibiades rühmte seine Verdienste, seine Siege und Finten und berichtete, wie er die Perser daran gehindert hatte, den Lakedämoniern mit Flotte und Vermögen zu helfen. Und er beteuerte seine Ergebung gegenüber Athen: Hatte er nicht die Demokraten von Samos daran gehindert, die Oligarchen herauszufordern, und hatte er nicht ganz allein einen Bürgerkrieg abgewendet? Hatte er nicht Siege zu See und zu Lande errungen? Hatte er nicht die Städte erobert, die nun Tribut zahlten, um Athens Schatzkasse zu füllen? Die Anklagen von Fanatikern und Demagogen, durch deren Verschulden die Demokratie nicht mehr das wäre, was sie in ihrer Blütezeit gewesen sei, zeugten von Unrecht. Er wisse, sagte er, dass er immer noch Feinde in Athen habe, aber er habe beschlossen, ihnen die Stirn zu bieten, weil er nicht mehr ihrer Willkür ausgesetzt sei. Sei dies nicht der Beweis seiner Rechtschaffenheit? Aber Athen wisse es ja bereits; andernfalls hätte man ihn nicht erneut zum Strategen gewählt.

Ja, er war ein Schauspieler. Er war es sein Leben lang gewesen. Er hatte sich nicht verändert. Bis hin zu diesem theatralischen purpurfarbenen Segel. Alkibiades war gleichzeitig Autor und Darsteller eines Heldenepos zu seinem eigenen Ruhm, dessen Glanz er nicht nur den Athenern aufzwang, sondern der ganzen Welt: Spartanern, Ioniern, Persern ... Er war ohne Zweifel ein großer Schauspieler, doch eben nur ein Schauspieler. Der Mut dieses Mannes war nicht zu leugnen, aber man wurde den Verdacht nicht los, dass sich hinter seiner feurigen Rede eine Schwäche verbarg. »Der brillanteste Schüler, den je ein Sophist unterwiesen hat«, dachte Sokrates. »Ein glänzender Rhetoriker. Aber mein Schüler?« Sokrates schüttelte den Kopf. Nein, Verrat hatte er ihn niemals gelehrt.

Die Verherrlichung des Alkibiades durch Alkibiades dauerte fast zwei Stunden. Als sie zu Ende war, brach ein Gewitter los: Beifallsstürme und Schreie der Begeisterung. Falls der Demos doch kein Weib sein sollte: zumindest benahm er sich wie ein solches. Die Volksversammlung gab sich dem Mann, den sie einst zum Tode verurteilt hatte, voll und ganz in die Hand. Und sie tat dies mit einer solchen Inbrunst, dass sich Sokrates an den Rat des Heraklit erinnerte: »Die Maßlosigkeit muss schneller eingedämmt werden als der Brand.« So viel Leidenschaft ließ ein ebenso heftiges Abkühlen der Liebe voraussehen – zumal wenn sie so spät kam.

Nicht im Traum hatte Sokrates mit einer solchen Entwicklung gerechnet. Er lächelte darüber. Aber die Inszenierung ging weiter. Die Mannschaften der Trieren marschierten auf und breiteten auf dem Podium die kostbare Beute von den feindlichen Schiffen aus: Waffen, Gefäße, Beutel mit Gold. Erneut toste Beifall auf. Die Schreiber listeten auf, was dem Arsenal und was der Staatskasse zugeführt werden musste. Der Stratege Kleophon und die anderen Feinde des Alkibiades, wie der Hierophant Theodoros, mussten sich unter den Schutz der Phalangisten begeben, da die Menge in der Volksversammlung und draußen auf der Straße sehr aufgebracht war. Ein Bürger forderte den Strategen mit folgenden Worten heraus:

»He, Kleophon, heute Abend hast du eine Lehre in Demagogie erhalten.«

Längst war die Nacht hereingebrochen, als die Menge sich auflöste und zur Agora eilte. Alkibiades und seine Gefolgsleute waren zu einem Gastmahl bei dem Führer des Rats eingeladen. Sokrates ging niedergeschlagen nach Hause. Ihm war nicht danach zumute, sich unter die Menschen zu mischen, Fragen zu ertragen, geschweige denn an dem Taumel teilzunehmen. Xanthippe war noch wach. Der Mond halte sie wach, erklärte sie ihm. Sokrates setzte sich zu ihr und berichtete ihr, was in den letzten Stunden geschehen war. Sie hörte schweigend zu.

»Was mich am meisten verblüfft«, sagte sie schließlich leise, »ist deine Traurigkeit. Wenn dieser Mann hingerichtet worden wäre, wärst du traurig darüber. Wenn du siehst, wie wankelmütig das Volk ist, bist du ebenfalls traurig. Der Hass, den ich immer für ihn empfunden habe, tut mir nicht weh, aber dich schmerzt die Liebe, die du für ihn empfindest. Ist das nicht bezeichnend?«

»Die Liebe, die ich für ihn empfand«, verbesserte Sokrates müde.

Und er nahm ihre Hand in seine.

An diesem Abend war die Schänke des Lockenkopfs die ganze Nacht geöffnet. Vielleicht war die wahre Gottheit, die das Geschick Athens bestimmte, nicht Athene, die Göttin der Vernunft, sondern Dionysos, der Gott der Ekstase. Oder Poseidon, der Gott des sich ewig wandelnden Meeres. Womit würde man Athene nun reinigen, dort oben, hinter ihren Schleiern?

19.

Der Lauf des Kometen

M an badet nicht zweimal im gleichen Fluss«, erklärte Heraklit. Alkibiades, der nicht wusste, dass Athen sich verändert hatte, ließ auch jetzt nicht ab von seinen theatralischen Provokationen. Man hatte ihm vorgeworfen, die Mysterien von Eleusis zu parodieren? Nun gut, dann würde er eben den offiziellen Umzug anführen.

Aber er begnügte sich nicht damit, ihn anzuführen; er musste das Ereignis mit einer glanzvollen Tat krönen. Die Umstände waren ihm gewogen. Der gewöhnliche Weg nach Eleusis, im Westen Athens, war sicherlich nicht der kürzeste, zwei- oder dreimal so lang wie ein Vogelflug. Im Norden stieg er an bis Dekeleia, begleitete den Fluss Kephisos, dann führte er wieder hinunter nach Eleusis und am Meer entlang. Dieser lange Weg hatte seine Berechtigung: Die Zelebranten hatten verschiedene Unterbrechungen vorgesehen, an denen Opfer gebracht werden sollten. Seit die Spartaner hier einen Vorposten aufgestellt hatten, umging man diesen Weg. Es wäre ihnen ein Vergnügen gewesen, während des Umzugs die Zelebranten und die Würdenträger anzugreifen oder gar zu töten. Also nahm man den Weg am Meer entlang, der die Zeremonien verkürzte und weniger Aufsehen erregte.

Dieses Jahr war die Lage umso pikanter, da Alkibiades persönlich den Spartanern empfohlen hatte, diesen Ort zu befestigen. Deshalb beschloss er, beim Eleusis-Umzug einen wirkungsvollen Auftritt zu inszenieren.

Dreitausend Personen passierten das Marathon-Tor und verließen Athen. Die Priester gingen an der Spitze, eskortiert von zwei Trupps Hopliten, die für diesen Anlass bereitgestellt waren. Es folgten Alkibiades, die Würdenträger des Areopags, des Rats der Magistrate, dann die Menge der Zelebranten. Darunter war auch eine große Anzahl Armer. Da sie am meisten unter den Stürmen der letzten Jahre gelitten hatten, war es ihnen ein Bedürfnis, den Göttern zu danken, weil mit Alkibiades die glücklichen Zeiten zurückgekehrt waren. Als sie bei der Schutzmauer von Dekeleia angelangt waren, beobachteten die lakedämonischen Späher voller Erstaunen den endlosen Zug der Athener, der langsam auf sie zukam, als existierten sie gar nicht, und dann seelenruhig den Weg nach Eleusis hinunterwanderte. Sie vermuteten eine Falle, und es war tatsächlich eine. Aber keine militärische: Alkibiades drehte dem König, dem er Hörner aufgesetzt hatte, eine lange Nase.

Unter den Zelebranten wussten nur wenige, dass Alkibiades der Vater eines spartanischen Prinzen war. Die Menge lobte den Mut und die Frömmigkeit des Ersten Strategen. Dieser Mann war unbesiegbar! Kaum war der Zug in Eleusis angelangt, als eine Delegation der Zelebranten, geblendet von seinem Glanz, Alkibiades um eine Audienz ersuchte. Es waren überwiegend einfache Menschen aus dem Volk, die tiefe Bewunderung für ihn empfanden.

»Stratege«, so sagten sie, »die Götter begleiten dich bei jedem Schritt, angeführt von Athene, der Schutzherrin unserer Stadt.«

Das waren wirklich schmeichelhafte Worte.

»Dein Heil ist verbunden mit dem von Athen, mit Athens Armen, die dich unterstützt haben und es nach wie vor tun, und mit Athens Reichen, unter denen du so viele Feinde hast. Bevor wir die Götter der Erde anrufen, bitten wir dich: Bändige die Leidenschaften, die dem Reich so viel Unheil brachten. Schaffe die Gesetze und Dekrete ab, die uns schwächten, die zu unheilvollem Gerede anstifteten und uns vor unseren Feinden nicht zu schützen vermochten. So könntest du die Staatsgeschäfte leiten, ohne Denunziationen fürchten zu müssen, die nach nichts anderem trachten als danach, verdienstvolle Männer in den Schmutz zu ziehen. Wir haben dich zum Strategen ernannt und dir unumschränkte Macht verliehen. Garantiere uns den Frieden als Bürger, wodurch der Frieden der Herzen gesichert ist.«

Kurzum: Sie baten ihn, sich als Tyrannen ausrufen zu lassen. Einst hatten sie ihm vorgeworfen, einer zu sein. Alkibiades hütete sich, etwas zu erwidern, das ihn kompromittieren konnte, aber er wollte auch seine Wähler nicht enttäuschen. Die Städte, entgegnete er, seien mit Schiffen zu vergleichen; sie erlitten Stürme. Aber der Sturm sei vorbei und die wieder gefundene Ruhe würde, zusammen mit dem Wohlwollen der Götter, für Arme und Reiche die Sicherheit und den Wohlstand des Reiches garantieren.

Das Echo dieser Ereignisse erreichte Athen, noch bevor der Umzug zurückgekehrt war. Sokrates erfuhr von Kritias davon.

»Gibst du mir nicht Recht, Sokrates, dass der Zweck die Mittel heiligt?«, fragte er ihn. »Ich weiß, du hast Alkibiades innerlich oft missbilligt; ich habe es in deinem Blick gesehen. Aber trotz all dieser Wechselfälle hat er die Stadt versöhnt, ist sich der Unterstützung der Priester und des Volkes sicher, hat seine Feinde zum Schweigen gebracht.«

Sokrates zuckte mit den Achseln.

»Wenn ich nach den Ergebnissen urteilen würde, wäre ich deiner Meinung. Aber ich unterscheide, anders als du, nicht zwischen dem Zweck und den Mitteln. Für den Menschen, der nach Tugend strebt, sind auch die Mittel ein Zweck.«

»Ich wollte dich fragen«, fuhr Kritias fort, »ob du nach einer gewissen Zeit eine Einladung von Alkibiades annehmen würdest.«

Sokrates dachte kurz nach.

»Wenn ich sie nicht annehmen würde, würde ich mir Bedeutung anmaßen, und wenn doch, wäre das Gegenteil der Fall. Am liebsten wäre mir, wenn du uns beide einladen würdest.«

Kritias brach in schallendes Gelächter aus.

Es war fast wie immer. Alle Freunde hatten sich versammelt, auch Sophokles war unter den zwölf Gästen. Aber alle hatten den Eindruck, als wären es nur zwei. Als Alkibiades Sokrates sah, hatte er nur Augen für ihn und eilte ihm entgegen. Es war eine lange Umarmung und beide hatten feuchte Augen.

»So viele Jahre sind vergangen«, murmelte er. »Und dabei habe ich das Gefühl, als wäre es erst gestern gewesen.«

»Du hast einen langen Umweg gemacht«, meinte Sokrates lächelnd.

»Was heißen soll, dass ich es hätte sein lassen können«. Alkibiades lachte.

»Wir haben euch zwei voneinander entfernte Liegen zugewiesen«, verkündete Kritias, »denn wir alle wollen uns von eurem Gespräch kein Wort entgehen lassen.«

Tatsächlich hatte er ihnen zwei Liegen bereitgestellt, die einander gegenüberstanden. Er selbst teilte sich eine mit Sophokles.

»Ich werde nun erfahren, ob Sokrates mich um meiner Jugend oder um meiner selbst willen liebe«, sagte Alkibiades.

»Meinst du, dass deine Jugend etwas von dir Getrenntes war?«, versetzte Sokrates. »Bist du der Ansicht, dass du nie selbst in deiner Jugend gewohnt hast?«

»Das ist ja ein guter Anfang«, bemerkte Sophokles lächelnd.

»Sokrates, sag, wie denkst du selbst darüber?«, fragte Alkibiades.

»In Wirklichkeit willst du mich Folgendes fragen: Wenn ich dir heute zum ersten Mal begegnen würde, würde ich dich dann so lieben wie einst? Die Antwort lautet eindeutig nein, denn es wäre für einen Mann wie mich gefährlich, sich in den berühmtesten Mann Athens und Asiens zu verlieben.«

»Doch so etwas geschieht«, erwiderte Alkibiades.

»Gewiss, aber dann handelt es sich um attraktivere oder ehrgeizigere Menschen als mich.«

»Und du, Alkibiades«, fragte Sophokles, »liebst du Sokrates noch immer?«

»Seine ungeheure Überlegenheit mir gegenüber besteht darin, dass ich ihn wegen seiner Intelligenz liebe und diese im Laufe der Jahre bestimmt noch zugenommen hat. Das heißt, ich finde ihn noch begehrenswerter als früher.«

»Man verliebt sich immer in jemanden, der eine Eigenschaft besitzt, die man entweder selbst entbehrt oder aber sie in viel höherem Maße besitzt, nicht wahr?«, meinte Sokrates. »Deshalb lieben die Blonden die Brünetten, die Schwachen die Starken und die Armen die Reichen.«

Nachdem Alkibiades genickt hatte, fuhr Sokrates fort:

»Wenn du selbst die Intelligenz besäßest, die du mir zusprichst, wärst du dann auch in mich verliebt?«

Alkibiades lächelte nur. Kritias wollte von Sokrates wissen:

»Ist daran etwas Verwerfliches, das zu lieben, was man nicht besitzt? Du hast selbst gesagt, dass es immer so sei ...«

»Daran ist nichts Verwerfliches«, erwiderte Sokrates. »Aber wenn man bei dem anderen nur von den Eigenschaften profitieren möchte, die man selber gern hätte, gibt man ihm nichts als Gegenleistung. Folglich liebt man nur sich selbst und nicht den anderen.«

»Willst du damit sagen, dass ich von deiner Intelligenz profitiert und dir nichts dafür gegeben habe?«, fragte Alkibiades. »Keineswegs«, rief Sokrates. »Ich will damit nur sagen, dass ich deine Schönheit genossen habe und du nicht von meiner Intelligenz profitiert hast. Deshalb bin ich dir heute verpflichtet.«

Kritias und Sophokles konnten das Lachen nicht mehr zurückhalten und steckten schließlich alle anderen damit an.

»Sokrates«, rief Alkibiades. »Du hast dir immer verboten, ein Sophist zu sein, aber du hast mir gerade das beste Beispiel dafür geboten.«

»Und dennoch ist es dein Gebiet«, konterte Sokrates.

Wieder erklang Gelächter.

»Du glaubst, ich hätte von deiner Intelligenz nicht profitiert?«, fragte Alkibiades. Dieses Mal klang er ernst.

»Wenn es so gewesen wäre, hättest du dich wie Sokrates verhalten und nicht wie Alkibiades.«

»Was bedeutet das?«

»Dass die Weisheit der Welt fremd ist, und dass ich nie Alkibiades hätte sein können.«

»Habe ich mich schlecht benommen?«, wollte Alkibiades wissen. Die Herausforderung in seiner Stimme war unüberhörbar.

»Es liegt an dir, das zu beurteilen, nicht an mir. Die Götter scheinen deine Schritte zu leiten und dein Ruhm begleitet dich. Bist du also zufrieden mit deinem Leben?«

Alkibiades lächelte.

»Ich hoffte, du würdest mir sagen, ob ich es sein soll.«

»Ich lehre die Weisheit«, sagte Sokrates und senkte den Blick, »nicht die Gerechtigkeit. Von welchem Standpunkt aus sollte ich dich beurteilen? Vom menschlichen oder vom göttlichen?«

»Flößen nicht die Götter den Menschen Gerechtigkeit ein?«, fragte Alkibiades.

»Das hätten wir gern. Aber die Moral ist eine menschliche Erfindung, unserer Lebensdauer angepasst. Die Götter haben ihre Tugendlehre nach der Ewigkeit ausgerichtet.«

»Und welche gilt für mich?«, fragte Alkibiades herausfordernd.

»Zweifellos die göttliche, da du dich wie ein Halbgott benimmst.«

Das Gespräch war lebhaft verlaufen, wie ein Schlagabtausch zwischen Boxern. Sie ließen es dabei bewenden, um nicht den anderen Gästen das Gefühl zu vermitteln, indiskret zu sein. Alkibiades lächelte geheimnisvoll, wie jene antiken Statuen junger Männer, von denen man nicht weiß, ob ihr Lächeln Glückseligkeit ausdrückt oder Ironie. Vielleicht hatte er begriffen, dass bei Sokrates die körperliche Liebe durch die philosophische Liebe abgelöst worden war. Er ließ die letzte Frage im Raum stehen, und die Unterhaltung drehte sich um weniger ernste Themen.

Das war ihre letzte Begegnung.

Alkibiades umgab sich mit Schmeichlern und Hanswursten – Abenteurer, Opportunisten und Matrosen –, die er mit hohen Ämtern betraute. Antiochos, einem ungebildeten und niveaulosen Höfling, der sich als Steuermann verdingt hatte, vertraute er eine ganze Flotte an, obwohl viele andere für dieses Amt weitaus besser geeignet gewesen wären.

»Typisches Satrapenverhalten«, sagten mehrere Demokraten, ebenso die Aristokratie.

Dann richtete sich die Aufmerksamkeit erneut auf das Kriegsgeschehen. Der Jubel über die Rückkehr des Alkibiades hatte es einige Wochen lang in den Hintergrund gedrängt, aber zwischen Sparta und Athen hatte sich nichts verändert. Ganz zu schweigen von Persien. Das Blendwerk des Alkibiades, seine Intrigen und Lügen hatten eine Zeit lang den persischen Satrapen die Köpfe verdreht, erst Tissaphernes, dann Pharnabazos; doch der persische König beendete das Spiel. All die Ränke führten zu einer schier unentwirrbaren Situation; Alkibiades führte alle an der Nase herum. Cyrus, der Sohn des persischen Königs, übernahm das Kommando und verbündete sich mit Sparta. Da er reich war, verdoppelte er den Sold der peloponnesischen Truppen. Das war ein harter Schlag für die Athener, die immer häufiger auf Söldner zurückgreifen mussten.

Kurz darauf lief der hirnlose Antiochos mit seiner Flotte im Hafen von Ephesos ein, wo die peloponnesischen Schiffe, befehligt von Lysander, vor Anker lagen. Offensichtlich hielt sich Antiochos für einen zweiten Alkibiades, denn er provozierte die Peloponneser, indem er an ihren Schiffen vorbeifuhr. Lysanders Reaktion war heftig: Er versenkte rund zwanzig athenische Trieren samt Mannschaft.

Auf einem blütenweißen Gewand fällt ein Fleck besonders ins Auge. »Habt ihr etwa geglaubt, Alkibiades sei unbesiegbar? Er übergibt das Kommando der Flotte einem Hanswurst, und das ist das Ergebnis!«, zeterten seine Feinde, die immer auf der Lauer lagen. Kleophon war ihr Anführer. Bald verlor der Stern des

Helden seinen Glanz. Die Dreistigkeit der Zelebranten unter dem Schutzwall von Dekeleia wurde ebenfalls gerächt: Die Spartaner drangen bis zu den Mauern Athens vor.

Denunziationen, Anklagen und Beschwerden nahmen überhand. Ausschweifungen, die Unzufriedenheit der Armee von Samos, zweifelhafte Unternehmungen in Thrakien ... Alkibiades wurde von seiner Vergangenheit eingeholt. Man konnte diesem Mann nicht trauen. Kleophon verfasste eine Anklageschrift, und die Volksversammlung, die ihn noch vor wenigen Monaten wie einen Halbgott empfangen hatte, machte sich eine seiner Abwesenheiten zunutze, um ihn abzusetzen.

Alkibiades' Schicksal war besiegelt. Da er sich weigerte, als gefallener Gott nach Athen zurückzukehren, nahm er Kurs auf Chersonesos, an der thrakischen Grenze, wo er befestigte Landgüter erworben hatte.

Die Sterne sind bescheiden, aber fest. Die Kometen erregen Aufmerksamkeit, doch sie verglühen.

20.

Die Bäche der Ziege

Jede Nachricht über Alkibiades, die Sokrates in der Volksversammlung oder durch Gespräche erfuhr, hinterließ eine Spur in seinem Herzen. Einst hatte er Athen, Alkibiades und die Philosophie zu einem einzigen schönen Traum verwoben. Das war zur Zeit des Perikles. In einem Dritteljahrhundert hatte sich alles zum Schlechten verändert. Athen war nichts als eine Ansammlung wankelmütiger Bürger, die zwischen Demokratie und Oligarchie schwankten, Alkibiades war ein Komödiant und die Philosophie fernab von der Wirklichkeit.

Sokrates verlor die Geduld. Allmählich verbannte er Alkibiades aus seinem Herzen. Er litt nicht darunter, eher schmerzte ihn seine eigene Gleichgültigkeit.

Die Kinder, die Philippos nach Hause brachte, wie die Löwin einem Wohltäter ihre Jungen präsentiert, bewegten ihn viel mehr. Xanthippe veranstaltete ein Fest für sie.

Würden diese Kinder eines Tages werden wie Alkibiades, fragte sich Sokrates. Doch er überließ die Zukunft ihnen selber: Die Kinder wissen nicht, dass sie immer die Schuldner der Erwachsenen sind. Aber sie haben Glück: Wenn sie erwachsen sind, gibt es keine Gläubiger mehr.

Es ging das Gerücht, Sokrates habe Alkibiades bei einem Gastmahl getadelt. Es wurde ihm zugetragen. Stimmt das? »Ja und nein«, erwiderte Sokrates. Man vermutete, dass es ihm widerstrebte, einen besiegten Mann öffentlich bloßzustellen. Man lobte seine Feinfühligkeit und erinnerte sich erneut an den Orakelspruch der Pythia von Delphi. Zumindest Sokrates hatte nie den geringsten Nutzen aus Alkibiades' Triumphen gezogen. »Ehrlicher Sokrates!«, pries man ihn. Selbst Kleophon lobte ihn öffentlich. Das Ergebnis war, dass man ihn in die Volksversammlung berief.

Doch als Sokrates dieses Amt übernahm, ahnte er nicht, dass er zwischen menschlicher und göttlicher Gerechtigkeit würde unterscheiden müssen, wie er es – zugunsten des Alkibiades – bei ihrer letzten Begegnung getan hatte. Der Meergott Poseidon hielt nicht mehr seine schützende Hand über Athen, sondern verhielt sich ausgesprochen boshaft. Konon, der Antiochos' Nachfolger an der Spitze der Flotte war, sann auf Rache, nachdem ihn die peloponnesische Flotte in Mytilene besiegt hatte. Die Athener teilten seinen Zorn. In einem verzweifelten Versuch stellten sie mit ihren letzten Drachmen eine neue Flotte auf und heuerten alle gesunden Bürger, Reiter, Metöken und Sklaven an. Sophroniskos und Ion, Sokrates' Söhne wurden angeheuert.

»Ich hasse Athen und noch mehr die Männer von Athen«, rief Xanthippe. »Diese Stadt ist eine Stadt der Männer und die Bühne für die Grausamkeit der Männer! Oh! Athen, ich verfluche dich.«

»Pass auf, dass deine Flüche nicht über diese Mauern hinausgehen«, riet Sokrates.

Denn seltsamerweise fürchtete er die Verfluchungen seiner Frau, denn er hatte erlebt, wie sie bei Alkibiades gewirkt hatten. Im Herbst, zwei Jahre nach den 93. Olympischen Spielen[48], machten sich hundertzehn athenische Schiffe, die durch vierzig weitere aus Mytilene verstärkt wurden, zum Angriff auf die feindliche Flotte bereit. Die Begegnung fand zwischen Lesbos und Asien statt. Da die Flotte zerstreut war, bot sich ihnen ein unerwarteter Vorteil. Neunundsechzig Schiffe versanken. Ein verheerender Sieg! Die Athener verloren dreizehn Trieren samt Mannschaft sowie zwölf weitere. Das hehre Amt der acht Flottenführer erforderte, dass sie den Schiffbrüchigen zu Hilfe eilten. Aber ein heftiger Sturm erhob sich. Der Rest der Flotte hatte sich bereits Zuflucht suchend an die Küste geflüchtet. Eine Rettung war unmöglich. Die Seeleute, die sich hatten retten können, sahen aus der Ferne mit an, wie ihre Kameraden ertranken. Zweitausend starben. Als sie nach Athen zurückkehrten, um ihren Sieg zu verkünden, verurteilte der Rat die Flottenführer wegen Vernachlässigung ihrer Aufgaben zum Tode.

Ein einziges der fünfhundert Ratsmitglieder erhob Einspruch gegen das Todesurteil: Sokrates.

»Diese Männer haben nicht ihre Pflicht versäumt«, erklärte der weiseste Mann Griechenlands. »Sie wurden von den Elementen überrascht. Sie hatten die gleichen Schiffe wie jene, die gesunken sind. Wenn sie den anderen zu Hilfe geeilt wären, wären sie selbst untergegangen. Ihre Ehre wäre gerettet gewesen, aber sie hätten es nicht mehr erlebt. Athen wäre glücklicher gewesen über den Sieg, aber es hätte noch ein paar hundert Mann mehr eingebüßt. Wenn meine Söhne wie ihre Kameraden umgekommen wären, würde ich die gleichen Worte gebrauchen. Deshalb bin ich gegen das Todesurteil.«

Er nahm wieder Platz. Man vermutete, dass er deshalb so nachsichtig war, weil Perikles II., der Sohn von Aspasia und dem großen Strategen, unter den Verurteilten war. Sokrates wusste, die Philosophie hatte nichts mit der Wirklichkeit zu tun und umgekehrt. Das Orakel von Delphi konnte sagen, was es wollte, die Athener dürsteten nach Blut. Wohin führte das, wenn man die heiligen Prinzipien, die bereits durch die jüngsten Ereignisse erschüttert worden waren, mit Füßen trat? Vierhundertneunzig Ratsmitglieder sprachen sich für die Todesstrafe aus und sechs siegreiche Flottenführer starben durch das Schwert. Ihre Leichname wurden in die Barathre geworfen, den Abgrund in der Nähe des Pnyx unterhalb des Areopag.

Sokrates war darüber so erbittert, dass Xanthippe um seine Gesundheit fürchtete. Tagelang verschanzte er sich zu Hause, ermattet und gebrochen.

»Man kann nicht gleichzeitig der Weisheit und der Stadt dienen«, murmelte er eines Tages und blickte zu seiner Gattin hoch. »Bin ich jetzt zu dem Punkt gelangt, wo ich feststellen muss, dass die Ungerechtigkeit der Menschen jener der Götter gleicht?«

Xanthippe wusste, dass sie einen gerechten Mann geheiratet hatte. Sie vergoss Tränen. Wegen der Trauer dieses Mannes um die sechs Enthaupteten, um die ertrunkenen Seeleute. Und auch weil sie bereits das Gespenst der Einsamkeit kommen sah, der Einsamkeit der Gerechten.

»Du bist nicht Athen«, protestierte sie. »Lebe, lebe um deinetwillen. Um unserer Söhne willen, die der Tod verschont hat.«

Diese Beschwörung war eher rührend als überzeugend.

Als Sokrates wieder ausging und zu Gastmahlen eingeladen wurde, hörte er die Leute immer wieder sagen: Wo nur ist Alkibiades? Mit ihm wäre es anders. Im Grunde war Alkibiades der Gemahl und der Liebhaber dieser Stadt gewesen und die endlosen Stimmungswechsel erinnerten an Streit und Versöhnung eines Ehepaars. Aber sie konnten Alkibiades nicht noch einmal zurückrufen, ohne das Gesicht zu verlieren. Er hätte sie öffentlich auspeitschen lassen.

Aristophanes hatte soeben seine neueste Komödie, *Die Frösche*, aufgeführt. Hier wurde diese Verwirrung unerbittlich dargestellt. Sokrates erinnerte sich an Xanthippes Worte: »Du bist nicht Athen.« Aber doch: Er war Athen – oder er hatte Athen als Geliebte gehabt, vor allen anderen. Die Seele Athens beherrschte ihn.

Die Erinnerung an Alkibiades verfolgte die Athener, ihre Magistrate, ihre Obersten, ihre Politiker. Die Obersten planten, das Manöver, mit dem er am Hellespont Glück gehabt hatte, zu wiederholen. Sie erfuhren nämlich, dass Lysander, der Befehlshaber der peloponnesischen Flotte, diese Richtung eingeschlagen hatte. Der Narr, sagten sie, der Hellespont wird ihm kein Glück bringen. Die athenische Flotte oder zumindest das, was davon noch übrig war, machte sich auf den Weg zu diesem natürlichen Kanal, wo man tausend Kriegslisten anwenden konnte. Lysander hatte Lampsakos wieder eingenommen. Also steuerten sie Sestos an, das Alkibiades Glück gebracht hatte.

Auf dem Weg nach Sestos erblickte die athenische Flotte im Hafen von Lampsakos Lysanders Schiffe. Erregt von der Anwesenheit des Feindes, ging sie genau gegenüber vor Anker, bei der Ortschaft Aegos Potamoi, deren Name sie zutreffend beschrieb: die Bäche der Ziege. Es war nichts als ein Strand und einige Holzhütten, in denen Ziegenhirten lebten. Keine Chance, sich mit Lebensmitteln und Trinkwasser zu versorgen. Um Brot, Käse oder Wein zu kaufen, musste man sich nach Sestos begeben. Auf der anderen Seite dieses Meeresarms hingegen ließ sich Lysander mit seiner Flotte, die wiederum von den Persern ausgestattet war und deren Besatzung den doppelten Sold von jenem der Athener erhielt, täglich mit frischen Lebensmitteln von den Bäckern, den Käsereibesitzern und den Metzgern von Lampsakos beliefern. Und mehr noch: Die athenischen Matrosen, die von den Obersten Tydäos und Menander befehligt wurden, welche ständig miteinander stritten, benahmen sich wie auf einer Lustpartie. Sie gingen nach Belieben an Land, schlenderten durch die Wälder oder badeten im Meer. Sie führten sich auf wie Schüler in den Ferien.

Und nun spielte sich eine Szene ab, wie sie Sophokles, Euripides und der alte Aischylos nicht besser hätten inszenieren können. Alkibiades höchstpersönlich trat auf den Plan. Dieser Mann war ein Teufelskerl! Woher kam er? Seine Landgüter befanden sich ganz in der Nähe, an der Küste von Chersonesos. Er hatte alles gesehen, alles begriffen: Aegos Potamoi, erklärte er, biete keinerlei Verteidigungsmöglichkeit gegen einen Angriff von Lysander. Die Schiffe waren entlang der Küste verstreut, zu weit entfernt von jedem Nachschub, und der Befehl lag in den Händen zweier Männer.

Alkibiades gab Ratschläge und bot die Hilfe der Thraker an, deren Reiter und Lanzenträger Lysander in Schach halten würden, sollte er versuchen zu landen.

Alkibiades erteilte Ratschläge? Tydäos und Menander behandelten ihn herablassend.

»Wir sind die Strategen, nicht du.«

Die wirkungsvollste Waffe, die man gegen den ehemaligen Strategen einsetzen konnte, war die Geringschätzung. Alkibiades kehrte auf seine Ländereien zurück.

Als Lysander angriff und an Land ging, fanden seine Männer die athenischen Trieren zur Hälfte leer und die Truppen an der

Küste verteilt. Es war ein Kinderspiel, den Rest der athenischen Flotte zu kapern, hundertsechzig Trieren. Die Truppen verfolgten die athenischen Soldaten und nahmen sie gefangen. Lysander brachte die Gefangenen und die erbeuteten Schiffe nach Lampsakos. Nur neun Schiffe hatten die Flucht ergreifen können. Darunter war auch jenes von Konon, das nach Zypern gelangte. Er ließ dreitausend Gefangene erdrosseln und tötete eigenhändig den Strategen Adeimantos, der seine Grausamkeiten missbilligt hatte.

Acht Schiffe kehrten nach Piräus zurück, um von den Ereignissen zu berichten. Athen besaß keine Flotte mehr. Man wartete auf Lysander.

Zehn Tage lang lag die Stadt in Totenstille da. Die Agora wurde, wie die Felder von Asphodeles[49], von stummen Gespenstern heimgesucht. Dann traf Lysander mit seiner Flotte ein. Von der Akropolis erkannte man die Lichter der Schiffe, die im Hafen von Piräus bei Nacht blutrot leuchteten und deren Rauch bei Tag in den Himmel aufstieg. Der Spartaner belagerte die Stadt. Wozu dienten die Hopliten? Kein Schild bewahrt vor dem Tod, kein Pfeil vor der Schande. Kein Verbündeter eilte den Belagerten zu Hilfe. Athen wartete auf Hilfe der Götter, aber als es sah, dass die Spartaner vor ihren Mauern ihr Winterquartier aufschlugen, beschloss die Stadt die Übergabe.

Nachdem Athen seine Kolonien verloren hatte und nurmehr zwölf Schiffe besaß, sah es sich gezwungen, einen Friedensvertrag mit Sparta zu unterzeichnen. Außerdem musste es auf Lysanders Befehl eigenhändig die Langen Mauern abreißen, welche die Unabhängigkeit der Stadt gewährleistet hatten. Lysander bestellte Flötenspielerinnen, die dieses Zerstörungswerk musikalisch untermalten.

Das Seltsame war, dass die Bevölkerung die Übergabe der Stadt wie eine Befreiung empfand. Tatsächlich schien sie ihre Freiheit wiederzufinden. Und sie verzichtete auf ihren Ehrgeiz der Hegemonie. Manchmal ist nichts belastender als das Ideal.

21.

»Eine schöne Bestattung«

Seit einigen Monaten trug Sokrates Trauer. Trauerte er um Athen oder um die Demokratie? Da ihn niemand fragte, brauchte er keine Erklärung zu geben. Xanthippe antwortete auf Letos besorgte Frage: »Seine Freunde sind nicht mehr da. Er fühlt sich einsam.« Ion und Sophroniskos, die gerade ihre militärische Ausbildung abgeschlossen hatten, kehrten als Schützen der Infanterie[50] nach Hause zurück.

Eines Tages fragten sie ihren Vater: »Und jetzt?«

»Und dann, wollt ihr wohl sagen. Wir waren eine Demokratie. Ich vermute, wir werden künftig von einem Monarchen regiert. Oder einem Tyrannen.«

»Wenn uns die Demokratie ins Unglück gestürzt hat, liegt es vielleicht daran, dass sie chaotisch ist?«, fragte Sophroniskos.

»Nicht die Demokratie hat uns ins Unglück gestürzt, sondern die Gier nach Herrschaft. Bevor wir den Persern den Krieg erklärt haben, waren wir alle Griechen, ob in Sparta, Argos, Olympien oder Athen. Dann wollten wir, dass Griechenland Athen unterstellt sei, und wurden tyrannisch.«

Diese Zusammenfassung der vergangenen vier Jahrzehnte fiel ihm spontan ein. Nachträglich fand er sie so grob, dass er ein

Lächeln unterdrückte. Seine Söhne standen vor ihm und traten von einem Bein aufs andere. Sie hätten ihrem Vater, den man den weisesten Mann Griechenlands nannte, gerne jene Erfahrungen entlockt, die Kinder daran hindern würden, die Fehler ihrer Väter zu wiederholen. Sokrates musterte seine Söhne, als sehe er sie zum ersten Mal. In ihrem Alter verändern sich Charakter und Miene ständig. Wieder einmal versuchte er zu ermitteln, welche Züge sie von ihm und welche sie von Xanthippe hatten; eine Übung, die allen Vätern vertraut ist. In Sophroniskos fand er jedoch eher seinen Vater wieder und in Ion Xanthippes Mutter. Ihre Erfahrung auf den Trieren hatte die Jünglinge abgehärtet, sie hatten sich einen forschen Gang angewöhnt, mit großen Schritten, was Sokrates nicht gefiel. Nun gut, sie würden später lernen, sich vornehmer zu bewegen.

»Die Demokratie kann also tyrannisch sein?«, fragte Ion.

»Jede Macht kann tyrannisch sein«, erwiderte Sokrates lächelnd. »Die Redekunst kann die Menge unterwerfen und die Gemüter fesseln und Schönheit versklavt die Herzen. Es gibt kein Talent, keine Tugend, keine Freude und keinen Schmerz, der nicht tyrannisch sein kann.«

Nach kurzem Nachdenken fügte er noch hinzu:

»Gefühle sind tyrannisch.«

»Ist Athen oder Griechenland unsere Heimat?«

Diese Jungen stellten wahrlich scharfsinnige Fragen.

»Heimat ist dort, wo man frei ist.«

»Was kann man gegen die Tyrannei ausrichten?«

»Darauf warten, dass sie unter dem Gewicht ihrer Auswüchse zusammenbricht, und die Jungen lehren, sie sowohl in ihrem Inneren als auch nach außen hin zu bekämpfen.«

Er merkte wohl, dass seine Antworten die beiden nicht zufrieden stellten: War nicht Lysander, der allmächtige Potentat von Athen, ein Tyrann? Was sollte man gegen ihn unternehmen?

»Nichts. Im Augenblick besitzt er absolute Waffengewalt, und wir haben ja erlebt, dass unser Militär nichts gegen ihn ausrichten kann. Euer Tod würde niemandem etwas nutzen, im Gegenteil. Vermutlich wird die Machtgier Lysanders Laufbahn beenden – wie üblich.«

Als Sokrates sich eines Morgens mit seinen Söhnen zur Agora begab, konnte er nur mit Mühe ihren Zorn bändigen, als die Mitglieder des Rats ihm ohne Umschweife mitteilten, dass die Oligarchen wieder ihre Häupter erhöben. Seit gestern führten sie eine offene Kampagne gegen die Verfassung. Inmitten von Ruinen sagten sie den Kampf an!

»Sprich zu ihnen«, forderten die Söhne ihren Vater auf.

»Ich bin kein Ratsmitglied mehr«, wandte er ein, »das wisst ihr doch genau.«

»Sprich trotzdem!«

»Das letzte Mal, als ich es getan habe, war ich der Einzige, der den Mund aufmachte.«

Schließlich war es nicht Sokrates' Aufgabe, sich an die Politiker zu wenden. Protagoras hatte Recht: Der Menge Vernunft beizubringen, ist ebenso unsinnig, wie wenn man behauptete, man könne Raubtiere ohne Peitsche zähmen.

Zusammen mit seinen Söhnen und zwei neuen Schülern – einem Aristokraten namens Platon und dessen Bruder, dem Strategen Adeimantos, der Lysander verschont hatte, zwei strammen Kerlen mit breiten Schultern und kräftigen Beinen – wartete Sokrates beim Lockenkopf, um zu erfahren, was die Ratssitzung ergeben hatte. Kurz vor Sonnenuntergang kamen einige Ratsmitglieder vorbei und berichteten, die Beratungen seien zum Stillstand gekommen. Weder wollte der Rat sich auflösen noch die Verfassung ändern und die Oligarchen ließen nicht locker. Man war übereingekommen, Lysander die Entscheidung zu überlassen.

Am nächsten Tag begab sich eine Delegation der beiden Parteien nach Piräus, um den Spartaner zu befragen. Lysander schaffte die Demokratie kurzerhand ab und erklärte sich damit einverstanden, dass künftig eine Gruppe von dreißig Männern Athen regieren würde. Offensichtlich hatten die Oligarchen diese Liste aufgestellt. Am nächsten Tag befestigte man Bekanntmachungen an den Toren des Rats. Die eine verkündete die Abschaffung der Verfassung und die Einrichtung einer provisorischen Regierung, eine zweite enthielt die Liste der dreißig gewählten Bürger, welche die Regierungsgeschäfte übernehmen würden. Sokrates studierte die Liste und stellte betrübt fest, dass auch seine Schüler Kritias und Charmides darunter waren.

»Du kennst sie, nicht wahr?«, fragte Sophroniskos.

»Ja«, erwiderte er müde.

»Du siehst nicht gerade glücklich aus.«

»Man wird mir vorwerfen, ich sympathisiere mit der Tyrannei . . .«

»Wir werden dich verteidigen.«

Die dreißig Männer befleißigten sich, die Übeltaten der Vierhundert aufzuzählen. Vom ersten Tag an ließen sie die Sykophanten und Demokraten festnehmen und hinrichten, die offensichtlich von ihren eigenen Sykophanten angezeigt worden waren. Bald erfolgten willkürliche Verhaftungen, Hinrichtungen, Verfolgungen der Metöken und Beschlagnahmung ihres Vermögens. Der eine oder andere der dreißig Bevollmächtigten eignete es sich schamlos an und teilte mit seinen Spießgesellen oder auch nicht. Dann veröffentlichten die Dreißig auf Anraten von Theramenes eine Liste der dreitausend Bürger, die in ihren Augen als Einzige das Bürgerrecht besaßen und befugt waren, durch die Stadttore zu treten. Die anderen hatten nicht einmal mehr rechtlichen Schutz!

»Aber was um Gottes willen haben sie bei mir gelernt?«, rief Sokrates eines Abends.

Offensichtlich gar nichts. Charmides besaß sogar die Dreistigkeit, eines Morgens bei Sokrates anzufragen, wer ihn wohl festnehmen lassen wollte. Der Philosoph spielte den Überraschten und sagte, er habe keine Feinde.

»Du irrst dich. Man hat immer Feinde.«

Dann begann man die öffentlichen Heiligtümer zu plündern oder zu veräußern, eignete sich Statuen und Mobiliar an. Und da die Liste der Ermordeten immer länger wurde und Sokrates die Unerschrockenheit seiner Söhne fürchtete, aber auch den schlechten Einfluss dieser Straßenräuber, schickte er sie zu Philippos nach Cholargos. Theramenes, der während der Tyrannei der Vierhundert einst geglaubt hatte, sich durch Mäßigung retten zu können, bezahlte diese mit seinem Leben. Er gab vor, er wolle die Verfassung von Solon wiederherstellen. Aber niemand erinnerte sich daran, wie diese beschaffen war. Folglich hielt man ihn für einen Feind der Oligarchie. »Ich finde es nicht gut, dass sich Personen, die sich für die Besten halten, noch schlechter benehmen als Erpresser«, sagte er.

Kritias ließ ihn daraufhin aus der Liste der Dreitausend streichen. Eines Abends geriet er in Streit mit ihm und behandelte ihn als Feind. Theramenes versuchte, sich zu verteidigen, aber Kritias' Zorn wurde immer größer.

»Theramenes, erschrocken, flüchtete sich zum Altar der Hestia«, berichtete ein Augenzeuge Sokrates, noch ganz aufgewühlt. »Kritias, Satyros und die anderen haben ihn bis dorthin verfolgt. Und sie hielten sich nicht an das Verbot, das Heiligtum nicht zu betreten. Satyros riss Theramenes vom Altar der Göttin weg und zerrte ihn zum Gefängnis. Dort haben sie ihn gezwungen, das Schierlingsgift zu trinken, das sie mitgebracht hatten.«

Sokrates lauschte, die Augen geweitet vor Entsetzen, nicht nur wegen des Sakrilegs, sondern auch wegen der Gewalt des Hasses. Und dann zwang er sich, nicht mehr zuzuhören. Die Demokraten ergriffen die Flucht. In ihrer Naivität glaubten sie sich anfangs in Piräus sicher, direkt vor der Flotte des Lysander. Man erwischte sie dort, nahm eine große Zahl fest und ermordete einige. Daraufhin flüchteten sie nach Theben, Megara und sogar bis Thrakien.

Der gleiche Satyros, der Theramenes festgenommen hatte, richtete eines Tages das Wort an Sokrates und sagte zu ihm im typisch herrischen Ton des Ignoranten:

»Sokrates, Kritias sagt, du sollst den Metöken Leon und seine Familie festnehmen und sie direkt ins Gefängnis bringen. Noch heute Abend.«

Sokrates betrachtete ihn ohne mit der Wimper zu zucken. Es war ein nichtssagender junger Mann mit gerötetem Gesicht. Der Blick seiner kleinen Augen war arrogant.

»Hast du verstanden?«

»Ich habe verstanden.«

Für wen hielt ihn dieser Kritias? Als ihm Satyros den Rücken gewandt hatte, verzog Sokrates das Gesicht und schlug den Weg zu Leons Haus ein. Er schlug mit dem Stock gegen die Haustür und musste sehr lange warten, bis endlich ein Diener die Tür öffnete.

»Ich möchte mit deinem Herrn reden«, sagte Sokrates.

Leon erschien zitternd. Als er Sokrates erblickte, beruhigte er sich.

»Leon«, sprach der Besucher, »pack ein, was du kannst, und verlass sofort mit deiner Familie das Haus. Verlass die Stadt durch das Marathon-Tor, es ist am wenigsten bewacht.«

Am nächsten Tag fragte ihn Satyros:

»Und Leon? Hast du ihn nicht festgenommen? Im Gefängnis ist er nicht.«

»Ich bin bei ihm gewesen«, bemerkte Sokrates. »Er war nicht da, anscheinend ist er verreist.«

Satyros bedachte ihn mit einem finsteren Blick.

Die Schänke des Lockenkopfs, in der so viele heitere Zechgelage stattgefunden hatten, hatte sich seit ein paar Monaten in einen Schiffsbug verwandelt, von dem aus die Athener die drohenden Stürme eines noch namenlosen Unwetters beobachteten – die Vorboten des Bürgerkriegs. Hier besprach man alle Neuigkeiten. Auch die Sykophanten kamen oft. Also hielt man seine Zunge im Zaum und achtete auf seine Worte. Eines Abends, als Sokrates mit Platon und einem Prytanen, der zum Glück den Verfolgungen entkommen war, dort saß, verkündete ein Fremder, dass sich die geflohenen Demokraten zusammengetan hätten und Phyle, eine Festung in den Bergen des Parnass im Norden Athens, eingenommen hätten.

Die Dreißig brachen am folgenden Tag auf, um Phyle zurückzuerobern. Aber womit? Sie hatten nicht einmal mehr genügend Bürger, um zu kämpfen, lediglich ein paar Mörderbanden. Sie bissen sich an Phyle die Zähne aus. Als Zeichen der Verachtung bewarfen sie die Demokraten von den Wällen mit Hühnerknochen und verfaultem Salat. Die Dreißig, rasend vor Zorn über ihr Scheitern, fürchteten, die Belagerten könnten herauskommen und angreifen. Also flüchteten sie zur nächsten Stadt, Eleusis. Aber die Bevölkerung bereitete ihnen einen schlechten Empfang. Die Dreißig verbarrikadierten sich in der Stadt der Mysterien und wagten nicht mehr nach Athen zurückzukehren. Thrasybolos, die Stadt, die vor einigen Jahren den Aufstand der Demokraten in Samos geführt hatte, stellte eine zusammengewürfelte Armee aus Verbannten, Metöken, Sklaven und allerlei Gesindel auf und bemächtigte sich der Ortschaft Munichia bei Piräus.

Einige Einwohner eilten nach Athen, um die Nachricht zu verbreiten, die natürlich bis zur Schänke des Lockenkopfs gelangte. Man bat die Boten, leiser zu reden und sich schleunigst wieder aus dem Staub zu machen, wenn ihnen ihr Leben lieb war. Wenn die Dreißig in Eleusis eingeschlossen waren, wurde Athen mehr schlecht als recht von ihren verdammten Seelen, den Dreitausend, regiert. Diese entsandten eine Delegation nach Eleusis, die die Dreißig anflehen sollte, einzugreifen. Denn es bestand die Gefahr, dass Athen wieder in die Hände der Demokraten fiel, und die Dreitausend mussten mit dem Schlimmsten rechnen.

Wieder wartete man in der Schänke des Lockenkopfs. In der Zwischenzeit tafelte Lysander, machttrunken, mit seinen Spartanern in Piräus. Sie hatten offensichtlich vergessen, dass es einst die Genügsamkeit gewesen war, die ihre Stärke ausgemacht hatte. Sie feierten Orgien. Als Lysander von den Ereignissen erfuhr, erwiderte er, Mund und Bart fettverschmiert, wenn die Athener sich gegenseitig bekämpften, wäre das umso besser, denn dann blieben weniger übrig.

Am Nachmittag des nächsten Tages beschlossen Kritias und einige Männer der Dreißig, ihr Versteck zu verlassen. Sie eilten nach Piräus, um Munichia zurückzuerobern. Hatten sie die Wachsamkeit der Demokraten unterschätzt? Oder ihren Zorn? Dem Aristokraten Kritias wurde von einem Sklaven der Bauch aufgeschlitzt. Die meisten anderen, darunter auch Charmides, der Verwandte von Alkibiades, kamen auf ähnliche Art ums Leben. Zwei der berühmtesten Schüler von Sokrates dienten an diesem Abend den Haien zum Fraß. Diejenigen, die sich retten konnten, eilten unverzüglich nach Piräus zu Lysander und baten ihn, einzugreifen. Doch Lysander dachte nicht daran.

In Athen verschanzten sich die Dreitausend bei Einbruch der Nacht in ihren Häusern. Einige Unverzagte, die sich auf die Straße gewagt hatten, wurden ermordet.

Sokrates gab den Bitten von Xanthippe nach: Er kehrte vor Einbruch der Dunkelheit heim. Der Tag reichte aus, um Neuigkeiten zu erfahren.

Einige Tage herrschte Ruhe. Man erfuhr lediglich, in Piräus hätten die Haie einen Freudenschmaus mit vielen Leichen gefeiert. Jene der Dreißig, die dem Massaker von Munichia entgangen waren, waren nach Sparta geflohen.

Sokrates biss gerade in eine Olive, als er folgende Worte vernahm:

»Aufgespießt von einer Lanze. Auf Betreiben von Lysander . . .«

Er wandte sich den Redenden zu:

»Wer ist von einer Lanze aufgespießt worden?«

»Ah, Sokrates, ich habe dich gar nicht gesehen«, erwiderte der Sprecher heuchlerisch.

»Wer wurde von einer Lanze durchbohrt?«

»Alkibiades.«

»Wo?«

»In Melissa, in Phrygien.«

»Wann?«

»Vor zwei bis drei Wochen.«

»Lysander hat ihn ermorden lassen?«

»Wir wissen es nicht genau ... Der Satrap Pharnabazos soll seinen Bruder Bagaios und seinen Onkel Susamithros zusammen mit ein paar Männern geschickt haben ... Vielleicht auf Betreiben von Lysander, sagt man.«

Sokrates musterte die Männer durchdringend. Sie fuhren fort:

»Er hat sich verteidigt. Wie ich bereits sagte, wurde er aus der Ferne von einer Lanze getroffen.«

»War er allein?«

»Nein, eine Frau war bei ihm, eine dieser Frauen ... Timandra.«

Eine dieser Frauen!

»Was hat Lysander damit zu tun?«

»Es heißt, er habe den Perser dazu getrieben, mit Alkibiades zu brechen.«

So hatte also Lysander, der Siegreiche, der verlangte, dass man ihm Altäre errichtete und öffentlich sein Lob sang, Angst vor dem Verbannten mit dem goldenen Haar gehabt!

»Sie hat ihm eine schöne Bestattung bereitet.«

Eine schöne Bestattung ... Hatte Timandra gewusst, wen sie da ins Grab legte?

Sokrates erlitt einen Schwächeanfall. Dann trank er einen Schluck Wein und hörte gleichgültig zu, wie ein anderer verkündete, Pausanias, der König von Sparta, sei in Athen eingetroffen. Sokrates wünschte sich, sein Herz würde aufhören zu schlagen. Doch Wünsche werden selten erfüllt. Pausanias machte der

Oligarchie ein Ende und setzte die Demokratie wieder ein. Aber er wollte keine Abrechnung, sondern eine gemäßigte Demokratie. »Demokratie«, »Oligarchie« – die Leute spielten mit den Worten. Eine Abrechnung? Aber was tun Menschen anderes als irgendwelche Rechnungen zu begleichen?

»Sokrates, fühlst du dich wohl?«

Platon beugte sich besorgt über ihn.

»Ich bin nur etwas müde ...«

Ja, er war unendlich müde.

22.

Xanthippes Bericht

L eto schabte Karotten und Xanthippe saß auf der Küchen-
schwelle, ohne ihren Besuch auch nur einmal anzusehen.
Sie schien fest entschlossen, die Welt um sich herum nicht
wahrzunehmen.

»Ja, es waren Demokraten, sogar gemäßigte Demokraten,
mein guter Philippos, aber ich weiß nicht mehr, was diese Worte
bedeuten. Die Männer verwenden sie heute so, dass sie alles
beinhalten können, sogar das Gegenteil. Meletos, ein Schwach-
kopf, der sich für einen Dichter hielt, schlug eines schönen
Morgens an den Portalen des Archonten – des Führers der
Magistrate, des so genannten Archont-Königs – eine Klage
gegen Sokrates an. Er warf diesem vor, seine Lehre sei unmora-
lisch, weil sie den Glauben an die Götter leugne. Das gleiche
dumme Zeug, das Aristophanes bereits vor zwanzig Jahren
daherplapperte. Du erinnerst dich sicherlich, wie Sokrates sagte,
dass wir mit unserem Menschenverstand die unsterblichen Götter nicht begreifen könnten und nicht unser Herz an sie hängen
sollten. Ein gewisser Lykon, Sohn eines reichen Gerbers namens
Anytos, bezeichnete sich selbst als Rhetoriker, nur weil er in der
Öffentlichkeit Reden schwang. Lykon unterzeichnete Meletos'

Anklage mit. Sie wurde ernst genommen und den Heliasten[51] übergeben: fünfhundert und ein Mann, von denen keiner meinen Gatten anders als vom Hörensagen kannte. Dann teilt man uns mit, dass Sokrates vor den Magistraten erscheinen müsse und die Stadt nicht verlassen dürfe.«

Sie rieb sich die Augen und verzog kummervoll den Mund.

»Die Wahrheit ist, dass unter seinen Freunden und Schülern zu viele Feinde der Demokratie waren. Da war dieser Abschaum von Kritias, der Anführer der Dreißig, dem in Piräus der Bauch aufgeschlitzt wurde. Dann Platon, ebenfalls Aristokrat, der Vetter von Kritias und Charmides, sowie Xenophon, der, wie du weißt, mit einer Truppe von Söldnern in den Dienst Spartas getreten ist. Auch Charmides gehörte zu den Dreißig, Mördern und Banditen. Zum Glück warst du nicht hier. Du kannst dir nicht vorstellen, wie grauenhaft alles war. Übrigens wurde Charmides schließlich auch niedergemetzelt. Ja, und dann war da diese Landplage namens Alkibiades. Ich glaube nicht, dass Athen je einen größeren Schurken erlebt hat. Wie du weißt, war er auf irgendeine Weise in den Mord an deinem Vater verwickelt. Aber ich will hier keine schmerzlichen Erinnerungen wachrufen. Sokrates liebte ihn jedenfalls. Rasend hatte er sich in ihn verliebt! Deshalb habe ich dir auch nach deiner Volljährigkeit empfohlen, nach Cholargos zu gehen und eine Familie zu gründen, um schlimmen Einflüssen aus dem Weg zu gehen. Kurzum, Sokrates stellte sich dem Gericht. Man schlug ihm vor, sich Anwälte zu nehmen, aber er erwiderte: ›Nein, ich kann mich selbst verteidigen.‹ Und wie er sich verteidigte. Er erklärte geradeaus: ›Ich bin, wie ich bin, und werde mich in meinem Alter nicht mehr ändern!‹ Sokrates war siebzig. Er befragte seinen Ankläger Meletos, der ihn wiederum des Unglaubens bezichtigte. Sokrates hielt ihn zum Narren. Wie konnte man ihm in einem Atemzug vorwerfen, er glaube nicht an die Götter und er glaube an andere Götter als jene von Athen? Er erklärte seinen Richtern, dass sie ihm nichts vorwerfen konnten, er habe sich nie etwas zuschulden kommen lassen. Der Prozess gründete lediglich auf der Deutung seiner Worte. Und es gebe kein Gesetz, das die freie Rede verbiete . . .«

»Aber welche Worte hatte er denn gebraucht?«, unterbrach sie Philippos.

»Sie konnten es nicht einmal genau sagen«, entrüstete sich Xanthippe. »Oh, du kannst dir nicht vorstellen, wie ich diese Stadt hasse. Eine Stadt der Fanatiker, der Neider, der männlichen Aufschneider und Ränkeschmiede. Die ganze Zeit reden sie über die Polis und haben dabei nichts als ihre eigenen Interessen im Sinn.«

Sie schlug sich zweimal kräftig auf die Schenkel. Leto unterbrach sie und beschwor sie, sich nicht aufzuregen.

»Sie haben ihm vorgeworfen, sich nicht den Bräuchen Athens anzupassen«, fuhr Xanthippe fort. »Was für Bräuche? Vielleicht hat er sich diesen verdammten Bräuchen tatsächlich nicht angepasst. Diesen Intriganten wie Alkibiades und Kritias! Denunzianten, Ehrgeizlinge und Heuchler! Es wurmte sie, weil sie merkten, dass ihrem Prozess jegliche Grundlage fehlte und sie sich von dem Versemacher Meletos und dem Fellhändler Anytos hatten überreden lassen. Gerne hätten sie das Ganze abgeblasen. Sokrates hätte eine kleine Geldstrafe bezahlt und alles wäre in Ordnung gewesen.«

»Aber was ist passiert?«, erkundigte sich Philippos.

»Die Richter fragten ihn, welche Strafe er für angemessen halte. Alle seine Freunde haben auf ihn eingeredet: › Sag hundert

Drachmen, mach dir keine Sorgen, wir zahlen sie für dich!‹ Ich habe das Gleiche gesagt, das kannst du dir ja denken. Alle sagten es. Die Richter wären erleichtert gewesen, wenn es so ausgegangen wäre. Aber er war zu sehr von Abscheu erfüllt, was ich verstehen kann. Er hat sie herausgefordert: Er erklärte ihnen, ein Mann wie er müsse den Rest seines Lebens im Prytaneion untergebracht und verköstigt werden. Das wirkte wie eine Ohrfeige. Sie gerieten außer sich vor Zorn, und die Mehrheit der Heliasten, zweihunderteinundachtzig, stimmte für die Todesstrafe.«

Leto warf die Karotten in eine Kasserolle zu ihren Füßen. Dann griff sie nach zwei großen Zwiebeln.

»Seine Freunde haben Druck auf ihn ausgeübt und schließlich hat er eine Geldstrafe vorgeschlagen. Aber es war zu spät. Ein Mann, der sie derart beleidigte, musste vernichtet werden. Also stimmten sie ein zweites Mal für die Todesstrafe, dieses Mal mit noch größerer Mehrheit. Ich frage mich jetzt, ob sie wirklich seinen Tod wollten. Es waren wie immer große Worte und Gesten. Sie wollten zeigen, dass sie beleidigt worden waren. Seine Freunde empfahlen ihm die Flucht. Aber er erwiderte: ›Wohin soll ich flüchten? Ich habe diese Stadt nur verlassen, um in den Krieg zu ziehen. Ich kann außerhalb von Athen nirgendwo leben. Ich bin kein fliegender Ideenhändler wie Protagoras. Nein, danke.‹ Dann warf man ihn ins Gefängnis. Es war keine strenge Haft, denn die Besucher kamen und gingen nach Belieben. Seine Freunde rieten ihm weiter zur Flucht, die sie organisieren wollten; selbst das Gericht hätte ein Auge zugedrückt. Nur Antisthenes hielt sich zurück. Er schien etwas über Sokrates zu wissen, was selbst ich nicht wusste. Schließlich sagte Sokrates zu ihm: ›Antisthenes, geh, verlass die Stadt, denn sie werden auch dich verfolgen.‹ Und ich erinnere mich, dass dieser ihm geantwortet hat: ›Du bittest mich, die Flucht zu wählen, obwohl du mich gelehrt hast, das Urteil hocherhobenen Hauptes anzunehmen?‹ Und Sokrates lachte. ›Du hast mich verstanden!‹, meinte er lakonisch. Und sie haben sich wie Brüder umarmt. Aber Sokrates war die Sache leid. Ich glaube, er hatte sogar von Athen genug.«

Ihre Augen wurden feucht und ihre Stimme versagte.

»Die Gefängniswärter haben ihm mit Tränen in den Augen den Schierlingsbecher gereicht. Wir waren alle bei ihm, ich, Sophroniskos und Ion. Er hat das Gift getrunken wie einen Becher Wein. Eine halbe Stunde später war er tot.«

Sie begann zu schluchzen. Leto drückte ihren Arm. Philippos wusste nicht, was er sagen sollte. Mit dem Handrücken wischte Xanthippe ihre Tränen fort.

»Philippos, vergiss das nie.«

»Das werde ich bestimmt nicht. Aber das, was du mir erzählst, Xanthippe, gleicht mehr einem Selbstmord«, sagte er leise.

Leto hielt in ihrer Arbeit inne und musterte den Besucher finsteren Blickes.

Xanthippe zuckte mit den Achseln.

»Ja, das stimmt. Es war auch Selbstmord. Alkibiades hatte ihm vor Jahren das Herz gebrochen. Sokrates war im Grunde seines Wesens ein Kind, er hatte das Herz eines Kindes. Ein Genius im Geist, aber im Herzen ein Kind. Deshalb habe ich ihn geliebt. Unsere Niederlage in Aegos Potamoi, die Schrecken der Tyrannei der Dreißig, all das sinnlos vergossene Blut, das hat ihn erschöpft. Er fühlte sich zuerst von Alkibiades verraten, dann von Athen. Ja, ich glaube, es war Selbstmord.«

Sie verschlang die Hände ineinander, wirkte wie ein Bild des Jammers.

»Ich hätte nie gedacht, dass er Alkibiades so sehr liebte. Ich hätte ihn eigenhändig ermorden sollen. Aber ich hätte auch nicht geglaubt, dass Sokrates derart an Athen hing.«

Philippos schwieg. Leto starrte reglos vor sich hin.

»Wovon lebst du?«, fragte Philippos dann seine Pflegemutter.

»Leto, ihr Gatte Eumenis, meine Söhne und ein paar Freunde unterstützen mich. Was kann ich mir mehr wünschen?«

Er beugte sich zu ihr herunter, um sie zu umarmen. Sie drückte ihn fest an sich. Bevor er ging, legte er eine Börse auf den Tisch. Leto begleitete ihn zur Tür.

Als er bei der Tür war, rief ihn Xanthippe zurück. Er wandte sich um und ging noch einmal zu ihr.

»Philippos, ich habe dir doch immer gute Ratschläge erteilt, nicht wahr?«

Er nickte.

»Ich gebe dir noch einen: Misch dich nie in die Angelegenheiten Athens oder einer anderen Stadt. Sorge dafür, dass du wohlhabend wirst. Diesen Rat habe ich auch meinen Söhnen erteilt.«

Er betrachtete sie einen Moment und lächelte.

»Das habe ich schon begriffen«, erwiderte er. »Als Bankier bin ich auf dem besten Wege.«

EPILOG

ALS ANTWORT AUF GEWISSE NEUGIERIGE FRAGEN DES LESERS

1.

Letzte Unterhaltung einiger Athener Bürger in der Abenddämmerung

W ir sind also immer noch da«, bemerkte Demis und stellte sein Glas mit sizilianischem Wein ab. »Vierzig Jahre schlechte Vorbilder und abermals trinken wir Wein bei Aristides Sohn. Alles wie einst.«

Er lehnte sich auf seinem Stuhl zurück. Seit einigen Monaten hatte der Lockenkopf, der jetzt fast kahl war, seine Klappschemel mit einigen Stühlen aus Ahorn und Bronze ergänzt. Diese waren seinen Stammgästen und hoch gestellten Persönlichkeiten vorbehalten.

»Warum › schlechte Vorbilder ‹?«, fragte Taki.

»Weil wir immer darauf bedacht waren, uns bedeckt zu halten. Wir waren weder Anhänger von Perikles, Kleophon, Alkibiades, Kritias oder sonst jemandem. Hätten wir irgendwelche Talente zur Schau gestellt, hätte man uns in die Pflicht genommen und wir wären in diese Streitigkeiten verwickelt worden, die gewöhnlich mit einem Blutbad enden. Aber wir waren immer unauffällig, haben nie unser Wissen oder sonstige Tugenden offenbart. Das Ergebnis ist, dass wir heute in der Lage sind, den Wein vor vierzig Jahren mit dem heutigen zu vergleichen.«

Kleanthis warf ihnen einen ironischen Blick zu.

»Wenn ich daran denke, dass ihr mich verspottet habt, als ich vor einigen Jahren genau dasselbe sagte.«

»Die staatsbürgerliche Tugend predigt man immer den anderen«, erwiderte Taki im selben Tonfall. »Was Demis wirklich sagen will, ist, dass wir uns vor jenen beiden Eigenschaften gehütet haben, welche die Athener am meisten fürchten: *phtonos* und *hubris*[52]. Nie Neid oder Aufmerksamkeit erregen und sich auf keinem Gebiet besonders hervortun.«

»Genau«, pflichtete ihm Kleanthis lachend bei. »Also waren wir vollendete Heuchler.«

»Keine Heuchler, sondern klug«, verbesserte ihn Taki. »Aber ich kann mir nicht denken, weshalb wir schlechte Vorbilder gewesen sein sollen.«

»Nun, wenn alle Bürger Athens sich so verhalten hätten wie wir, wären wir längst von Sparta eingenommen worden«, erklärte Demis.

»Na und? Wir wurden doch schließlich ohnehin eingenommen!«, rief Taki. »All die Kriegstoten, all die politischen Morde in der Stadt, junge Männer, auf dem Feld niedergemetzelt oder im Meer ertrunken, all jene, die zum Krüppel wurden, und all die Unmengen vergeudeter Talente, abgestellt zum Schiffbau und zum Waffenschmieden, und all die Worte ... All das war sinnlos!«, rief Taki.

»Hunderttausend Tote«, murmelte Kleanthis.

»Wie?«

»Ich sage: Hunderttausend Tote, das ist der Preis für den Peloponnesischen Krieg. In der Magistratur habe ich versucht, die Zahl der Toten zu errechnen. Unter Berücksichtigung der Metöken und der Sklaven habe ich diese Zahl ermittelt. Sie ist doppelt so groß wie die Einwohnerzahl von Athen.«

»Sind alle Toten des Peloponnesischen Krieges mitgerechnet?«, fragte Taki ungläubig.

»Nein, nur die Athener. Wir haben keine Zahlen über den Verlust der Spartaner und der übrigen Parteien.«

»Hunderttausend Tote«, wiederholte Taki entsetzt. »Da bekommt man ja für alle Zeiten Abscheu vor der Politik.«

»Tausendfünfhundert Zivilisten starben während der Tyrannei der Dreißig, mindestens genauso viel unter jener der Vierhundert.«

»Ohne Sokrates«, sagte Demis.

»Er hat für die anderen gebüßt«, bemerkte Kleanthis. »Und vor allem für Alkibiades, Kritias und Charmides.«

»Man könnte glauben, dass seine Lehre verkehrt war, wenn er nur solche Schüler hervorgebracht hat«, bemerkte Demis.

Nachdem in Athen wieder Friede eingekehrt war, hatte der Lockenkopf sein Angebot verbessert. Er servierte jetzt erlesenere Gerichte, etwa köstliche mit Quark gefüllte Kräuterpasteten oder Entenfrikassee mit grünen Oliven. Die drei Gäste aßen schweigend, dann wischten sie sich Mund und Finger an Servietten ab. Eine weitere Verfeinerung der Tischkultur, die der Lockenkopf eingeführt hatte. Kleanthis bestellte noch einen Krug Wein.

»Ich habe ihn nie gehört«, sagte er, »aber ich zweifle daran, dass Sokrates' Lehre verkehrt war. Meiner Meinung nach zog er Abenteurer wie Alkibiades und Kritias deshalb an, weil sie glaubten, seine Lehre verhelfe ihnen zu besseren Strategien, um an die Macht zu kommen.«

»Er hat also Abenteuer angezogen«, bemerkte Taki.

»Hör zu: Wenn du einen Philosophen aufsuchst, zahlst du dafür, dass er dein Wissen erweitert. Manchmal zahlst du ihm sogar sehr viel. Protagoras verlangte von seinen Schülern zehntausend Drachmen, eine große Summe. Glaubst du, dass es viele Menschen gibt, die so viel Geld ausgeben würden, nur für die Verschönerung ihrer Seele und für das Vergnügen, sich morgens beim Aufstehen sagen zu können: ›Oh, welche Freude, ich weiß mehr als gestern‹? Keinesfalls. Sie sagen sich vielmehr: ›Ich weiß mehr als gestern, also kann ich mir besser zu Macht oder zu Glück verhelfen.‹ Dies ist der Grund, weshalb Philosophen häufig Abenteurer anlocken.«

»Und wie kommt es, dass Sokrates nicht selbst ein Abenteurer war?«, fragte Taki.

»Ich vermute, er glaubte nicht an die Nützlichkeit des Handelns. Im Grunde frage ich mich, ob er überhaupt an etwas glaubte.«

Er strich über seinen kunstvoll gelockten Bart und fügte hinzu:

»Wenn wir von all dem etwas begreifen wollen, müssen wir im Auge behalten, dass all diese Abenteurer Aristokraten waren. Sie hatten für den Demos nur Geringschätzung übrig und verachteten die gewöhnlichen Leute, von denen Athen überquoll. Perikles war Aristokrat, genauso Alkibiades. Auch Kritias und Charmides – und was für Aristokraten! Sie behaupteten, vom Meeresgott Poseidon abzustammen. Zufällig waren sie beide Onkel und Großvetter von Platon und von dessen Bruder, dem Strategen Adeimantos. Sie alle stammen aus dem gleichen Milieu und haben die gleichen Vorstellungen: Männer edler Abstammung sollen die Stadt regieren. Wir mussten nicht nur die Mederkriege und den Peloponnesischen Krieg aushalten, sondern dann, nach Perikles Tod, auch noch den Bürgerkrieg, welchen die Aristokratie gegen den Demos führte. Es ist ein Wunder, dass wir mit dem Leben davonkamen.«

Die drei Männer schwiegen einen Moment lang; jeder hing seinen Gedanken nach.

»Das deutlichste Ergebnis dieser vierzigjährigen Kriege ist ein Paradox«, erklärte Demis und knabberte an einem kleinen Mandelkuchen. »Wir haben hunderttausend Menschen der Politik und dem Bürgersinn geopfert und dabei wurden wir alle Individualisten.«

Die beiden anderen nickten.

»Seit Perikles«, fuhr Demis fort, »waren es lauter Glücksritter, denen wir die Abenteuer mit Sparta zu verdanken hatten.«

»Eigennützige Ehrgeizlinge«, ergänzte Kleanthis.

»Ich verstehe, dass man Sokrates den Prozess gemacht hat«, sagte Taki. »Er ermutigte diese Abenteurer. Man wollte ein Exempel an ihm statuieren.«

»Ich verstehe seinen Tod«, meinte Kleanthis.

Taki und Demis warfen ihm fragende Blicke zu.

»Sokrates hat seine Verurteilung aus freiem Willen provoziert. Er beging Selbstmord und schob die Verantwortung den anderen zu.«

»Hübscher Sophismus«, fand Taki.

Einen Augenblick lang betrachtete er die letzten goldenen Strahlen der einfallenden Dämmerung.

»Und wie laufen deine Geschäfte jetzt?«

»Gut«, erwiderte Kleanthis lächelnd. »Ich habe Kephalos' Schmiedewerkstätten und Gießereien abgekauft. Er wird weiterhin Waffen schmieden, ich dagegen Möbel herstellen. Zurzeit sind Möbel aus Bronze gefragt. Mit Silber eingelegt. Ich bekomme sogar Bestellungen aus Sparta. Ich glaube, ich werde einen Koch einstellen müssen.«

»Um uns bei dir einzuladen«, strahlte Taki.

»Die Niederlage hat uns offensichtlich reich gemacht«, stellte Demis fest.

»Glückliche Niederlage«, meinte Kleanthis vergnügt.

Die drei Freunde brachen in Lachen aus.

2.

Ein verrückt gewordener Sokrates

Der Reisende war zweifellos durch das Dipylon-Tor in die Stadt gelangt. Er war um die vierzig und zerlumpt: Seine Tunika und sein Umhang waren abgetragen. Auch seine Sandalen waren zum Wegwerfen. Er war klein und schmächtig, seine Lippen schmal unter einem struppigen Bart, sein Blick durchdringend. In der Akademie verlangte er Platon zu sprechen. Der Portier musterte ihn und erwiderte spöttisch:

»Hier gibt es keine Bäder! Diese liegen in der Nähe der Agora. Geh geradeaus und du findest sie hinter einem großen Gebäude mit Säulen, dem Hephaisteion.«

»Ich habe nicht nach Bädern gefragt, sondern nach Platon.«

»Willst du, so schmutzig wie du bist, bei ihm vorsprechen?«

»Achte diesen Schmutz, du Flegel! Es sind die Überreste deiner Ahnen!«

Und der Reisende trat ein, bevor ihm der verdutzte Portier Einhalt gebieten konnte.

Seit der letzten Unterhaltung zwischen Demis, Taki und Kleanthis waren zehn Jahre vergangen. Eines unter tausend Gesprächen, die der Wind verwehte. Erinnerungen sind wie das Meer:

Wenn der Wind darüber hinwegbläst, glätten sie sich und das Treibgut versinkt in den Wellen.

Platon war also von Megara nach Athen zurückgekehrt. Allerdings war er zuerst nach Osten gesegelt, nach Makedonien, Thrakien, dann nach Ionien und von dort aus weiter nach Ägypten und Sizilien. Als er sich vergewissert hatte, dass in Athen Ruhe eingekehrt war und ihn weder Todesstrafe noch Verbannung erwarteten, steuerte er schließlich Piräus an. Sokrates' Tod war in Athen nur noch eine Erinnerung unter vielen. So viele waren gestorben, da kam es auf einen Philosophen nicht an.

Nachdem er sich im Haus seines Bruders Adeimantos einquartiert hatte, ging Platon in die Stadt. Die Atmosphäre war politisch indifferent, doch ansonsten herrschte geschäftiges Treiben. Man redete nur über Steuern und Abgaben. Da der Niedergang des Reichs Athen um die Tribute der Vasallenstädte gebracht hatte, mussten andere Einkommensquellen erschlossen werden. Und man hatte Geldquellen gefunden: Eine Fünfzigstel-Abgabe für die Ein- und Ausfuhr von Waren, Besteuerung von Verkäufen, von Märkten, Weideland und Fischfang, dazu eine Kopfsteuer für Metöken und Sklaven ... Man konnte in Attika kaum mehr einer Tätigkeit nachgehen, ohne Abgaben dafür zu zahlen. Nur Luft und Wasser waren steuerfrei.

Platon begab sich in die Heronstraße. Er traf dort eine Unbekannte, die sich als Leto vorstellte. Sie unterrichtete ihn von Xanthippes Tod. Und die Kinder? Sie gab ihm die Adresse von Sophroniskos und Ion. Er begab sich dorthin und wurde fast wie ein Söldnerwerber empfangen. Die Philosophie hatte bei Sokrates' Söhnen einen bitteren Geschmack hinterlassen. Beide waren als Kaufleute tätig, der eine in der Töpferei und der andere in der Fischerei. Platon beschloss, sie zu vergessen.

Und die Politik? Ihr Ziel bestand nur noch im Anhäufen von Reichtümern. Man diskutierte nicht mehr über Ideen, sondern über Wirtschaft und Handel, die Entwicklung der Landwirtschaft, die Erschließung der Minen von Laureion und über die Förderung der Bankiers, die jetzt als Kreditgeber fungierten. Natürlich hassten die Athener die Spartaner nach wie vor, aber da keine Rede mehr davon war, erneut einen Krieg anzuzetteln, war das Thema gewissermaßen ein Teil der Mythologie geworden. Im Übrigen hatten die Spartaner, erschöpft durch die Kriege, ebenfalls Geschmack am Handel gefunden und sogar am Luxus. Reisende berichteten, dass man in Sparta recht gut speiste. So ändern sich die Zeiten.

Platon hatte sich im Nordwesten der Stadt, oberhalb von Eridan, ein großes Grundstück gekauft. Zu Ehren des Akademos, einem Helden der Gegend, nannte man diesen Ort »Akademie«. Es gab dort auch ein Gymnasium und einen Tempel der Athene. Zwölf Olivenbäume spendeten Schatten, eine ideale Atmosphäre für Meditation und Dialog. Platon hatte einen Tempel für die Musen sowie ein Gebäude für seine Schüler errichten lassen. Die Volksversammlung hatte Platons Gründung gebilligt, denn auf diese Weise waren die Redner, die aufrührerische Gedanken unters Volk brachten, endlich weit genug von der Agora entfernt.

Zwei weitere Schulen befanden sich ganz in der Nähe. Die erste war jene des Isokrates, eines verarmten Aristokraten, der ebenfalls Philosophie und Rhetorik lehrte. Er zog viele Schüler der Aristokratie an. Sokrates und Platon gerieten in Konkurrenz.

»Er hat ein Geschäft auf dem geistigen Erbe des armen Sokrates eröffnet«, sagte Isokrates über Platon. »Sein wahres Genie besteht darin, Postulate aufzustellen, welche den Regeln der Logik nicht gerecht werden, geschweige denn dem Verständnis der Zuhörer. Ich würde gerne jemanden kennen lernen, der seine Formenlehre wirklich begriffen hat.«

»Isokrates? Ein begabter Rhetoriker, aber seine Lehre ist nicht überzeugend«, erwiderte Platon.

Er lehrte Botanik, Pharmazie, Algebra, Geometrie, Astronomie, kurzum, ernsthafte Dinge. Er unterrichtete nicht alle Fächer selbst, da er sich ja nicht in so vielen Disziplinen auskennen konnte, sondern delegierte sie an andere Lehrer, etwa an Euklid aus Megara, der ihm nach Athen gefolgt war. Platons Methode war geschickt: Er ließ die Themen von seinen Schülern erörtern und half ihnen dann bei der Schlussfolgerung. Er schrieb ohne Unterlass, meist in Dialogform. Den Kopisten der Stoa verhalf er zu einem kleinen Vermögen, denn er bestellte von allen seinen Werken zwanzig Abschriften.

Die zweite Schule war keine richtige, da sie nicht einmal ein Gebäude besaß, lediglich eine baufällige Hütte, wohin man sich bei Regen flüchtete. Sie hieß Kynosargos, »glänzender Hund«. Anfangs machte sich Platon nicht zu viele Gedanken darüber. Die Anstalt war eine bizarre Angelegenheit und wurde von einem anmaßenden Lehrer namens Diogenes geleitet. Dieser stammte aus Sinope[53], war als Sklave verkauft und von einem reichen Korinther aus Athen gekauft worden. Diogenes, von überragender Intelligenz, war von seinem Herrn, Xeniades, freigelassen worden und fungierte als Privatlehrer von dessen Kindern. Man berichtete, er erziehe diese Knaben sehr hart, zwinge sie, barfuß zu gehen, und verbiete ihnen den Besuch des Gymnasiums.

Der staubbedeckte Fremde betrat also die vornehme Akademie. Er verlangte, den Hausherrn zu sprechen. Platon musterte den Besucher von Kopf bis Fuß.

»Wer bist du? Was willst du?«

Er hatte aber eine vage Ahnung über die Identität seines Besuchers.

»Ich bin dein Nachbar Diogenes und will mich nur vergewissern, dass es dich gibt.«

Platon fing an zu lachen.

»Du gleichst voll und ganz der Beschreibung, die ich von dir bekommen habe. Du bist der Schüler von Antisthenes?«, fragte Platon.

»Jawohl. Du aber offenbar nicht.«

»Antisthenes und ich waren Schüler von Sokrates.«

»Der gleiche Boden bringt Brennnesseln und Vergissmeinnicht hervor. Warum lachst du? Glaubst du, du bist mir überlegen?«

»Nachdem du dich davon überzeugt hast, dass ich existiere: Verrätst du mir, was ich für dich tun kann?«, erwiderte Platon.

Der andere warf ihm einen spöttischen Blick zu.

»Das ist genau das, was ich meinte: Du glaubst, du kannst etwas für mich tun, weil du dich mir überlegen fühlst. Ich habe es dir gesagt: Ich wollte nur sehen, wie du bist. Ich fand einen wohlgenährten Mann, der duftende Öle liebt und sich eine Aufgabe auflädt, um die ihn niemand gebeten hat.«

»Welche?«, fragte Platon neugierig.

»Ich habe gehört, du schreibst die Dialoge nieder, die Sokrates mit anderen oder mit dir selbst führte.«

»Das stimmt.«

»Hat dich Sokrates darum gebeten?«

»Nein.«

»Xanthippe?«

»Auch nicht.«

»Und seine Kinder?«

»Auch nicht. Was bezweckst du damit?«

»Hältst du es für angebracht, die Worte eines Toten wiederzugeben?«

»Sokrates war ja nicht irgendjemand.«

»Konnte er nicht schreiben?«

»Natürlich konnte er es.«

»Würdest du es für schicklich halten, wenn ich das Gespräch eines Ehepaars niederschriebe, das ich belauscht habe, als ich mich unter seinem Bett versteckte?«

Platon lachte in sich hinein.

»Du warst der Schüler von Antisthenes«, sagte er, »und ich der von Sokrates. Indem ich seine Ideen wiedergebe, ehre ich die Erinnerung an ihn, möchte, dass künftige Generationen sich seiner erinnern.«

Diogenes nickte.

»Du bist wie die öffentlichen Schreiber. Sie verfassen einen Brief für zwei Obolen, aber zumindest kann sich derjenige, der sie bezahlt, der Qualität des Geschriebenen vergewissern. Leb wohl.«

Und er machte auf dem Absatz kehrt.

Später erfuhr Platon, dass Diogenes auch Isokrates einen Besuch abgestattet hatte. Da dieser den Fehler beging, ihn vor die Tür zu setzen, erzählte Diogenes überall, dass es gegenüber der Akademie eine Werkstatt für leere Töpfe gebe, die von Isokrates geleitet werde: »Er bringt Jungen das Reden bei, obwohl sie nichts zu sagen haben.« Dieser Diogenes war ein Sauertopf, und es wäre töricht gewesen, Honig bei ihm zu suchen.

Einige Wochen später traf er ihn wieder bei einem Gastmahl bei Aspasia, deren Neugier durch die Berichte über die Dreistigkeiten des Diogenes geweckt war. Sie war wieder verwitwet und Erbin eines beachtlichen Vermögens. Nach wie vor war sie eine großzügige Gastgeberin.

»Wenn ich in Gesellschaft bin, habe ich keine Zeit zu trauern«, erklärte sie Platon. »Aber ich sehe nicht mehr viele Politiker.«

Die Hinrichtung ihres Sohnes Perikles II. hatte ihr jegliche Illusion über Machthaber genommen. Sie zog die Dichter, die Philosophen und Künstler vor. Deshalb hatte sie es auch gewagt, Diogenes einzuladen. Zudem war dessen Lehrer, genau wie Platon, Schüler von Sokrates gewesen, der sich als Einziger dem Todesurteil an ihrem Sohn widersetzt hatte. Sokrates! Allein sein Name erhellte Aspasias Miene. Sie hatte von einem Bildhauer, der ihn gekannt hatte, eine lebensgroße Statue des Philosophen fertigen lassen, die in ihrem Patio die Besucher hinter dem Altar von Zeus erwartete.

Platon, der sich an seine erste Begegnung mit Diogenes erinnerte, musterte ihn kritisch. Heute war er jedoch gesellschaftsfähig. Seine Hautfarbe und ein leichter Duft von Minzöl verrieten, dass er ein Bad genommen hatte. Sogar der Bart war gepflegt. Das zeigte Platon, dass zumindest ein Teil seiner physischen Nachlässigkeit gekünstelt war.

»Was ist dagegen einzuwenden, sich ins Gymnasium zu begeben?«, fragte Aspasia Diogenes, als sie erfuhr, dass er seinen Schülern den Besuch untersagte.

»Ich sehe keinen Nutzen darin, ganz im Gegenteil: Es fördert nur die Eitelkeit.«

»Aber immerhin bekommt man durch das Training dort einen gestählten Körper. Hast du etwas gegen die Schönheit?«

»Selbst wenn sie naturgegeben ist, betrachte ich sie als Gebrechen, denn über jemanden, der schön ist, sagt man stets: ›Da ist ja der schöne Soundso‹, ohne seine sonstigen Eigenschaften zu berücksichtigen. Der Schöne identifiziert sich also mit seiner Schönheit, wie der Pfau, der sein Rad schlägt. Aber Schönheit ist kein Verdienst. Warum einer Schwäche hinterherlaufen? Weshalb lässt man sich nicht ein Bein abhacken?«

Aspasia lachte. Platon hörte seinerseits aufmerksam zu.

»Diogenes treibt die Schlichtheit bis zum Äußersten«, bemerkte er.

»Ich danke dir, dass du für mich sprichst, denn ich hatte den Mund voll«, konterte Diogenes. »Wird dir denn in Athen nicht übel? In allen Häusern, in denen ich eingeladen bin, gibt es so reichlich zu essen, dass man dreimal so viel Gäste damit versorgen könnte.«

»Was zweifellos dreimal weniger Überlegungen erforderte«, meinte Aspasia.

»Schöne Aspasia, verkauf doch all den Kram hier!«, rief Diogenes und deutete auf die Gegenstände und luxuriösen Möbel um sie herum.

»Aspasia ist auch innerlich gut ausgestattet, wie du ja bereits weißt, lieber Diogenes«, bemerkte Platon.

»Aber sag Platon, was tun wir dann noch hier?«, fragte Diogenes mit gespielter Einfalt.

Die übrige Mahlzeit verlief unter ähnlichen Gesprächen. Die Gäste amüsierten sich königlich und Aspasia beschloss, den extravaganten Diogenes auch das nächste Mal einzuladen.

Platon lud ihn in einen Gasthof zum Essen ein. Er wollte seine Persönlichkeit näher ergründen. War er eine groteske Figur, ein öffentlicher Spaßmacher oder ein echter Philosoph und Moralist? Ihre Unterhaltung brachte ihn aus der Fassung. Diogenes kannte Sokrates' Aussage, dass sich die Tugend mit dem Wissen einstellt und die Menschen, die schlecht handeln, dies aus

Unwissen tun. Woher hatte er das? Von seinem Herrn Antisthenes, der es von Sokrates selbst vernommen hatte. Doch er lehnte die These ab.

»Was hältst du dem entgegen?«, fragte Platon.

»Diese Unterscheidung zwischen Wissen und Unwissen ist oberflächlich. Kannst du leugnen, dass das, was wir zu wissen glauben, immer nur ein relatives Unwissen ist? Was wir wissen, ist uns eigen und erwächst aus unserer Erfahrung. Da sich aber zwei Erfahrungen niemals gleichen, kann es kein gemeinsames Wissen geben – dieses absolute Wissen, das du als Kriterium der Tugend definierst. Hat nicht dein Lehrer selbst gesagt, dass die Tugend nicht gelehrt werden kann? Was also lehrte er solche Spitzbuben wie Alkibiades und Kritias?«

Platon schwieg. Er zog es vor, Diogenes über die Formenlehre zu befragen.

»Ja, ja«, rief Diogenes und hob die Hand. »Ich kenne deine Ideen darüber. Du und deine Schüler, ihr wollt zwischen den Formen, die die Seele durch die Körperorgane wahrnimmt und jenen, die der Geist durch Syllogismus erschließt, unterscheiden. Aber kannst du mir sagen, was die Seele ohne die Körperorgane wäre?«

»Willst du damit die Existenz der Seele leugnen?«

»Nein, denn ich weiß nicht, was du darunter verstehst. Wenn ich mich auf das beziehe, was du lehrst, müsste ich auch den Hunden eine Seele zusprechen, denn ein Hund unterscheidet zwischen Menschen, die ihm freundlich, und solchen, die ihm feindlich gesinnt sind. Er kann also Gut von Böse unterscheiden und Kategorien erkennen.«

»Deiner Meinung nach hat also der Hund eine Seele?«

Diogenes schüttelte sich vor Lachen.

»Hast du nicht begriffen, dass der Hund nur ein Beispiel ist? Warum, glaubst du, habe ich diesen Namen für meine Schule gewählt? Ein Hund ist weise. Er hört zum Beispiel auf zu fressen, wenn er satt ist.«

Platon wurde nachdenklich. »Ein solcher Mann zerstörte alles.«

Die Unterhaltung zog sich bis tief in die Nacht hin. Der Wirt wollte schließen.

»Und was glaubst du letzten Endes?«, fragte Platon.

»Ich glaube, dass du an deine Vorstellungen glaubst und ich diesen widersprechen muss.«

»Predigst du also die Unwissenheit?«

»Nein«, erwiderte Diogenes, »ich prangere die der anderen an.«

Sie brachen gemeinsam auf. Plötzlich erschien Platon die Nacht viel intensiver als sonst, er wusste nicht warum. Diogenes, die Zunge schwer vom Wein, wandte sich ihm plötzlich zu:

»Du widmest also von jetzt an dein Leben der Niederschrift von Sokrates' Lehre, nicht wahr? Du glaubst, Sokrates gekannt zu haben. Nein. Du glaubtest, dass du kennst, was du kennen wolltest. Wie er! Weißt du, was Sokrates war? Nein, du weißt es nicht. Er war ein kluger Kerl, hässlich und arm. Er hat sich in einen sehr schönen, sehr reichen und sehr aristokratischen Jungen namens Alkibiades verliebt und darauf sein ganzes Weltbild gebaut. Die durch die Götter enthüllte Liebe und all das! Und er hat darauf ein Verführungssystem entworfen.«

Platon hörte ihm verblüfft zu.

». . . ja, der Verführung«, wiederholte Diogenes. »Er vermittelte den Menschen den Eindruck, dass sie intelligent seien. Antisthenes hat ihn gekannt. Er ist mein wahrer Lehrer. Auch ihn hat Sokrates verführt. Antisthenes war ein großartiger Mann. Kein Aristokrat. Mit fünfzehn, als du morgens *Die Ilias* und *Die*

Odyssee auswendig gelernt hast, nachmittags ins Gymnasium zum Trainieren gingst und abends zu deinen reichen Eltern heimkehrtest, hielt er ganz allein ungefähr zehn Böotier in Schach. Nicht mit Worten, sondern mit seiner Reaktionsgeschwindigkeit. Ein Schwertstreich gegen die Beine, und sobald der andere den Schild senkte, war sein Kopf vom Rumpf getrennt. Schließlich hat Antisthenes Sokrates' Gedanken begriffen. Eines Tages sagte er zu mir: ›Weißt du was? Er war ein sentimentaler Sophist.‹ Sokrates war so voller Liebe, dass er sich eine übernatürliche Welt vorstellte, deren irdische Entsprechung nichts als ein matter Abglanz ist. Das lehrst du doch auch deine Schüler? Deine Theorie von den Schatten in der Höhle ..., du verstehst, was ich sagen will? Dann hat Sokrates begriffen, dass Alkibiades ein Schurke war, und ließ sich zum Tode verurteilen.«

»Hör auf«, rief Platon.

Diogenes' homerisches Gelächter hallte noch in der Nacht wider, als er schon fort war; ein entsetzliches Lachen, das direkt aus dem Hades zu kommen schien.

Platon rang nach Luft. Nein, das konnte nicht wahr sein, das war die Deutung dieses Diogenes. Nein und nochmals nein! Das Schöne, das Wahre, das Gute und vor allem das Göttliche, das unaussprechliche, unsagbare Göttliche existierte. Es musste existieren. Das verlangte die Ordnung! Er selbst war Athener, kein Sinoper wie dieser Orientale! Ein Athener braucht die Weltharmonie. Ein Athener orientiert sich nicht am Hund.

Doch von Zeit zu Zeit musste Platon an Diogenes denken. Er schickte ihm einen Krug Wein und einen Beutel getrocknete Feigen. Und wenn man ihn auf den Kyniker ansprach, erwiderte er: »Er ist ein verrückt gewordener Sokrates.«

Nachwort

Warum diente das alte Griechenland als Kulisse für diesen Roman? Aus drei einfachen Gründen. Erstens: es ist mir vertraut; zweitens: als Milieu für einen Roman eignet es sich genauso gut wie das Frankreich der *Drei Musketiere* oder das moderne Amerika. Zudem bietet es bei weitem die beste Unterweisung in politischer Psychologie. Drittens: Griechenland ist die Wiege des Westens. Alle modernen Dramen und Tragödien hat das antike Griechenland vorweggenommen. Es hat nicht nur die Philosophie und die Geometrie erfunden, sondern ebenfalls unsere Irrtümer. Dafür lieben wir es umso mehr.

Außerdem geben die neuesten Ereignisse in Europa denen, die zur Zeit des Zeitalters des Perikles spielten, eine besondere Aktualität.

Ich möchte darauf aufmerksam machen, dass es sich hier um einen Roman handelt. Natürlich sind die beschriebenen Geschehnisse historisch belegt. Sie berichten von einer Zeit, als Griechenland nurmehr ein Siebengestirn der Stadtstaaten Sparta, Argos, Korinth, Athen, Theben und Chalkis war. Diese hatten noch nicht begriffen, dass sie Griechen waren. Sie verstanden es erst, wie es häufig der Fall ist, nachdem sie auf dem Altar der

»patriotischen« Dummheit die Blüte ihrer Jugend geopfert hatten und zum Glück auch ihre Illusionen.

Die meisten berühmten Persönlichkeiten, mit Ausnahme von Xanthippe, der Gemahlin von Sokrates, erfand ich neu. Auch dazu haben mich zwei Gründe bewogen. Der erste ist, dass ich lange mit ihnen gelebt und mich letztlich häufiger mit ihnen unterhalten habe als mit berühmten Zeitgenossen. Ich habe mich zu intensiv mit ihnen beschäftigt, als dass sie für mich abstrakt geblieben wären. Einige Wissenschaftler wollen alles, was Griechenland betrifft, tabuisieren. Aber ich bin nicht bereit, das zu respektieren.

Warum habe ich die Personen neu erfunden? Wissen wir nicht schon genug über sie? Nein. Die Griechen pflegten das Gedächtnis genauso wie die Schrift. Deshalb wissen wir so viel über sie. Die Schätze der Gelehrsamkeit, die von den Hellenisten und durch archäologische Arbeiten verbreitet wurden, machen es uns möglich, die Identität der Zeugen von Platons Dialogen zu ermitteln und die griechischen Städte manchmal besser zu kennen als gewisse moderne. Denn die Griechen schrieben alles, was ihnen lohnenswert erschien, auf Pergament nieder. Aber das ist nicht alles. Weder der Hellenismus noch die Archäologie sind spiritistische Praktiken. Deshalb wissen wir so wenig über viele Lebensläufe, Gefühle und Aspekte, die das alte Griechenland entscheidend geprägt haben. Noch fünfundzwanzig Jahrhunderte später beschäftigt es uns.

So haben wir keine Ahnung, wie Sokrates, einer der berühmtesten Denker Griechenlands, die Enttäuschung, die ihm Alkibiades, der größte Verräter seiner Zeit, einer der Anti-Helden in diesem Buch, zufügte, verkraftet hat. Eine ungewöhnliche Konstellation: Der Philosoph war sowohl der Lehrer als auch der

Liebhaber des Politikers. Man stelle sich Blaise Pascal als Liebhaber und Lehrer Ludwigs XIV. vor! Sokrates' Schmerz und seine Demütigung als Liebender und als Pädagoge müssen enorm gewesen sein. Ist es möglich, dass sie seine Vorstellungen über den Menschen und die Absichten der Götter nicht verändert haben? Alkibiades, das verhätschelte Kind Athens, verriet seine Stadt und lief zum Erzfeind Sparta über und war verantwortlich für die verheerende Niederlage von Aegos Potamoi, was das Ende des attischen Reichs bedeutete. Alkibiades, schön, reich und charismatisch, führte seine Heimatstadt in den Ruin – durch seine Niedertracht und durch eine Mischung aus rasendem Ehrgeiz, Undankbarkeit und Rachsucht. In der Weltgeschichte der Infamie wird Alkibiades für immer einen besonderen Platz einnehmen.

Sokrates' Überlegungen, denn er hatte Zeugen und Freunde und musste sich ihnen mitteilen, wenn auch vielleicht nur bruchstückhaft, hätten den nachfolgenden Generationen unendlich viel über die Verantwortung der Philosophielehrer vermittelt. Aber leider sind sie nicht überliefert. Platon, der große Anachronist, der gerne über Menschen und Ereignisse redet, die er weder gekannt noch erlebt hat, war anscheinend allzu sehr damit beschäftigt, das Bild eines unerschütterlichen und glänzenden Philosophen zu entwerfen, der zu Unrecht zum Tode verurteilt wurde. Wir wissen auch nichts darüber, wie Sokrates gelitten haben mag, als sein Herr und Freund Perikles die Schmach erleiden musste, seines Postens als Stratege enthoben zu werden. Hat er die Gründe erforscht, aus denen sich Athen gegenüber seinem großen Strategen so undankbar zeigte, die Beziehungen zwischen Philosophie und Macht? Über all dies kann man nur Mutmaßungen anstellen.

Aber es war schon Stoff genug, um Herz und Geist eines Romanautors zu entflammen. Ein weiteres Motiv kam hinzu: Wir wissen wenig oder gar nichts über die Menschen jener glanzvollen Zeit. Im Laufe einiger Jahrzehnte lebten in Athen Philosophen wie Anaxagoras, Protagoras, Sokrates, Diogenes, Zenon aus Elea sowie Künstler wie Phidias, Architekten wie Iktinos (Parthenon), Hippodamos und Mnesikles (Propyläen), Tragödiendichter wie Euripides, Sophokles, Aristophanes, (Aischylos starb 456 v. Chr., also kurze Zeit vorher), Kurtisanen wie Aspasia, Historiker wie Thukydides und Xenophon ... Aber auch über sie kann man nur Vermutungen anstellen. Man kennt ihre großartigen Werke, weiß aber wenig über die Menschen, die sie geschaffen haben.

Wenden wir uns Xanthippe zu. Sie war die Gemahlin des Mannes, der die Personifikation der Philosophie zu sein schien. Wir kennen ihren Namen nur dank einer Erwähnung bei Xenophon: Sokrates muss sich von einem Gastmahl verabschieden, weil seine Gattin auf ihn wartet und er ihre Vorwürfe fürchtet. Im antiken Griechenland war die Frau kaum mehr als die Hüterin des Herdes, zuständig für die Fortpflanzung, sofern sie nicht eine Hetäre war, nichts anderes als eine Dirne. Aber es ist zu bezweifeln, dass sich Sokrates von seiner Gattin hätte einschüchtern lassen, wenn sie nur eine Art Sklavin gewesen wäre, die seinen gesellschaftlichen und rechtlichen Status untermauerte. Xanthippe war wohl eine Frau mit Charakter. Da sie mit einem der scharfsinnigsten Köpfe aller Zeiten verheiratet war, war sie wohl klug. Was sie wohl dachte, als ihr Gemahl den Schierlingsbecher leerte?

Wenden wir uns dem Alltag zu, insbesondere der Kriminalität. Auch in den griechischen Städten der Antike gab es jede Menge

Verbrechen, Mord, Totschlag und Diebstähle. Die Schurkerei ist so alt wie die Menschheit. Nicht alle Verbrechen wurden aufgeklärt. Die Behörden dieser Stadt waren jedoch durchaus interessiert an polizeilichen Ermittlungen und auch in der Lage, eine Untersuchung durchzuführen.

Xanthippe entdeckt ein Verbrechen. Zuerst bemüht sie sich, den Täter zu finden, dann tritt sie als Anklägerin auf und schließlich als ungehemmte Zeugin einer Zeit, die als glanzvoll galt.

Einige besorgte Zeitgenossen werden mir vorwerfen, dass ich mich nicht sklavisch an die historischen Tatsachen gehalten habe. Kein Dokument berichtet, dass Alkibiades in eine Mordgeschichte verwickelt gewesen wäre oder eine Art spiritistische Sitzung veranstaltet hätte, wie ich sie beschrieben habe. Aber es scheint mir durchaus denkbar, dass die Leidenschaften, die er erweckt hatte, zu Blutvergießen geführt hätten. Ich fände es verwunderlich, wenn das Gegenteil der Fall wäre. Seine Biografie belegt dies am besten. Die List, die ich für ihn erfunden habe, war bei einem Volk, das – anders als uns manche Historiker glauben machen – nicht aus rationalistischen Demokraten und Grammatikern bestand, sondern sehr abergläubisch war, durchaus denkbar: Ein athenischer Oberst hat einmal mehrere seiner Soldaten mit Mehl bestäuben lassen und sie ins feindliche Lager entsandt, damit sie dort Angst und Schrecken verbreiteten. Die Feinde, die tatsächlich glaubten, sie hätten es mit Geistern zu tun, ergriffen die Flucht.

Solche Dinge werden Schülern und Studenten aber gerne vorenthalten.

In meinem Roman gibt es neben Xanthippes Rache noch zwei weitere Handlungsstränge: Sie stehen im Hintergrund und beziehen sich auf den Alltag einer Zeit, welche die vergangenen Jahrhunderte, besonders das 19. Jahrhundert, idealisiert hat, und zwar in einem solchen Maße, dass sich Nietzsche erbittert gegen diese Verherrlichung aussprach.

Der erste dieser Stränge schildert die Fremdartigkeit einer wegen ihrer Weisheit und Menschlichkeit berühmten Gesellschaft: eine Stadt, die sich unter die Ägide der Göttin Athene gestellt hatte, in der jedoch den Frauen im staatsbürgerlichen Sinne keinerlei Bedeutung zukam. Sie durften lediglich an bestimmten religiösen Zeremonien teilnehmen. Es wird als gegeben angesehen, dass sie sich damit abfanden. Es ist auch keinesfalls so, dass die Griechen überwiegend homosexuell waren. Sie schätzten die Schönheit, die Handlungsweise und die Intelligenz der Frauen. Davon zeugen Tausende von Beispielen in der Kunst, der Bildhauerei, der Malerei und der Dichtkunst.

Die angebliche Resignation der Frauen kann man anhand von Aristophanes' Komödie *Lysistrata* beurteilen. Die Athenerinnen, empört über ihre Ehemänner, die ständig Krieg führen, bemächtigen sich des Schatzes der Athene, also des Staatsschatzes, und drohen den Männern mit einem Liebesstreik. Aus heutiger Sicht ist Aristophanes sicherlich kein »politisch korrekter« Autor. Sein Sarkasmus hinsichtlich der Philosophen sowie seine verdächtigen Schwärmereien von den »althergebrachten Tugenden«, durch die er sich als gefährlicher Reaktionär erweist, sind mit Vorsicht zu genießen. Aber seine Komödie bietet uns das erste und das deutlichste Beispiel dessen, was man als »natürliches Gewerkschaftswesen« bezeichnen könnte.

Ich glaube nicht, dass Xanthippe, Gattin eines Homosexuellen, unberührt blieb von der Empörung der Ehefrauen von Athen. *Lysistrata* wurde 411 v. Chr. aufgeführt, zwölf Jahre vor

Sokrates' Verurteilung. Weder er noch sie konnten es ignorieren. Aristophanes hatte Sokrates in seinem Stück *Die Wolken* so sehr brüskiert, dass eine derartige Hypothese gerechtfertigt erscheint.

Der zweite Handlungsstrang handelt von den Schwankungen einer Demokratie, die noch in den Kinderschuhen steckt. Sie gerät von einer Krise in die nächste, von freier Meinungsäußerung kann nicht die Rede sein. Personen des öffentlichen Lebens sind starkem Druck ausgesetzt, was häufig damit endet, dass sie aus der Stadt gejagt oder zum Tode verurteilt werden.

Das Leben in der Antike war riskant. Beim geringsten politischen Umschwung lief man Gefahr, einer Armee von Spähern in die Hände zu fallen, die überall lauerten.

Oft denke ich über die Geheimnisse nach, die das Leben so vieler berühmter Persönlichkeiten prägen. Nie werden sie ganz aufgeklärt. Aus welchem Grund wurde Perikles seines Amtes als Stratege enthoben? Immerhin war er fünfzehn Jahre lang immer wieder gewählt worden. Das ist eines der Schlüsselereignisse der attischen Demokratie. Eine seltsame Geschichte. Selbst Perikles' Zeitgenosse und Gegner Thukydides schweigt sich darüber aus. Platon, der flüchtig eine Anklage des »Diebstahls« erwähnt, kann nur von Sokrates davon erfahren haben, da er damals erst dreizehn war. Aber weshalb hätte er sich an der Staatskasse bereichern sollen? Er war vermögend und hatte es nicht nötig, den Staat zu berauben.

Man hat ihm einen Krieg zur Last gelegt, den er nicht gewollt hatte. Seine Gegner, die Oligarchen, nahmen es ihm übel, die Demokratie konsolidiert zu haben. Entgegen anderer Behauptungen war diese in Athen nämlich keineswegs willkommen.

Wir wissen, dass Sokrates Perikles' Berater war, aber wir

wissen wenig über seine politischen Aktivitäten. Uns ist lediglich bekannt, dass er 406–405 v. Chr. in die Volksversammlung gewählt wurde und dass er sich – als Einziger – entschieden, wenn auch vergeblich, gegen die Verhängung der Todesstrafe für die Flottenführer ausgesprochen hatte, die sich bei der Seeschlacht von Arginuses nicht richtig verhalten hatten. Im Jahr darauf, 404, während der kurzen Schreckensherrschaft der Dreißig, weigerte er sich, einen der Gegner dieser hochgeborenen Schurken festzunehmen. Wenn die Tyrannei nicht im Jahr darauf gestürzt worden wäre, hätte ihn das das Leben gekostet. Er war ein mutiger Mann, der sich der Macht entgegenstellte, wenn er es für erforderlich hielt.

Bei all der Verehrung für das antike Griechenland übersieht man gern, dass viele der Personen, die auf einen Sockel gestellt werden, ausgekochte Schurken waren: Kritias und Charmides, historische Figuren, die aus Platons Dialogen bekannt sind, nahmen Xenophon zufolge an den schlimmsten Ausschreitungen der Tyrannei der Dreißig teil: verabscheuenswerte Morde und Plünderungen. Man möchte das gern vergessen. Das Vorhaben der Machtübernahme, wie es Platons Bruder Adeimantos, ein Stratege, der dem schrecklichen Gemetzel bei Aegos Potamoi entkam, Sokrates schildert, könnte von jedem modernen Diktator unterzeichnet sein.

Dies führt zu einer weiteren Frage: Weshalb wurde Sokrates zum Tode verurteilt? Niemand wird noch behaupten, dass seine Homosexualität die Jugend verdorben habe. Die Wahrheit scheint zu sein, dass er mit allen Feinden der Demokratie, von Alkibiades bis Kritias, befreundet war. Es hieß, der Philosoph verbreite eine schlechte Lehre. (Dies wirkte sich auch auf Platon aus, der kurz nach dem Tod seines Lehrers seine Dienste Denys von Syrakus anbot, einem widerlichen Tyrannen nach Art eines Ceausescu.) Wir wollen Sokrates nicht unterstellen, Faschist gewesen zu sein, ein häufig missbrauchter Begriff; beunruhigend ist jedoch seine Rede über die Notwendigkeit, Demokratie und Oligarchie zu versöhnen, zwei unvereinbare Widersprüche (stellen Sie sich eine Verbindung von Léon Blum und Pinochet vor!). Das Mindeste, was man über diesen Denker, der von unseren akademischen Institutionen wie ein Heiliger verehrt wird, sagen kann, ist, dass er kein bedingungsloser Demokrat war. Und es stellt sich die Frage, ob es angebracht ist, ihn Jung und Alt als das Ideal eines makellosen Menschen zu präsentieren.

Meine Hypothese lautet, dass er – nach dem warnenden Beispiel des Perikles und nach der Verbannung solch hervorragender Philosophen wie Anaxagoras und Protagoras, solch intelligenter Männer wie Thukydides und Xenophon und von Künstlern wie Phidias – ein System fürchtete, in dem die öffentliche Meinung einen Politiker genauso besiegen konnte wie die feindlichen Armeen; wie heutzutage der Präsident der Vereinigten Staaten wegen zweier Personen fast seines Amtes enthoben worden wäre. Vielleicht hoffte Sokrates, dass sich die Demokratie zu einem späteren Zeitpunkt verwirklichen lassen würde. Aber war er ihr Verfechter?

Die Frage ist auch in unserer Zeit aktuell, da man Maurras und Heidegger eher gefühlsmäßig als philosophisch beurteilt. Dabei vermeidet man, die Ungereimtheiten in den Theorien zu übersehen, durch deren Ableitung der eine ein entschiedener Antisemit wurde, obwohl er die Deutschen hasste, und der andere das verabscheuungswürdigste Regime des letzten Jahrhunderts stillschweigend duldete.

Noch ein Geheimnis: Die Abtrünnigkeit von Alkibiades, Mündel des Perikles, der zum Erzfeind Sparta überläuft und dessen Verrat die Niederlage von Aegos Potamoi und somit den Untergang des attischen Reiches besiegelt. Auch er ist ein Schüler des Sokrates. Dieser erklärte, auf der Welt nichts mehr zu lieben als die Philosophie und Alkibiades.

Alkibiades ist aus heutiger Sicht keine sympathische Figur: ein arroganter Aristokrat, der grundlos Leute ohrfeigt, sein Vermögen für Extravaganzen verschleudert – für teure Köche, für Reitställe und für Rassehunde, denen er den Schwanz kupieren lässt, um sich von anderen abzuheben. Alkibiades und seine Hetärie sind außerdem in eine groteske Blasphemie verwickelt, die außer ihrer Frivolität ihre Abneigung für die attische Religion bekundet: Eines Nachts entmannen sie die Hermenstatuen, Wächter der Religion. Alkibiades liebt Frauen und Männer, was ihn jedoch nicht liebenswürdiger macht. Zudem ist er von Ehrgeiz besessen, eine Mischung aus Hochstapler und Abenteurer.

Er ist intelligent, auch fehlt es ihm nicht an Mut, was viele Episoden beweisen. Aber er begeht den unverzeihlichen Fehler, die Demokratie und das geistige Erbe von Perikles zu verraten. Er lief ins feindliche Lager über und beriet die Lakedämonier, wie sie Athen besiegen könnten. Warum dieser niederträchtige Verrat, der ihn trotz lobenswerter Bemühungen einiger Historiker als den größten Verräter der Antike erscheinen lässt?

Ich vermute, dass auch er sich durch die Demütigung, die die Athener Perikles angetan hatten, verletzt fühlte. Wie alle Oligarchen – reiche Grundbesitzer – bewunderte er das autoritäre und aristokratische Regime Spartas und verabscheute die Regierung des *demos*. Er und sein Lehrer Sokrates teilten miteinander die

Abneigung gegen eine Demokratie, die sie für undankbar hielten.

Aber weshalb verliebte sich Sokrates so leidenschaftlich in diese schillernde Persönlichkeit? Wegen seiner Schönheit? In Athen wimmelte es von schönen jungen Männern, wie Sophokles genau wusste. Oder weil Alkibiades das gelang, wovon er selbst mangels Schönheit, Macht und Kühnheit nur träumen konnte – ein kometenhafter Aufstieg? Wollte er sein guter Geist sein? Was empfand er, der Athener par excellence, als sein Liebhaber Athen verriet, um zum Feind überzulaufen, zuerst zu den Spartanern, dann zu den Persern? Und als er sieben Jahre später mit großem Jubel wieder nach Athen zurückkehrte?

Es gibt noch weitere Personen, die zu beschreiben ich versucht habe. Der Leser möge urteilen.

Ich verdanke dem antiken Griechenland viel zu viel, um nicht die Idealisierung eines Winckelmann zu missbilligen. Ich glaube nicht, dass Athen, insbesondere unter Perikles, ein Paradies gewesen war, denn der Krieg wütete dort ohne Unterbrechung. Der Hass gärte bis zur Explosion, jener der Oligarchen auf die Demokratie und jener der Demokraten auf die Oligarchie. Auch der Neid war so groß, dass die Griechen eine heilige Angst vor dem Phtonos, dem bösen Blick, hatten. Athen hat den Personen, die man heute ehrt, nicht viel Dankbarkeit entgegengebracht, denn es hat die Philosophen Anaxagoras und Protagoras, deren Ruhm damals dem von Sokrates gleichkam, verbannt und Sokrates zum Tode verurteilt. Thukydides und Xenophon hat die Polis verbannt, Perikles hat sie zum Tode verurteilt und dann auf den Posten des Strategen berufen. Auch Phidias, der so viel zu den prächtigen Bauwerken auf der Akropolis beigetragen hatte, musste in die Verbannung.

Es ist nicht zu leugnen: Weder Sparta, Korinth noch Megara haben uns solch reiches Erbe hinterlassen. Die Athener sind für immer unsere Väter: Sie haben uns die Freiheit und die Schönheit gelehrt. Ob wir wollen oder nicht: Ihre Götter sind immer gegenwärtig und Zeus hat seltsamerweise vieles gemeinsam mit unserem monotheistischen Gott. Meine Überzeugung ist, dass Athen all jenen gehört, die sich die Mühe geben wollen, mehr als bloße Museumsobjekte wahrzunehmen.

Meine Quellen sind leicht erkennbar: *Der Peloponnesische Krieg* von Thukydides, *Hellenika* und *Das Gastmahl* von Xenophon. Natürlich auch Platons und Plutarchs Biografien. Zu Dank bin ich folgenden Personen verpflichtet: Jacqueline de Romilly, ungewöhnliche Botschafterin Griechenlands, deren Alkibiades meine Bewunderung für die mütterliche Nachsicht für diesen verabscheuenswerten Helden erregt hat. *The Trial of Socrates* von I. F. Stone enthüllt gnadenlos die Hintergründe des Prozesses gegen Sokrates; *Guerre et violence dans la Grèce antique* von André Bernard, eine bemerkenswerte Entmystifizierung Griechenlands; sowie eine wissenschaftliche Arbeit von beeindruckender Klarheit: *Le Monde grec antique* von Marie-Claire Amouretti und Françoise Ruzé.

Anmerkungen

1. Xanthippe bedeutet »Gelbe Stute«.
2. Etwa Juni. Dieses Datum ist fiktiv, die folgenden hingegen sind historisch belegt. Die aufeinander folgenden Reformen des griechischen Kalenders machen mit dem Übergang vom Mondkalender zum »Halb-Mond-Kalender« eine genaue Entsprechung zu unserem Kalender unmöglich.
3. Ein Plethron entsprach etwa 30 m.
4. Ein griechischer Arpent entspricht 70 m^2.
5. Etwa Juli. Der griechische Name dieses Monats erklärt sich durch die Hunderte von Tieropfern, die anlässlich der Panathenäen der Göttin Athene dargebracht werden.
6. Diese Konvention wurde von den Historikern ausführlich dargelegt und erklärt einige Details der griechischen Kunst, die für moderne Zeitgenossen verwirrend sind ...
7. Etwa Februar.
8. Die wichtigsten Verwaltungen des demokratischen Athens, die in diesem Buch erwähnt werden, sind: der Rat der Fünfhundert, auch bekannt unter dem Namen Tholos oder Prytanäa, wo die Gebietsvertreter oder Demen des Reichs ihren Sitz haben – die oberste Legislative; der Rat der Zehn, bestehend aus zehn Strategen, die jedes Jahr neu gewählt werden, mit Sitz im Strategeion, bestimmt die Innen- und Außenpolitik, das Militär eingeschlossen, und kontrolliert die Magistrate; der Rat der Magistrate, der im Buleuterion tagt und dessen Rolle mit der Exekutive moderner Demokratien verglichen werden kann. Der Areopag ist eine

private Justizbehörde im demokratischen Athen, das nur Verbrechen des Blutes und der Gottlosigkeit behandelt.

9. Tyrann von Athen, ermordet 514 v. Chr. von den revolutionären Liebenden Harmodios und Aristogeiton.

10. Der Name ist für Männer und Frauen gleich.

11. Im 5. Jahrhundert beginnt die Erziehung in Athen etwa im Alter von acht Jahren. Sie umfasst drei Teile: Schrifttum (Lesen, Schreiben, Rechnen), vom Grammatiker gelehrt; Musik, die Geist und Charakter prägt und beeinflusst, vom Zitherspieler unterrichtet; und schließlich die Gymnastik.

12. Rachegöttin.

13. Bei den Spartanern gewählter Magistrat, dessen Macht der des Königs gleichgestellt ist.

14. Das Datum wurde astronomisch festgelegt: 3. August 431 v. Chr.

15. Die Symptome dieser von Thukydides in »Geschichte des Peloponnesischen Krieges« (II, XLIX) beschriebenen »Pest« entsprechen nach allgemeiner Übereinstimmung der Historiker denen des Typhus.

16. Weder Thukydides noch Diodoros von Sizilien, noch Plutarch, unsere Hauptquellen über Perikles und seine Zeit, erwähnen weder die Sitzung, die jedoch stattgefunden haben muss, noch die Gründe, weshalb sich die Strategen entschieden, Perikles abzusetzen. Wir kennen die schwer wiegende und ungerechte Beschuldigung des Diebstahls nur von Platon: Perikles hatte es offensichtlich nicht für notwendig erachtet, schriftlich die Ausgaben für den Bau der Tempel auf der Akropolis und andere Gebäude zu rechtfertigen. Im Übrigen konnte er theoretisch aus der Finanzkasse der Athene, die sich aus den Tributen der Vasallenstädte zusammensetzte, nur ein Sechzigstel entnehmen. Aber für seine grandiosen Bauwerke hatte er viel mehr entnommen. Platon, der 427 v. Chr., also drei Jahre nach der Absetzung von Perikles, geboren wurde, konnte die Beschuldigung wegen Diebstahls nur von seinem Lehrer Sokrates kennen.

17. Die Oligarchen standen dem Bau der Langen Mauern tatsächlich feindlich gegenüber, da diese Athen zu einer einzigen großen Festung machten und den einfachen Soldaten, den Hopliten, und den Ruderern, den Theten, die in ihren Augen niedrige Klassen darstellten, zum Vorteil gereichten.

18. Ratsmitglied.
19. Jährlich stattfindende religiöse Feste zu Ehren des Gottes Dionysos, die sich zu verschiedenen Zeitpunkten des Jahres in zahlreichen Städten des griechischen Reichs abspielten. Die berühmtesten waren die im März in der Nähe von Athen veranstalteten, die
mit Theateraufführungen umrahmt wurden. Die verbündeten
Städte und Vasallen waren verpflichtet, Delegationen zu diesen
Festen zu entsenden, die gleichzeitig den durch Verträge vereinbarten Tribut an Geld und Getreide mitbrachten.
20. König Ödipus wurde 430 v. Chr. geschrieben, in dem Jahr, als
Perikles abgesetzt wurde.
21. Laut Sokrates' Aussagen die berühmte innere Stimme, die dem
Philosophen die Inspiration eingab.
22. 428 v. Chr.
23. Etwas mehr als sieben Kilometer.
24. Zwischen März und April 423. Man darf nicht vergessen, dass
man nicht nach Belieben Theateraufführungen veranstaltete; sie
waren auf religiöse Feste beschränkt.
25. Splittergruppen der Stadt, gebildet in Gebieten der Verbündeten
für die landwirtschaftliche Erschließung für Bürger, die ihre
athenische Staatsbürgerschaft behalten und den Rang von Hopliten einnehmen, d. h. Soldaten. Es waren so genannte Kolonien.
26. Zur Volksversammlung gehörten alle volljährigen Athener, auch
Sokrates.
27. Bestimmten Berechnungen zufolge war es der 8. Juli 415 v. Chr.
28. Etwa 45 m.
29. Abschirmung der oberen Brücke gegen die feindlichen Pfeile.
30. Genau 18 m.
31. Ein Steuerruder gab es noch nicht.
32. Der »Skandal um die Hermen« sowie der um die »Mysterien«
hatten tatsächlich starke Auswirkungen auf die Politk Athens.
33. Xenophon, Hellenika, II, III, 47–48.
34. Die Mysterien von Eleusis, die im religiösen Leben Athens eine
wichtige Rolle spielten, teilten sich in kleine (im Frühling) und
große (im Herbst) Mysterien auf. Über Letztere weiß man kaum
etwas, ihr Geheimnis wurde gut gewahrt. Aber sie sollten den
Zelebranten mit den mächtigen Erdgottheiten Demeter und Kore
sowie Pluto, dem Gott der Unterwelt, in Verbindung bringen.

Die Glückseligkeit, welche die Eingeweihten erlangten, erinnert an die Wirkung von Drogen. Die großen Mysterien schlossen scheinbar auch sexuelle Riten ein, aus denen sich die spätere Verfremdung des Begriffs *orgia,* Riten, erklärt.

35. Etwa Anfang September.
36. Kalabrien.
37. Korfu.
38. Diese Zitate stammen aus Thukydides, Der Peloponnesische Krieg, VI, 89–92.
39. Zweifellos die erste Versteigerung in der Geschichte.
40. Etwa 26 ha. Die Ländereien in Athen waren kaum größer.
41. 412–411 v. Chr.
42. Er selbst ermordete König Priamos.
43. Bürger niederer Herkunft, die ihren Lebensunterhalt verdienen müssen. Hauptanteil der Garnison von Samos.
44. Monat zwischen März und April, den großen Dionysien geweiht. Das einzig wahrscheinliche Datum, an dem die Komödie des Aristophanes, auf 411 v. Chr. datiert, aufgeführt werden konnte. Trotz der Tyrannei der Vierhundert wurden nicht beliebig viele Theateraufführungen veranstaltet. Sie waren vielmehr den religiösen Festen vorbehalten.
45. Der für den Sitzplatz vereinbarte Preis, den der Pächter des Theaters kassierte. Später verteilte er das Eintrittsgeld an die Armen.
46. Marmarameer.
47. Das heutige Imroz auf der türkischen Insel gleichen Namens.
48. 406 v. Chr.
49. Reich, in dem die Seelen der Toten herumirren.
50. Militärdienst, Pflicht für Epheben.
51. Geschworene. Sokrates wurde 399 v. Chr. zum Tode verurteilt.
52. *Phtonos* ist Neid oder der böse Blick, *hubris* der Erfolgsrausch.
53. Am Südufer des Schwarzen Meeres.